心理学译丛
学术系列
PSYCHOLOGY TRANSLATION SERIES

主 编 许金声

万物简史

A Brief History of Everything

[美] 肯·威尔伯 著 许金声 等译

Ken Wilber

中国人民大学出版社
·北京·

目　　录

第三编 平 地

前　言

6年以前，即1989年，我动身环游美国，开始了我的探求智慧之旅。在旅行中，我拜访了心理学家、哲学家、医学家、科学家和神秘体验论者等共200多位，我和他们共同探讨了问题，他们都声称自己知道我所追问的那些问题的答案。到我写《何者为重——寻求美国智慧》(*What Really Matters*: *Searching for Wisdom in America*）一书之前，我已确信：肯·威尔伯是独树一帜的。我认为，在新近出现的美国独有的智慧中，肯·威尔伯的思想毫无疑问是其中最令人信服、最具有穿透力的思想之一。

在20年前，肯·威尔伯出版《意识层次图》（*The Spectrum of Consciousness*）一书时，他才23岁，这本书使他几乎一夜成名，并且使他也许称得上是我们这个时代最卓有建树的哲学思想家之一。《意识层次图》这本书，在他从生物化学研究生院退学三个月后写成，他论述了人的发展所必须经过的一些特殊阶段，这些阶段超出了西方心理学的那种一般的认识。肯·威尔伯认为：只有成功地通过每一个阶段的发展，个体的健康感才能出现，从而才能最终体验到超越并涵括了个人自我（self）的更广泛的同一性。实际上，肯·威尔伯将弗洛伊德、佛陀相结合，最终又因为一些似乎不可调和的分歧而将他们分开，这正是他作出许多具有原创性的贡献的开始。

这本书的标题“万物简史”十分宏大，令人难以置信。然而，它恰恰陈述了它所承诺的内容，它有着宽广的历史跨度，从创世大爆炸(Big Bang）直到枯竭的后现代的今天。沿着这条道路，它试图弄清楚人类在物质上、感情上、智力上、道德上、灵性上经常被困扰的一些矛盾的形式。从整体上看，这本书的内容精练而且紧凑。

实际上，和《意识层次图》以及肯·威尔伯随后出版的11本书相比，《万物简史》不仅扩展了这些早期著作的思想，而且还在于它所采用的是一种简单的、容易接受的会话体。读大多数肯·威尔伯的书，至少要求一些东方的静修传统和西方的发展心理学的知识。而《万物简史》和更广泛的读者们交流——这些读者尽力地追寻日常生活中的真谛，但也为那些经常看起来相互矛盾的通向真理的潜在途径而迷惑。为了和这些读者交流，《万物简史》所追求的是简洁的、基本的描述方式。

对那些读完这本书还想获得更多知识的读者，我推荐肯·威尔伯最近的作品《性，生态和灵性》(*Sex*, *Ecology*, *Spirituality*)，这可以使你通过更严密的细节去探索这里出现过的许多观点。

我没有见过有任何人比肯·威尔伯更详细和系统地描述过人类的发展以及意识的进化。在我的旅途中，我曾经遇见很多极力宣称自己发现了独特真理的人，我几乎无一例外地发现，他们是通过运用一些偏颇的观点来支持其结论的，他们排斥一些价值标准和观念，而称颂另外一些。

读者将在《万物简史》中发现，肯·威尔伯在书中采取了更具有包容力和综合性的研究态度。他提出了一个充分尊重和融合其他真理形式的非常连贯一致的观点，这些真理形式包括极为广大而相差悬殊的知识领域，既有物理学和生物学，社会学和系统科学，艺术和美学，也有发展心理学和以静修见长的神秘体验论。此外，还有看似完全对立的哲学运动如新柏拉图主义、现代主义、理想主义和后现代主义等观点的展示。

肯·威尔伯认为，一定的真理主张可能不是面面俱到但却是有根据的，其真实的程度也应限定在它所论述的范围之内——我们也须将它看作是其他同等重要真理的组成部分。也许，在《万物简史》一书中，肯·威尔伯运用的最有力的新工具是他所提出的人类发展的“四象限”理论。他研读了历史上许许多多思想家所绘出的数百幅人类发展图，包括生物图、心理图、认知图和灵性发展图等等，不一而足。这些各种各样的图表启发肯·威尔伯认识到，它们都不过是从不同侧面所描绘的真理。例如，发展的外在模式都是可以客观地或经验地加以测定的。但肯·威尔伯清楚地指出这种真理形式只能引导你到此为止。任何综合性的发展模式都同时包含着一个内在的维度——这是一个主观的、解析性的、依赖于意识和内省的维度。不仅如此，肯·威尔伯还看到，内在的发展和外在的发展并非只是在个体层面进行的，而且还在社会和文化层面进行，因此他提出了四象限理论。

他用一系列生动的例子证明了这一观点：所有这些真理形式都不能简化为另外一种形式。例如，一个行为主义者不能仅仅靠观察一个人的外在行为或其生理上的关联理解他内在的体验。真理确实可以使你获得自由，但你首先要懂得世界上存在着不仅仅一种真理形式。

《万物简史》是在几个层次上来写作的。这是我所见过的关于我们所居住的这个世界和位于其中的男女的最丰富的图谱。肯·威尔伯提出，在辩证的发展过程中，每一个发展阶段都要超越前阶段的局限性，但同时也会设定一些新的局限。对我们人类发展进程这一特点的揭示既肯定了任何一种真正的不曾懈怠的对更自觉的、更完整的生活的追求，同时也赋予了其尊荣和高贵的地位。“没有哪个时代是历史的终结”，肯·威尔伯写道：“我们都是明天的食物。过程在继续，大精神存在于过程之中，而非存在于某一特殊的时代或某个时刻或地方。”

从另一方面看，肯·威尔伯在《万物简史》中还担当了解除神秘和揭示真相的任务——在这里他表现为一个目光敏锐的批评家，对导师、技术、观念和系统等都进行了批评，这些给人以通向真理的道路的承诺者，实际上普遍显得偏颇不全、误导他人和扭曲真相。我们自己常常也是这样的同谋犯。由于害怕变化和善于自我欺骗，我们总是很快就锁定一个简单的答案和直截了当的观点，它们使得我们最终变得眼界狭小，并使得我们的发展在中途停顿。

肯·威尔伯发出了自己独特的声音。他表现了两种坚守：一颗真诚的心灵和一种寻求真理的决心。他扩大自己的视野，从尽可能最大的图画中吸取养料，但他又不是一视同仁地看待所有的因素，他做了一种质的区分。他强调并看重深度。他不怕树敌，同时也尊重许多观点。因此

《万物简史》不仅对我们宇宙人生的重大问题，而且对我们时代许多其他令人困惑和没有答案的方面都给予了富有创见的解释。这些问题包括男女地位和角色的变化，环境的持续破坏，差异性和多元文化，受压抑的记忆和童年性虐待，互联网在信息时代的作用，等等。

我无法找到比这本书更好的关于肯·威尔伯思想的入门书了。它将进化、意识和我们走向全新的发展阶段的能力纳入到观察的视野中。更具有实际意义的是，在你选择任何一条通向智慧的道路时，它可以使你避免许多错误的步骤和错误的方向改变。

托尼·舒瓦茨

于1995年

致读者

道格拉斯·亚当斯（Douglas Adams）在《走向银河》（*Hitchhiker's Guide to the Galaxy*）一书中，介绍了一种巨型的超级计算机，设计该计算机的目的是为了得到一个最终的答案，那个绝对的答案能完全解释"上帝、生命、宇宙和世间万物"的奥秘。为了得到这个答案，这部计算机花了750万年的时间，在计算机终于得出答案的时候，所有的人都已经忘记了当初提出的那个终极的问题。没有人还记得那个终极的问题，而计算机得出的最终答案却是：42。

这真是令人吃惊！最后，终于得出了这个最终的答案。但为了找到最初提出的那个问题，人们又举行了一场比赛，而回答也是奇妙无比。人们想出了许多深奥的问题，但最后中选的问题，即最终答案为"42"的最终问题是："一个人必须走多少条路？"

"上帝、生命、宇宙和世间万物"正是本书所面临的问题，虽然所给出的答案并不如"42"来得爽快。本书将要讨论物质、生命、心智、灵性以及将所有这一切统一在一个相互联系的模式之中的进化路径的问题。

我采用了一种对话体的形式来写作本书，提问题，然后回答。其中有不少对话都在现实中真实地发生过，但大多数还是专为本书设计的。涉及的问题都具有足够的真实性，它们都是人们就我的作品特别是最近出版的《性，生态和灵性》经常向我问到的。但是，在阅读本书之前，没有必要去读《性，生态和灵性》或我的任何一部其他作品，我相信本书正文中的问题本身就足够有趣，对话不需要任何先前的或专门的阅读知识（对参考资料、参考文献、笔记和细节性的文献感兴趣的学者可以参考《性，生态和灵性》这本书)。

本书开头几章主要谈物质宇宙和生命的诞生。是什么力量使得混乱获得了秩序？物质是怎样产生生命的？在这场非同寻常的进化大戏中都酝酿着一些怎样的进程？存在着一种生态“精神”(spirit) 吗？它真的很重要吗？

中间的章节探讨了心智或意识的起源，我们将紧随意识在人类进化过程中所经过的五六个发展阶段，从采摘时期、园艺时期、农耕时期、工业时期到信息时期。每一阶段中男人和女人的地位如何？为什么有些时期强调男性的作用而另外一些时候又强调女性的作用？这一追寻对于解释我们今天的性别大战有什么意义吗？人类发展中的进程与宇宙万物的进程是一样的吗？人类过去时代的发展与人类今天的问题有关系吗？如果我们不记得过去，我们就一定会重复过去吗？

接下来，我们要关注的是“神圣的领域”(divine domain)，看它如何与物质、生命和心智的创造性进程相联系。宗教为什么渐渐地让位于心理学？这一过程又是如何发生的？在过去，如果你的内心感到困惑、焦虑不安和想寻找问题的答案，你会去找神父谈一谈，而现在你会找心理医生。但这两者的意见是很少能够彼此一致的。这是为什么？发生了什么事情吗？他们或许都有什么重要的东西要告诉你？或许他们不该彼此仇视而是应该彼此亲善？

在我们自身的生活中，我们又向谁寻求答案呢？找亚当斯的超级计算机要一个最终的解答吗？找宗教、政治或科学吗？找心理学家或权威吗？找你的心灵知己吗？对于那些真正重要的问题，我们最终把我们的信任寄托在何处？这告诉了我们什么东西吗？有办法将所有这些不同来源的答案整合起来吗？让他们各自说出自己的真理，但又使之保持平衡与和谐？这在今天这个四分五裂的世界里是可能的吗？

本书在最后的几章中谈到了平地世界 (flatland) 的问题。随着丰富多彩的大宇宙世界崩溃成一个平面的、单色的一维世界，产生了这个苍白的、色彩单一的现代世界和后现代世界。但我们不要如此简单地只睁着一只眼谴责这个现代社会，而是要努力发现运行中的发光的大精神

(spirit)，即使是在我们自己这个显然遭到神弃（God-forsaken）的时代。在这些浅薄的灵魂里，上帝何在？女神又何在？

我们必须走多少条路？对此终究会有一个答案的，因为伴随着认识的放松与苏醒的解放，惊奇仍在产生，欢乐涌现在我们的面颊。我们都懂得如何惊奇，那是我们内在的上帝从我们心中发出的，它神秘地指向我们的家园。

肯·威尔伯

于1995年春

导　言

问：在你的书中有关于性（sex）的内容吗？

肯·威尔伯：当然有，还有插图呢。

问：你是在开玩笑吧？

肯·威尔伯：是的，我是在跟你开玩笑。但是，性确实是本书的主要内容之一，特别是性与性别之间的关系。

问：难道性和性别有什么区别吗？

肯·威尔伯：一般情况下，“性”（sex）或性特征（sexuality）是指人类赖以生育繁衍的生理方面的特征，而性别（gender）一词指在不同的性特征或不同的生理基础上，发育成长起来的男女之间的“文化差异”（cultural difference）。通常，性差异（sexual differences）是指男性（male）和女性（female）在生理上的差异，而性别差异是指男人和女人之间在心理和行为特征上存在的文化差异。我们谈生理特点时用“男性”（male）和“女性”（female）来表示男女之间的差异，而“男人”（masculine）和“女人”（feminine）则在很大程度上是社会文化的产物。

问：所以，问题的关键在于确定什么是“性生理特征”，什么是“性文化特征”。

肯·威尔伯：是的，在某种意义上来讲是这样。男性和女性的性生理差异是由先天生理特点的不同导致的，因而具有普遍性和跨文化性。也就是说，在世界的任何地方，都是男性产生精子，女性产生卵子，然后，女性孕育出新生命，并哺育他们长大成人，诸如此类。但是，男人和女人在心理和行为特征上的差异，主要是由于男性和女性所处的不同的社会文化环境所造成的。

是的，当今在男女两性问题上产生混乱的部分原因在于：男性和女性的差异是生理方面的，并且普遍存在，不可能发生很大的变化。而男人和女人在许多方面却是社会文化的产物。他们在社会上所起的作用实际上至少在一些重要的方面是能够被改变的。作为一种文化，我们正处于一个努力改变某些男女社会性别角色的困难的、错综复杂的过程中。

问：请举一个例子好吗？

肯·威尔伯：好的。一般来讲，男性在身体上的确比女性更加健壮，肌肉也发达。但是，这并不意味着男人就必然意志坚强、勇敢果断，而女人则必然意志薄弱、软弱缠绵。我们的社会正处在转型时期，男人和女人正在被重新定型和塑造。在这个转型过程当中，男女之间陷入了各种不同的性别大战，男人和女人恶意地相互攻击。

其麻烦部分在于，虽然男人和女人的社会作用确实能够重新界定和再塑造——期待已久，并有必要整修——然而，男性和女性的生理特征却不会有很大改变。在我们试图对男人和女人的社会作用进行平衡的过程当中，却又面临着抹杀男性和女性差别的危险。前者是一种好想法，而后者却是不切实际的。我认为，关键是要弄清楚这两者的区别。

问：因此，男人和女人的一些差异需要保留，而另一些则需要改变？

肯·威尔伯：似乎应该这样。在我们对男人和女人之间的差异进行关于性、社会性别两个方面调查的时候，发现确实存在某些差异。甚至在文化领域，这些差异也在不同文化背景中一次又一次地出现。换句话说，不仅某些性差异，而且也包括某些社会性别差异，在跨文化的研究中发现是普遍存在的。

男人和女人在生理方面的性差异是非常显著的，甚至渗透到了文化方面，在社会性别差异方面不断体现出来。因此，虽然社会性别差异是社会文化的产物，而不是生理因素所赋予的，但是在男人和女人的社会性别特征方面，在不同的文化背景中也出现一些共性。

问：甚至在十年前，这种观点还是相当富有争议的，然而，现在人们已经普遍接受了。

肯·威尔伯：是的，甚至那些激进的女权主义者也支持这种观点。总的来说，男性和女性的价值观存在很大的差异——在性和社会性别两个方面都是这样。男人倾向于过分追求个性，他们强调自主、权利、公正和力量，而女人则倾向于强调相互沟通，她们强调感情交流、相互关心，注重责任感和亲情。男人乐于强调自主，害怕亲情，而女人则恰恰相反。

在这个问题上，卡罗尔·吉利根（Carol Gilligan）和德博拉·坦宁（Deborah Tannen）的研究工作是最主要的，但正如你刚才所说，令人惊奇的是，在仅仅十年左右的时间里，大多数传统的研究者和女权运动研究者，对于两性之间存在的价值方面的差异，实际上已经达成共识。这也是被我们称为新学科的“进化心理学”所要研究的中心问题，即生理的进化对心理特质的影响。

现在，较难处理的问题是：如何承认这些差异，而又不会由于这些差异再一次使妇女失去更多的权利。因为人们之间的任何一种差异一旦被宣布，处于有利地位的人就会立刻利用这些差异，来扩大他们的优势。你明白这一点吗？

问：是的。但是，似乎相反的情况正在出现。人们似乎正在利用这种差异来证明，男人生来就是十分迟钝的粗人，是睾丸激素的变形，只不过男人“根本就没有意识到这一点”。这就是说，男人应该更敏感些，更关心他人，更注重亲情，具有更多的爱心。你所说的那些男人的价值正在到处受到攻击。也就是说，男人的行为举止为什么就不能更多吸收女人的优点呢？

肯·威尔伯：是的，这确实有点“三十年河东，三十年河西”的味道。过去，人们常常把女人描述成“有缺陷的男人”，说她们“羡慕阴茎”——这是经常可以看到的说法。而现在，男人则被说成是“有缺陷的女人”。其原因是由于他们缺乏女性性格所特有的优点，而不是由于他们自身所固有的某些本质特征。这两种看法都十分荒谬可笑，更不用说它们对男人和女人都具有贬低作用。

正如我开始所讲的那样，有两个非常难处理的问题：

第一，如何合理地确定男性价值和女性价值之间确实存在的主要差异（按卡罗尔·吉利根的说法）；

第二，如何找到一个恰当的方法，来尽量公平合理地评价男性和女性价值。我们不能够简单地使他们一致，而应该公正地（equally）评价他们。

大自然不会毫无理由地把人类分成两性，试图简单地只是将他们混为一谈的做法是愚蠢的。但是，甚至是最保守的理论家也不得不承认，我们的文化长期以来一直是明显地倒向了男性价值的一边。因此，我们必须谨慎地使衡量男女价值的天平更加平衡一些，这是一项艰难的、极具冒险性而且容易引起仇恨的工作。我们并不是要消除两性的差异，而是要对其进行平衡。

问：男女两性的这些差异，根源在于两性之间的生理差异吗？

肯·威尔伯：从某些方面来说似乎是这样的。尤其是他们会分泌不同的荷尔蒙。对睾丸激素的研究——这些研究是在实验室进行的，具有跨文化性，始于婴儿胚胎发育期，甚至包括研究妇女由于治疗需要而注射睾丸激素所出现的现象——显现了同样的结果。我可以毫不讳言地说，睾丸激素看起来主要产生两种，而且只有两种行为的驱力——性交和暴力。

男人几乎从他们降生的第一天起，就被这种生理梦魇套上了沉重的枷锁，而这种枷锁是女人难以想象的。（除非为了治疗的目的给妇女注射睾丸激素——这会使她们产生骚动不安的性冲动。正如一位妇女所说："我不能驱走我心中性的欲望，求求你帮我平静下来好吗？"）更糟的是，男人有时混淆这两种驱力，有时把它们融为一体，这样，性交和暴力就会危险地同时发生，正像女人们常常指出的那样，这种性生活是很少令人愉快的。

问：那么，与女性对应的激素是什么呢？

肯·威尔伯：它可能就是我们所说的催产激素。即使女人的皮肤被轻轻抚摸一下，这种激素也会迅速充满全身。催产激素被看成是"亲情神药”，它能够令人不可思议地诱发依恋、亲情、抚育、拥抱和抚摸等种种情感。

不难看出，这两种激素，即睾丸激素和催产激素都根源于人类在生理上的进化，睾丸激素是人类再生产和生存的基础，而催产激素则用来抚育后代。在动物世界里，大多数性交只持续几秒钟。在性交过程中双方都比较容易被捕食或被吞吃掉。所以，这赋予了“饮食和性”这两种基本需要以新的意义，因为在性交的同时，它们很可能成为其他动物的盘中餐。男人如此这般匆匆了事，说句“谢谢”之后，便把对方撂在一边，根本没有相互之间的卿卿我我、调情和拥抱等——这就是男人性生活形象的写照。“敏感先生”（Mr. Sensitive）——男人、神话般和脂粉气的男子——是对男人称呼的最新发明。我们可以这么说，男人要习惯于变得敏感些，确实需要时间和努力。

但是，养育后代的性要求却与此截然不同。一天24小时，母亲不得不一直陪伴在婴儿身边，细心地照料，尤其是要敏锐地觉察婴儿在疼痛和饥饿时所表现的各种征兆。催产激素使母亲总是陪伴在婴儿身边，表现出温柔的亲情和强烈的依恋。她们的感情不像男性那样表现出性冲动和暴力，但却与此一直息息相关，它们都是激素作用的结果。女人对自己周围的整个世界都充满这种关心、爱护的感情。

问：因此“敏感先生”这个名字是关于性别角色的称呼，它和性角色不一样，对吗？

肯·威尔伯：在某种程度上讲是这样的。但这并不等于男人不能或者不应该变得敏感一些。在今天看来，敏感是男人亟须具备的心理素质。很简单，这意味着男人必须通过接受教育来做到这一点。他们必须学习充当女人的某些角色。有很多理由可以证明他们必须这么做。但是，当男人在学习中摸索前进，探索这一片陌生的新天地时，我们可能不得不接受他们在这方面的惰性。

对女人来说也是一样。在当今的世界里，我们对什么是好女人提出了新的要求，她们不能再仅仅简单地按传统意义上的社会角色来定义自己，而是要为自己的自尊、自立、自强而奋斗。当然，这也是女权运动的一个强烈呼声。现在，妇女不再仅仅强调自己与异性的关系，她们开始自立、自强，重新确立她们自己的内在价值。这样做的目的，并不是要降低关系的价值，而是要尊重成熟的自我；她们在他人面前，不再只是表现出自我克制。

问：这样一来，男人和女人都在挑战生理所造成的某些性格特点？

肯·威尔伯：在某种意义上来说是这样的。但这却是生物进化论的全部真正内涵：事物总是在不断地超越以前的自己。事物总是努力确立新极限，然后努力打破并超越这种极限，把自己发展成为能力更强、机能更加全面的新事物。在人类进化的历史长河中，男性和女性的性别角色曾经完全是必要和恰当的。但现在看来，这种性别角色变得越来越过时了，越来越狭隘了。因此，不论男人还是女人，都开始努力超越他们陈旧过时的性别角色，而不是简单地消除他们之间的差别，这是一个比较难处理的问题。进化总是既兼并又超越，既“包括”又“超越”。

男性行为总是以睾丸激素所产生的两种驱力为基础的，即性交与暴力，但是，这两种驱力可以被驯服，经过改造，以更加适当的行为方式表现出来。在某种意义上，男人总是令人难以置信地被这两种驱力所驱动，以惊人的力量全力以赴，迅速突破极限，冲开束缚，在这个过程中，也给我们带来了新的发现，新发明和新模式也应运而生。

正如激进的女权主义者所坚持认为的那样，对于女人来说，她们的行为方式总是受催产激素的影响，表现出女性的亲情特征，但是在这种亲情特征的基础上，她们仍然可以树立更加强烈的自尊、自立、自强意识，即使她们仍然重视亲情，也能正确评价和塑造自己。

因此，不论是男人还是女人，他们都处于超越和包括，再超越再包括的过程中。在男人和女人性别角色演变的过程中，传统的男女基本的性别角色——男人过分具有自主性和女人过分富于亲情——都在某种程度上正在被改善，男人正在学着成为一个具有亲情的男人，而女人正学着成为一个具有自主性的女人。在这个困难的学习过程中，男人和女人在彼此的眼里都显得有点奇怪，我想，这正是男女双方要相互善待对方的重要原因。

问：你刚才说，现在我们的社会长期以来一直是男人的世界，对男女性别角色作出一些平衡似乎是非常正常的。

肯·威尔伯：这就是我们通常所说的"父权统治"。人们总是以一种轻蔑和厌恶的口气来提起这个名词。问题的答案很简单，这是因为男人曾经把这种"父权统治"强加给女人——这是过去的一段肮脏和残酷的社会历史状况，这种状况本来很容易改变——为此，所有要求男人做的仅仅是说："噢，对不起！5 000 年来，我们并不是存心压迫、排挤你们。我过去都在想些什么呀？过去的已经过去，让我们现在重新开始，好吗？"

哈！事情并不像说的那样简单。"父权统治"是一些不可避免的社会历史因素造成的，它是人类历史发展过程中的一个重要阶段，是历史发展的必然，而现在到了一个新的历史时期，"父权统治"已不再是必需的。因此，我们开始从根本上来打破"父权统治"，或者以一种更宽容的方式来平衡男性和女性之间的价值。但是，这并不是简单地废除原来的那种残酷的、肮脏的、本来可以轻易改变的、男人统治一切的社会状况，而是在旧有的不再需要的社会基础之上，建立一种男女性别角色更加平衡的社会。

问：对这个问题的另一种看法是什么呢？

肯·威尔伯：如果我们坚持传统的男女性别角色的观点——父权统治是由一群有虐待狂并且嗜权如命的男人强加给女人的——那么，我们就会陷入关于男女性别角色的两个不可逃避的概念的纠缠之中。也就是说，男人是"猪猡"①，女人是"羔羊"。这样，男人就会有意压迫人类的另一半——妇女，这也是男人的一幅令人不快的图景。不论是否有睾丸激素的作用，在整个人类世界中，男人并不是那么怀有恶意地去压迫女人。

但实际上，对父权统治的这种解释，反而令人难以置信地称赞了男人。根据女权主义者的观点，男人的独立性太强，以致他们对于任何事

① 这是在美国对大男子主义的一种蔑称。——译者注

无论如何都不能达成共识——然而，他们却能够齐心协力，共同来压迫妇女；更令人惊讶的是，在我们所了解的任何文化里，他们都获得了成功。作为一个男人，我对此感到非常幸运。长期以来，这也是女权主义者对男人所做的最好评价。我要提醒你注意的是，历史上男人从来没有建立起一个时间超过几百年的强大政府；但是根据女权主义者的说法，男人们在 5 000 年（一些人说是 10 万年）的时间里，把这种强大的控制力成功地运用到父权统治上。这些狂妄的男人们，你不能不喜欢他们。

但是，真正令人头痛的是“强加理论”——有史以来，男人就开始压迫妇女——所带来的问题是它给妇女塑造了一副悲哀的形象。她们不仅不能和男人一样强壮和机智，而且还是压迫对象。塑造这种形象必然从根本上把妇女描绘成羔羊；和男人相比，她们是弱者和愚者。给女人塑造这种形象的人，没有看到在人类进化的各个历史时期，男人和女人齐心协力，共同建立了各种社会形态，而是把女人看成是任他人摆布的对象。换句话说，女权主义者小心谨慎地为妇女塑造、强化形象，她们说她们的目的就是要消除女人的这种形象。但在实际上，男人并不像她们所说的那样贪婪，女人也并不像她们所说的那样软弱。

因此，在最近的女权运动研究的基础上，我正在努力完成一件事情，那就是要挖掘出女人潜藏的能力。在人类历史的长河中，她们的这种能力影响着男人并和男人一起创造了世界上各种各样的文化形式，当然也包括所谓的父权统治。从而，也就会使男人从完全愚蠢的粗人状态中解放出来，使女人从受欺骗、被洗脑、被奴役的状态中解放出来。

问：你在本书中回顾了五六个主要时代的人类进化，并且考察了每一个历史阶段男人和女人的社会地位，是吗？

肯·威尔伯：是的，当回顾这些人类意识的演变过程时，我们想做的也就是要弄清楚在每个历史时期男人和女人的社会地位。我相信，这样就会使我们得出某些明确的结论。

问：从总体来讲，从这种研究中你想要得出什么样的确切结论？

肯·威尔伯：首先我们要做的就是，确定那些不随文化环境改变而改变的生理恒定因素。这些生理恒定因素看起来很简单，但又至关重要。例如，男人一般在身体的力量和灵活性上有优势，而女性在生育和哺育后代方面有优势。这些简单的基本生理差异会对孕育他们成长的文化类型和性别差异产生巨大的影响。

问：请举一个例子好吗?

肯·威尔伯：例如，如果在你们的特定文化里，人们的生存手段是放牧，情况会是怎样的呢？正如珍尼特·查菲茨（Janet Chafetz）所指出的那样，从事放牧活动的妇女流产率非常高。按照达尔文的观点，她们不应该从事生产性活动，因此，男人几乎垄断了生产性活动。实际上，在以放牧为生的社会里，90%多都是“父权统治”。在这种男性统治的社会里，没有人要求对妇女受“压迫”作出解释。事实表明，女人反而乐于接受这种社会安排。

另一方面，如果我们对这种现象采取一种简单自然的反应，如果在这种社会中妇女没有从事那些现代女权主义者认为她们所应当从事的活动，那么，这些妇女一定会被认为受到了压迫，这就使我们重新陷入男人是统治者，女人是羔羊的窠臼中。令人担心的是，这会对两性都具有贬低作用。

没有人否认，对男女性别角色作出这样的安排非常困难，甚至令人害怕。但我们发现，如果把两性极化或者把他们严格分开，那么，两性都会因此遭受很大的痛苦。事实表明，在父权统治的社会里，对普通男人的要求要比对普通女人的要求更苛刻。如果你乐意，我们可以对产生这种现象的原因展开讨论。意识形态以及受害者政治学在这方面没有起什么作用。从女性的受害者形象争取女性权利的做法是徒劳的，它会预设并强化本想克服的东西。

问：所以你说过要做两个方面的事情，首先是要研究两性之间普遍存在的生理差异。

肯·威尔伯：是的。第二件事，是要研究在人类文化演化的五六个重要时期里，这些稳定的生理差异是怎样表现出来的。我们的主要观点是，通过这种方法，我们能够确定，从历史观点来看，哪一些因素导致了更加“平等”的社会，即粗略地给予男性与女性价值平等社会地位的社会。这些社会绝不简单地对男性和女性等量齐观，而是对男性和女性进行平衡。因此在今天，我们正努力达到一种更加和谐一致的立场，这样，我们就会更加清楚地了解什么确实需要改变，什么不需要改变。

在男人和女人的价值差异方面，我们能够学会正确评价它们。甚至根据激进的女权主义者观点，这些差异看起来也正在向好的方向变化——我们能够学会更加公正地评价它们。如何才能够做到这一点，这正是我们将要讨论的问题之一。

讨论的范围

问：当我们回顾一般进化过程的整个历史时，发展的人类阶段是很重要的一部分。这也是你所做的工作，例如，你在《性，生态和灵性》一书中已经做了详尽的说明。因此，我们要做的就是，以一种简单明了的方式回顾发展的一些重要内容，以便弄清楚我们是否可以使人们更容易地理解我们所讨论的问题。

肯·威尔伯：首先让我们看一下在事物的发展过程中，普遍存在的一个令人惊奇的现象，即事物的一般进化趋势总是从物质到生命，从生命再到心智（mind）。在所有的这三种进化形式中，一些共同的模式、规律或者特征总是重复出现，我们可以从回顾这些特殊的模式来开始我们的工作。

问：你还回顾了意识进化本身的高级阶段，这一阶段最好称之为灵性的（spiritual）阶段。

肯·威尔伯：是的。这一阶段所涉及的主题早已体现在谢林（Schelling）、黑格尔（Hegel）、奥罗宾多（Aurobindo）以及其他东西方进化理论家的各种不同的论述中了。所有关于这些不二论的研究，其主要的论点是：进化就是大精神（spirit）运行的体现（也可以看成是意识的演化），是上帝（God）工作的体现（上帝一直在促进世界的进步与发展）；在发展的每一个阶段，大精神都在不断地展现自己，而在每一次展现的过程中，它也会更多地实现自己。大精神不是某些特定的阶段，或某些受欢迎的意识形态，或某个受人喜爱的男神或女神，而是一个不断展现自身的全过程，也是一个在每个有限的阶段都肯定出现的无限的过程。随着每一次进化的展开，它都更加接近自己。

按照世界的伟大的智慧传统（great wisdom traditions），我们可以来认识进化所展开的更高阶段，即大精神意识到自身，醒悟到自身，了解到自己真实本质的更高或者更深的阶段。

这些高级发展阶段经常被描绘得十分神秘和“遥不可及”，但一般地说，它却是有形的、触手可及的、确实存在的高级发展阶段——是一个你我都可达到的阶段，是一个有着我们自己深藏的潜能的阶段。依据进化的观点来仔细研究这些阶段，能够帮助我们清楚地了解它们揭示了什么，能够帮助我们为进化过程中所提出的观点找到依据，并对其有一个直观、清楚的了解。

这些高级阶段也许会对整个人类的明天给予我们一些集体进化究竟会发生什么样的提示。在过去，已经有极少数的、极罕见的、极优秀的以及具有远见卓识的天才人物达到了这些阶段。

问：你已经看到，世界上伟大的灵性传统已经分为了两大截然不同的阵营。

肯·威尔伯：是的，如果我们看一下人类对神圣者（the Divine）不同的理解方式——对这个问题，不论是在东方还是西方，是在南方还是北方——就会发现两种完全不同的灵性的类型，我把它们称为上行的（ascending）类型和下行的（descending）类型。

上行之路纯粹是超越性的和追求彼岸世界的。走这条道路的人通常是清教徒、苦行僧（ascetic）和瑜伽练习者，他们倾向于贬低甚至否认身体、感觉、性、尘世和肉体等的存在。他们追求在天国、来世里，而不是在这个现实世界里得到超度。他们把大精神的展现或轮回都看成是罪恶的、虚无的东西。他们追求完全脱离令人烦扰的世界。实际上，对于走上行之路的人来说，追求任何实际的东西都是虚妄的，甚至是罪恶的。这种意识形态赞扬“一”，而不是“多”；崇尚空，反对色；追求天堂，排斥尘世。

下行之路却灌输与此相反的思想。它的核心内容就是相信这个实际存在的世界，赞扬“多”，而不是“一”，它歌颂人间、肉体、感觉和性。这种意识形态甚至把大精神、感觉世界、盖亚[①]和展现都看成是同一的东西。日出日落，月圆月缺，时间川流不息，我们每一个人都能够看到大精神的存在。它认为大精神存在于宇宙万物之内，摈弃任何来世的东西。事实上，对于走下行之路的人来说，任何形式的上行都是邪恶的。

问：我们要讨论的另一件事情是走上行之路者和走下行之路者之间的“战争”，在他们的眼中，对方都是罪恶的。

肯·威尔伯：是的，这是持续了至少两千年的战争。这场论战经常是残酷的，双方彼此对对方充满愤怒的情绪。在西方，大约从奥古斯丁(Augustine) 到哥白尼[②]时代，上行之路占绝对主导地位。它是人们追求的理想，其中心内容就是相信有来世。人们不能从其本身、周围的世界和自己的一生中得到最终的超脱和解放。也就是说，也许你现在的生活还过得去，但真正有意思的和幸福的生活是在你去世以后，也就是当你进入另一个世界的时候。

后来，随着现代主义和后现代主义的兴起，我们看到情况发生了完全的影响深远的逆转。也就是说，上行之路在退出，继之而起的是追求实际的下行之路。

问：你把这一时期称为“下行优势”，这是我们要讨论的另一个主要问题。你指出，现代和后现代时期是几乎完全由下行的概念，即由纯粹实际的世界观统治的时期，你把这种情况称为“平地”(flatland)。

肯·威尔伯：对，是平地，它要表达的思想是，我们感觉的、经验的和物质的世界是唯一存在的真正世界。对于我们所有的人来说，再没有比这个世界更高级、更深远的潜在的东西了——例如，再也没有更高级的意识进化阶段了。我们用感官感觉得到，用手抓得住的世界才是真正的世界。它是一个完全脱离上行意识形态的世界，是一个不相信任何

---

① Gaia，大地女神。——译者注

② Copernicus（1473—1543），波兰天文学家，现代天文学创始人。——译者注

来世观念的世界。实际上，对于信奉下行意识形态的人来说，任何形式的上行和超越都被看作是对思想的严重误导，从而也是最邪恶的。

是的，我们欢迎平地，一个纯粹下行的世界。我们这些现代人和后现代人几乎完全生活在这个世界里。它在我们无穷无尽的感觉世界里，是一个平坦的世界，但它也可能从我们的感觉世界中消失。它同时又是一个肤浅、单调、乏味的世界，令人郁闷的浮华世界。不论对于资本主义还是马克思主义，不论对于工业主义还是深度生态学，不论对于消费主义还是生态女权运动——在所有这些理论中，你的上帝，你的女神，都是用你自己的眼睛能够看得到，用你的感觉能够感受得到的世界，是你自己的感情魂牵梦绕和憧憬的世界，是一个可以紧紧抓住，或者对之全神贯注的上帝——没有无法感觉到的上帝。

不论我们是否认为自己具有灵魂，我们这些平地人只在实际存在的上帝、感觉得到的女神和感触得到的世界的祭台前上贡品，它是一个我们可以简单定位的单色世界，是一个我们可以用手指触摸得到的世界，世界上不存在比我们视野中栩栩如生出现的上帝更高级、更深远的事物。

世界是怎么样和为什么是这样，这是我们可以讨论的问题。

问：你曾经指出过，无论在东方还是在西方，伟大的不二论传统(nonduality)一直都在努力把上行之路与下行之路结合起来。

肯·威尔伯：是的，它想对超越和内在固有(immanence)，对"一"和"多"，对空和色，对涅槃和轮回(amsara)，对天堂和尘世进行平衡。

问："不二论"就是指把上行论和下行论结合起来？

肯·威尔伯：是的，基本上是这样。

问：所以，我们讨论的另一个重要问题是——上行论和下行论这两种思潮，以及它们如何结合在一起。

肯·威尔伯：这非常重要，因为持上行论的人和持下行论的人，都把大宇宙割裂，各持己见，他们对这场论战的残酷性都负有责任，他们只是试图改变对方的信仰，使对方遵从自己的信条，但是，每一种意识形态都是有缺陷的。

只有让这两种思潮结合起来，人们的思想才能达到和谐与统一，两者之间才不会再发生残酷的论战。只有上行论与下行论的思潮联合起来，才会有真正的出路。不对这种联合作出努力，不仅会毁坏我们所共同拥有的唯一的地球，而且会使我们因此而丧失我们所信仰的天堂。

第一编　演化中的大精神

第一章　联结的模式

问：我们将从创世大爆炸本身开始论述，接着再描绘出从物质到生命，再从生命到心智（mind）的进化过程。然后，我们将考察随着心智或者说是人类意识的出现，人类进化的五个或六个主要时期。而且，所有这一切都是放置在一种灵性（spirituality）的背景之中的——也就是说，灵性的含义，它在历史上曾经采取的各种不同的形式，以及在今后可能采取的形式。是这样的吗？

肯·威尔伯：是的，这是一种关于万事万物历史的简要的论述。这听起来有一点冠冕堂皇，但却是建立在我称之为“定位概括”（orienting generalizations）的基础之上的，这种“定位概括”极大地简化了所有事物。

问：准确地说，“定位概括”是什么含义？

肯·威尔伯：如果我们看一下人类知识的各个不同领域，从物理学到生物学再到心理学、社会学、神学和宗教，当某一个广泛的（broad）和普遍的主题出现时，事实上关于它的分歧是很小的。

例如，在道德发展的范围之内，并不是每一个人都同意劳伦斯·科尔伯格（Lawrence Kohlberg）对道德阶段的叙述，也并不是每一个人都同意卡罗尔·吉利根对劳伦斯·科尔伯格的体系所做的修改。但是，大家却有一种普遍而广泛的共识，那就是人类道德的发展至少经历了以下“三个主要阶段”。

最初，人类并未形成任何形式的道德体系——这是“前习俗”时期。在这之后，人类得到了一种普遍的道德体系，这种道德体系代表他们所处社会的基本价值——这是“传统”时期。随着进一步的发展，个人可以反思他（或她）所处的社会，并与之拉开一定的适度的距离，有一种能力去批评或改革它——这种个人在一定程度上就是“后传统”的了。

这样，尽管对于发展层次的事实叙述和准确含义的辩论仍旧在热烈地进行，但大家都承认三个主要阶段是确实存在的，而且是普遍发生的。这就是“定位概括”：很多人都能够就那些重要的森林坐落在什么位置达成共识，尽管大家并不能就森林里有多少棵树达成一致意见。

我的观点是，如果我们从知识的各分支——从物理学到生物学，从生物学再到心理学、神学——中采用那些获得广泛共识的“定位概括”，而且如果我们把这些“定位概括”（的结果）串在一起，我们就会获得一些令人吃惊的而且通常是复杂的结论，这些结论卓越非凡，然而又不过体现了我们已经达成了共识的知识。这些珍珠般的知识早已经被我们接受了，但把它们串成一条项链还是必要的。

问：这样，在这些讨论中，我们将要串好某一条项链？

肯·威尔伯：是的，在某种意义上是如此。在致力于主要的定位概括时，我们可以使人们想象出与大宇宙、生命和大精神有关的，关于男人和女人位置的一幅广阔的定位地图。我们可以按我们的想象来勾勒这幅图画，但是其主要线条确实有着大量的支持性证据，这些证据来自于定位性概括，简单然而完整，还来自于各种各样人类知识的分支。

大宇宙

问：进化过程通过各个领域（domains）展开，我们将跟随这一过程，从物质到生命再到心智。你把这三个主要的领域称为物质、生命以及心智。而这三个领域又被你统称为“大宇宙”（Kosmos）？

肯·威尔伯：毕达哥拉斯引入了“大宇宙”（Kosmos）这个词，我们现在通常把它译为“宇宙”。但是“Kosmos”最初的意思是“有结构的自然”（patterned nature），或者是各种存在领域必经的过程，即从物质到心智再到上帝的过程。它并不是仅仅指“物质的”（physical）宇宙，即今天由“cosmos”和“universe”所表示的那种含义。

因此，我愿意重新引入“大宇宙”（Kosmos）这个词。而且，正像你指出的那样，“大宇宙”包含了物质的宇宙（cosmos）（或物质世界）、生命（或生命世界）、精神（ psyche，精神世界）和神（theos，神性世界）。

例如，我们可能会喋喋不休地争论物质究竟在何处变成了生命——或物质世界变成了生命世界——但是，正如弗朗西斯科·瓦拉（Francisco Varela）所指出的，自动复制（或自我复制）只有在活的系统中才能发生。这种情况只在生命世界中发现过，在宇宙的其他任何地方都没有发现。它是一种重要而深奥的现象——新奇得令人吃惊——而且我还描述了大宇宙在进化过程中的几种复杂的、深奥的变形和现象。

问：那么在这些讨论中，我们所感兴趣的就不仅仅是物质的“宇宙”（cosmos），而是“大宇宙”（ Kosmos）。

肯·威尔伯：是的。许多宇宙理论都有一种唯物论的偏见。不知为什么，物质的宇宙被认为是最真实的一维，万事万物都必须参照这种物质平面才能得到解释。那是一种蛮不讲理的方式！它以简化论的手段粉碎了整个大宇宙，除去物质之外的所有领域都在你面前慢慢流血而死。难道能够这样对待“大宇宙”吗？

我认为，不能够这样。我们需要探讨的是大宇宙理论（Kosmology），而不是物质宇宙理论（cosmology）。

20条原则：联结的模式

问：我们可以通过回顾各个领域进化的特点开始这种大宇宙理论。你已经分离出20种模式，它们看起来对于无论在哪里发生的进化都是真实的，从物质到生命，从生命再到心智（mind）。

肯·威尔伯：是的，是这样。

问：让我们举例说明这20个原则所包含的内容。第一个原则是说，实在（reality）是由“整体/部分”（whole/parts）组成的，或者说是由“全子”（holons）组成的。那么，实在真的是由全子组成的吗？

肯·威尔伯：难道那会有什么错吗？这还是令人困惑的事吗？阿

瑟·凯斯特勒[①]发明了“全子”这个词。它是指一个实体（entity），它本身既是“整体”，同时又是其他某一整体的一“部分”。如果你留意在实际上存在的事物和过程，你会明显地发现它们不仅是整体，同时也是其他事物的一部分。它们是“整体/部分”，是“全子”。

例如，原子是整个分子的一部分，分子是整个细胞的一部分，而细胞又是整个器官的一部分，等等。每一个这样的实体既不仅仅是整体也不仅仅是部分，而是一种“整体/部分”，是全子。

在这里，关键之处在于，每一个事物基本上都是另一种或另一个事物的一个全子。在原子论者和整体论者之间有一个已经有 2 000 多年的哲学争论：究竟哪一个最终是真实的，是整体还是部分？答案是：“都不是”。或者，只要你愿意，你也可以说“都是”。在所有的方向和所有的途径上，只有“整体/部分”。

有一个古老的笑话。一个国王去请教一位哲人：“是什么使地球不会坠落?”哲人回答说：“地球被一头狮子托着。”“那么，狮子被什么托着呢?”“狮子被一只大象托着。”“大象又被什么托着呢?”“大象被一只海龟托着。”“海龟又被什么托着呢?”“就在这儿停住吧，陛下，”哲人打断说，“海龟就是一切。”

海龟就是一切，全子就是一切。无论我们走多远，我们都会发现全子依赖于全子。在一种无限的可能性的波浪中，即使是亚原子粒子（subatomic particle）也消失在一种泡沫内有泡沫与全子内有全子的云烟里。全子就是一切。

问：正如你所说，全子就是一切。我们永不可能达到一种终极的整体。

肯·威尔伯：对。任何整体同时也是另外某一整体的一部分，这是相对的，无穷尽的。时光川流不息，今天的整体就会是明日的部分……

相对而言，即使大宇宙的“整体”也仅仅是下一时刻整体的一部分。无论如何我们都不会拥有整体，因为根本就没有整体，这个世界上

---

① Arthur Koestler，20 世纪匈牙利文学家。——译者注

永远只有“整体/部分”。

所以，第一条原则就是，实在既不是由物质或过程组成的，也不是由整体或部分组成的，它是由“整体/部分”或全子所组成的，自始至终都是如此。

问：所以实在并不是由亚原子粒子之类的东西所组成的？

肯·威尔伯：当然不是。这种说法是一种极度的删减，因为它是要给予物理宇宙以特权。按照这种说法，万事万物——包括从生命到心智再到灵性——都不得不起源于次原子微粒了，这是绝对讲不通的。

但是请注意，亚原子粒子本身就是一种全子。细胞也是一样。同样，符号、意象和概念等都是一种全子。所有这些实体在它们是其他东西之前，就是一种全子。因此世界不是由原子、符号、细胞、概念等组成的，而是由全子所组成的。

由于大宇宙是由全子所组成的，如果我们能发现所有全子所具有的共同点，也就能发现在各个领域里的进化的共同点。发现在物质世界、生命世界、精神世界、神性世界中全子是如何展开的，以及它们所显示的共同的模式。

问：所有全子所共同具有的特点——这就是你总结出 20 条原则的依据。

肯·威尔伯：是的。

自主性与共享性

问：那么，原则 1 是说，大宇宙是由全子组成的。原则 2 是说，所有的全子都具有一定的特征。

肯·威尔伯：是的。因为每一个全子是一个“整体/部分”，它有两种“倾向”或者“驱力”，我们可以说——它不得不既保持其“完整性”，又保持其“部分性”。

在一方面，它不得不保持自己的完整性（wholeness）、同一性（identity）、自治性（autonomy）以及自主性（agency）。如果它无法保持它自己的自主性或同一性，它就无法继续存在。因此在任何领域，一个全子的特点之一就是它的自主性，也就是在环境压力下保持自身完整性的特性，如果没有这种自主性，在环境压力下，它就会湮灭殆尽。对于原子、细胞、器官乃至思想，这都是确定无疑的。

但一个全子不仅是一个必须保持自主性的整体，同时也是其他系统、其他整体的一部分。这样，它除了必须保持作为一个整体的自治性外，它同时还不得不具有作为其他事物的一部分所应该具有的特性。它自身的存在依赖于自己适应周围环境的性质，无论对于原子、分子、动物还是人类，这都是确定无疑的。

因此，每一个全子不仅拥有自己作为一个整体的自主性，还不得不顺应自己作为其他整体的一部分的共享性（communion）。如果它在某一个方面失败了——无论是在自主性还是在共享性方面——它就会被清除，停止其存在。

超越与退化

问：作为原则 2 的一部分含义是——每一个全子都具有自主与共享的能力，你把它们称为全子的“水平的”性质（horizontal capacities）。那么你称为“自我超越”（self-transcendence）和“自我退化”（self-dissolution）的全子的“垂直的”性质又是怎样的呢？

肯·威尔伯：是的，如果一个全子不能保持它的自主性与共享性的功能，它就会完全崩溃。当它崩溃时，它就分解为次全子。例如，细胞分解为分子，分子分解为原子，原子在强大的压力下还可进行无限的裂变。这种关于全子分解的迷人的东西就是全子倾向于按它们形成的相反的方向进行分解。而且这种分解是一种“自我退化”，或者是简单地分解为次全子，这种次全子自己又能进一步向下分解，依此类推。

但是让我们来看相反的（reverse）过程，这是最为特别的过程。这就是建构过程，即新全子出现的过程。无活力的分子在最初是如何聚集在一起形成有活力的细胞的呢？

绝对没有人再相信关于“自然选择”的标准的、圆滑的新达尔文主义的解释。进化过程无疑在部分意义上是按照达尔文主义的自然选择在进行的，但这种过程只不过是选择了那些在绝对无人能够理解的机制下已经发生了的变异。

问：请你举一个例子好吗？

肯·威尔伯：例如，一个标准的观念是，动物的翅膀是由前肢进化而来的。可能要发生 100 次突变才会从一双腿中产生出一对能够起作用的翅膀——只有一只翅膀是没用的。一只翅膀既比不上一双腿也比不上一双翅膀——既不能跑也不能飞。它没有任何有用的价值。换句话说，如果只有一只翅膀，只会被当作晚餐上的美味佳肴。只有当这 100 种变化在一只动物身上突然发生时，翅膀才会发生作用，而且这些同样的变化必须同时发生在不同性别的另一只动物身上，它们还必须通过某种方式找到对方，必须进食、饮水、交配，并繁殖出拥有一双有用的翅膀的后代。

讨论一下令人吃惊的情况（mind-boggling）。这是一种无穷的、绝对的、完全令人惊讶的事情。甚至随机突变（random mutations）也不能解释这一点。绝大多数的变异无论如何都是致命的。我们如何才能同时获得 100 次无害的变异呢？甚至只是获得四五次？但是一旦那种令人难以置信的变异已经发生了，那么自然选择实际就将从那些难以使用的（less workable）翅膀中选择出较好的翅膀——但是这些翅膀自身是如何发生突变的呢？没有人知道。

目前，关于那一时刻，每人都只是同意称这种进化为“量子进化”或“间断性进化”或“显现性进化”——异常新奇、突现和复杂得令人难以置信的全子在一次巨大的飞跃中，以一种量子式的（quantum-like）方式产生——没有任何中间形式的证据。为了使翅膀或眼球能够幸存下来，成百上千次的非致命性的变异不得不在同一时刻发生。

然而我们判定，这些非凡的变异发生了，它们发生的事实是不可否认的。这样，许多理论家，例如，埃里克·詹奇（Erich Jantsch），简单地把进化看作“通过自我超越的自我实现”。进化是一种广泛的自我超越过程，它有着令人震撼的能力来超越以前已经达到的状态。因此进化在一定程度上是一种不断超越的过程，这种过程包括了以前所达到的状态，并加上了令人难以置信的新奇的内容。因此，正是自我超越的驱动力构建了大宇宙自身的结构。

全子的四种驱力

问：这就是所有全子的第四种“驱力”（drive）。我们具有自主性和共享性，在任何层次上“水平地”运作；然后，我们再一起“垂直地”转移到一个更高的层次上去，这就是自我超越。我们向较低水平移动，这就是自我退化。

肯·威尔伯：你说得很对。因为所有的全子都是“整体/部分”，它们在存在中会受到各种各样的“牵引力”（pulls）的支配。包括成为整体的牵引力，成为部分的牵引力，向上的牵引力，向下的牵引力。这些牵引力就是自主、共享、超越、分解。原则 2 只是说明了所有全子都具有这四种牵引力。

这就是这 20 个原则如何起作用（start）的一个例子。其余的原则着眼于当各种力量发挥作用时所发生的情况。自我超越的驱力从物质中产生生命，又从生命中产生心智。这 20 条原则简单地描述了在全子的进化过程中所发现的共同模式的种类，无论它们是在哪里出现的——从物质到生命再到心智，甚至可能是更高的阶段，灵性的阶段，不是吗?

问：因此确实有某种进化的统一性。

肯·威尔伯：是的，那是这个观点的一部分。连续不断的自我超越的过程产生了中断（discontinuities）、飞跃、创造性的跳跃。因此在进化过程中既有间断——即心智不能还原为生命，生命不能还原为物质；也有连续——即进化在所有领域中所采取的共同模式。在那种意义上，整个大宇宙齐心协力，被一种单一的过程结合为一个整体。那是一首单一的诗（uni-verse），是一首歌。

创造力的显现

问：那一首你称为“演化中的大精神”或“创造中的上帝”的歌，是我希望在以后讨论的。但现在也可以谈谈，原则 3 可以这样表述：全子出现了。

肯·威尔伯：是的，正如我们所说，进化在一定程度上就是一种自我超越的过程——它不断超越以前的阶段。在那种新奇（novelty）、突现和创造性之中，新的实体产生了，新的模式展开了，新的全子出现了。这种非凡的过程使得支离破碎的情况走向和谐，使得纷乱复杂的情况走向完整。似乎大宇宙自身也在创造性显现的量子式的飞跃（quantum leap）中展现开来。

问：这也就是为什么某一层次不可能简化（reduce）为其较低的组成部分，以及为什么一个全子不可能简化为次全子（subholons）的原因？

肯·威尔伯：是的。我的意思是，你可以把整体分解为它的组成部分，这种努力是绝对有效的。但是这样一来，你拥有的只是部分，而不是整体。你可以把一只手表拆开并分析其组成构件，但是这些构件并不能够告诉你时间。对于任何全子而言，道理同样如此。全子的整体不会在它的任何部分中被发现，这结束了简化论的疯狂，事实上从西方科学诞生之日起，这种疯狂就一直困扰着它。特别是伴随着系统科学的出现，真正的科学的思维已经认识到：我们生活在一个创造性显现的大宇宙中。

问：尽管在周围仍旧存在着简化论者（reductionists），然而这种趋势看起来确实已经扭转。你几乎不必再过多地解释为什么简化论本身是坏的，而非简化论在某种程度上意味着，大宇宙是有创造性的。

肯·威尔伯：这有点令人吃惊，不是吗？“终极范畴”（ultimate categories）是指我们为了思考任何其他事物所需要的概念。怀特海（Whitehead）只列举出了三个：创造力、单一（one）、众多（many）（因为每一个全子事实上都是一种“单一/众多”，那些范畴就可归结为：创造力，全子）。

但正如怀特海所指出的那样，在这里的要点是，“终极的形而上学的基础是创造性地进入一个崭新的境界”。新的全子创造性地出现。创造性、全子——这是我们在思考任何其他事物之前需要思考的两个最基本的范畴！

因此像你所说的，原则 3 就是：全子出现了。而每一个全子都具备这四个基本性质——代理、共享、自我退化、自我超越——由此出发，就创造了大宇宙。

问：这有一点超出了我们的论述，我不想现在就这一点做过多的探讨。但是你把创造性和大精神联系起来了。

肯·威尔伯：是的。除了作为大精神的另一个名字之外，创造性还指什么？如果像怀特海所说的，创造性是一种终极——在你拥有其他任何事物之前必须首先拥有它——如果不是大精神，什么才是“终极的形而上学的基础”？对于大精神，我也用佛教的词汇“空”（emptiness）来表示，这一点我们可以进一步讨论。但是大精神和空产生了形式。新的形式出现了，新的全子出现了——而且它们并非来自于稀薄的空气。

我们已经看到，科学也同意把自我超越纳入宇宙的架构。换句话说，什么是自我超越的创造力呢？是大精神吗？是“空”、创造力、全子？

问：最近在一些科学领域中，关于创造的更加灵性化或理想主义的读物很受欢迎。

肯·威尔伯：在某种意义上是如此。创世大爆炸从能够思想的人中制造了理想主义者（idealists）。首先是绝对的虚无，然后就是“爆炸”（Bang），再后是一些其他事物。这真是不可思议：事物是从最纯粹的“空”中产生出来的。

这对于传统科学不啻为一场噩梦，因为它给愚蠢的随机变异论加入了时间限制，而这种理论曾经被寄予厚望来解释整个宇宙。还记得1 000只猴子和莎士比亚的故事吗？——那是一个随机概率如何产生有秩序的宇宙的例子。

问：如果给出足够的时间，那些随意打字的猴子们是终究会打出一部莎士比亚戏剧的。

肯·威尔伯：给出足够的时间！一个计算表明：猴子们打出一部莎士比亚戏剧的概率是 10 的 40 次幂分之一。所以那可能会在 100 亿亿年中发生一次。但是宇宙并没有100亿亿年，它只有120亿年。

是的，那改变了每一件事。从F. 霍利（Fred Hoyle）到F.B. 索尔兹伯里（F.B. Salisbury），科学家所做的计算一致表明，按照概率，120亿年甚至不能产生一种催化剂（enzyme）。

换句话说，概率之外的别的东西推进了宇宙的发展。对于传统的科学家而言，概率是他们的救世主，是他们的神（god）。概率能解释一切。概率，再加上无穷的时间，就可以产生一切。但他们并没有无穷的时间，他们的神不幸也没有。那个神死掉了，概率并不是解释宇宙的法宝。事实上，概率正是大宇宙努力要去克服的，是大宇宙的自我超越的驱力所要克服的。

问：那是用另一种方式说明自我超越形成了宇宙，或者如你所说，自我超越是任何全子的四大驱力之一。

肯·威尔伯：是的，我想是这样。对于宇宙而言有一种造型（formative）驱力，一种目的（telos）。它具有一种方向，它要通向某个地方。它的基础是"空"；它的驱力是形成日益一致的（coherent）全子的组织。"空"，创造力，全子。

问：现在，"宗教创造论者"正从这一观点中获益匪浅，他们宣称它符合《圣经》和《创世记》。

肯·威尔伯：是的，他们抓住了这个越来越明显的事实：传统科学的解释将不再合适。是创造力，而不是概率创造了大宇宙。但那并不意味着你能够把创造力同你心爱而特殊的上帝（God）等同起来。它也并不意味着你可以在这种空虚中假定有一个上帝，他具有会使你幸福的一切特殊品质——上帝只是犹太人、印度人或本土人（indigenous peoples）的上帝，他正在照看着我们，他是和蔼的、公正的、仁慈的，等等。我们不得不对这些有限的、神人同形同性论的特征格外的谨慎小心，这也是我提出"空"的一个原因，在这里，"空"是无限和无条件的。

但是，那些原教旨主义者（fundamentalists），那些"神创论者"，占住了科学旅店中的空房，把他们的代表塞进了讨论的会议。他们看到了开始——创造力是绝对的——而且他们把这种绝对与神话中的神等同起来。他们塞给了这个神所有的品质，这些品质促进了他们的自我主义倾向。这种倾向开始于以下事实：如果你不相信这个特殊的神，你就将永坠地狱。正是这一点反映了那些相信这种蛮不讲理观念的人的心态。

所以我想，我们不得不朴素一点，并特别谨慎小心。大宇宙有一个灵性的开端。让我们仔细地去填充它。最简单的是：大精神和空是绝对的（unqualifiable），但它们并不是迟钝的、无活力的，也不是没有可塑性的，因为它们能够自我展示出来：新的形式出现了，创造力是最终的。“空”，创造力，全子。

让我们把这个问题暂时放在这里，好吗？我们可以在论述展开之后再回到这一点上来。

层次系统

问：你说得很清楚。我们刚谈了原则 3，即“全子的出现”。那么原则 4 呢？全子是分层次出现的。什么是层次系统（holarchy）？

肯·威尔伯：层次系统是阿瑟·凯斯特勒用来说明等级性（hierarchy）的一个术语。“等级”在今天名声很坏，主要是人们把统治者的等级和自然的等级相互混淆的缘故。

自然等级仅仅是一种不断增加的整体性的次序。例如，从粒子到原子到细胞再到器官，或者从字母到单词到句子再到段落，某一水平上的整体变成了下一水平上的整体的部分。

换句话说，标准的等级是由全子组成的。因此，阿瑟·凯斯特勒说，“等级”事实上应当被称为“层次”。这句话是绝对正确的。事实上所有的生长发展过程，从物质到生命再到心智，都是通过自然层次，或者是不断增加的整体性的次序产生的——这种整体又成为新整体的一部分——这就是所谓的等级性或层次性。

问：那么是统治者等级这一概念使得人们的理解畸形化了。

肯·威尔伯：是的，这个原因有着很好的理由。在自然层次中，当任何全子篡夺不该属于它的位置并试图统治整个整体时，你就会获得一种病态的或者是统治者的等级。例如，一种癌细胞控制了整个人体，或是一个法西斯独裁者控制了整个社会体系，或是一个压抑的自我控制了整个有机体，等等。

但是，对这种病态层次的治疗并不是除去任何一个层次——那无论如何是不可行的——而是限制那些傲慢自大的全子并把它们整合回自然的层次中，或是把它们放入合适的位置，诸如此类。等级的批评者——他们的名字像军团名单一样多——简单地把病态的等级和正常的层次混淆在一起，这样他们就把孩子和洗澡水一起泼掉了。

问：他们主张为达到完美应该消灭掉等级。

肯·威尔伯：其实，情况恰恰相反。达到完美的唯一途径就是通过层次系统。当整体主义者谈到“整体优于其各部分的总和”时，这意味着，整体与其单个组成部分相比，处于一种更高或更深的层次上——那就是等级性或层次性。某种超越了单个分子的属性将各个分子聚合成细胞。——这细胞是按层次系统排列的。而且如果没有层次系统，你只会有杂乱的一堆，不会有整体。

换句话说，那些否认层次性的所谓“整体主义者”是事实上的“堆积主义者”（heapists），也可以说，他们事实上是“简化论者”（reductionists）。

问：但是，许多女权主义者或生态哲学家主张，任何形式的等级或“分层”（ranking）都是压制性的，甚至是法西斯的。他们宣称，所有这些价值分层都是“过时的范例”，或“家长统治式的”甚至是压制性的世界观。它们理应被一种联结所取代，而不该是分层。在这一点上，他们极端好战，进行了十分恶意的指责。

肯·威尔伯：这有一点虚伪，因为你是无法避免等级的，即使你所提到的那些反等级性的理论家也有他们自己的等级和他们自己的分层。换句话说，他们认为联结优于分层。这本身就是一种等级，一种价值的分层。但是，由于他们并没有坦白这一点，所以他们的分层是无意识的、隐蔽的和不被承认的。他们实际上在用等级性反对等级性。他们有一种声称分层不好的分层体系。

问：你称这种情况为“实施性自相矛盾”（performative contradiction）。

肯·威尔伯：是的，关键在于，反等级性的立场是极度矛盾的，这也是为什么这些理论家都经常呈现出这样一种等级立场的原因。他们有一种等级性，这是无意识的，而且思考得很不成熟。他们用这种鬼鬼祟祟的等级论攻击其他的等级论，为自己“独立于”任何卑劣的分层而沾沾自喜。他们满怀恶意地贬低别人，只是因为别人正一丝不苟地做着应该做的事情，而这些事情他们是绝对不会承认的。这种情况真是令人恶心。

问：但是等级已经遭到了许多指责，正如你自己详细解释的那样。

肯·威尔伯：是的。可要点并不是把等级和层次一起消灭掉——那是不可能的。试图消灭分层本身就是一种分层。否认等级本身也是一种等级。确切地说，因为大宇宙是由全子组成的，而全子又是分层次存在的，所以你无法逃避那些安置好的次序。比较而言，我们更可以做的是把正常的层次（normal holarchies）与病态的或统治者的等级区分开来。

问：所以，层次性事实上是无法逃避的？

肯·威尔伯：是的，这是因为全子是无法逃避的。所有进化和发展的模式都是通过层次系统，通过不断增加的整体和包含物的秩序过程来进行的，这种过程是一种通过整合的能力来进行的分层。这也是为什么层次性就是整体主义的基本原则的原因：较高或较深的度量单位提供了一种原则，一种“黏合剂”，或是一种模式，用以把否则会相互分离、冲突、分割开来的部分结合为一个一致的整体，或是一个空间，在这里，各个部分能够认可一个共同的全体，从而避免各自为政、支离破碎的局面。

所以联结的确是很重要的，但联结本身却是处于分层和层次性之中，而且它只是由于层次而存在，这些层次提供了较高的或较低的空间，联结和结合得以在那里产生。否则只会有堆积，不会有整体。

当一个独特的全子在任何层次中篡夺了本不属于它的位置时——当它想成为一个整体而非部分时——自然或正常的层次就会退化为病态的

或统治者的层次，换个名字，就是疾病、病态或弊病——无论是身体上的、感情上的、社会上的、文化上的或精神上的。我们要“攻击”这些病态的等级，不是为了消灭每一个等级，而是为了容许正常或自然的等级出现在适当的位置，并继续其健康的生长和发展。

悦纳的方式

问：好的，这就是我们迄今为止所谈论的。大宇宙是由全子所构成的，这是永恒不变的真理。所有全子有四个基本性质——自主、共享、超越和分解。全子不断产生。全子是按照层次产生的。

肯·威尔伯：是的，这是首要的 4 个原则。

问：现在我们的第 5 个原则是：每一个新出现的全子都超越并且包含了其前一阶段或前一水平的东西。

肯·威尔伯：例如，细胞超越了——或超过了——其由分子组成的成分，但是显而易见，也包括了这些成分。分子既超越了又包含了原子，原子既超越了又包含了粒子……

这里的要点是，因为所有全子都是整体/部分，所以在整体超越的同时部分也被包括进来。在这种超越中，杂乱无章的堆积转化为整体；在这种包含中，各部分同样的被包含和拥有，并被结合进一个共同体和一个大家分享的空间，这减轻了每一个部分处于分离状态时的负担。

是的，进化是一个超越和包含的过程，既超越又包含。这开始展现出“演化中的大精神”的真正的核心，展现出进化的冲动的真正的秘密。

第二章　神秘的冲动

问：进化的神秘的冲动（impulse）？

肯·威尔伯：一个分子超越并且包含了原子。之所以称“超越”，是因为分子具有了凸显出来的（emergent）、新颖的（novel）和创造性的特征，这些特征并不完全等同于各个组成部分简单的累加。组织的新层次不断进化形成，这些新的层次一旦形成，就不可能再以任何方式还原到比它们更低的层次上去，因为它们已经超越了这些层次。这就是一般系统论和整体论的精神实质和重要支柱。这些新形成的组织层次同样包含了较低的组织层次，因为处于较低层次的全子仍然是新形成的全子的组成部分。这种情况既是一种超越也是一种包含。

问：因此，较高层次的组织既包含了较低层次组织的某些基质，又具有较低层次组织所没有的某些新的特征？

肯·威尔伯：是的。我们还可以换一种方式来表述。亚里士多德就是首先采用这种表达方式的人，即较高层次的组织涵盖所有较低层次的组织，但是，较低层次的组织并没有涵盖所有较高层次的组织。正是这一原则构成了层次系统或者等级系统。细胞包含了分子，但是，反之则不成立，不能够说分子包含了细胞。分子包含了原子，反之则不成立，不能够说原子包含了分子。句子包含了单词，反之则不成立，不能够说单词包含了句子。正是这种“反之则不成立”构建了层次系统、等级系统，或者说一个逐步递增的整体性。

高级和低级

问：在一个层次比另外一个层次相对较高或者较低的问题上，大家的意见并不一致，存在着比较激烈的争论。而且，你给出的只是在任意一个序列中如何确定层次高低的简单规则。

肯·威尔伯：好吧，下面我随便举一个有关进化发展的例子来说明这个问题。例如，从原子发展到分子，再从分子发展到细胞，再从细胞发展到生命有机体，这就是一个整体和全子都在逐步增加的层次序列，在这个序列中，每一个层次都超越并且包含了它的较低层次。现在，让我再举一个思想实验的例子：如果你“破坏”了任何一种类型的全子，那么所有更高层次的全子都会遭到破坏。但是，较低层次的全子却不会遭到破坏。这个简单的思想试验能够帮助你在任何层次系列中学会识别哪一层次是较高层次，哪一层次是较低层次。举例来说，如果你破坏了宇宙中的所有分子，那么所有比分子更高的组织层次，包括细胞和生物有机体都将遭到破坏，但是所有比分子更低的层次，原子以及组成原子的微粒都不会遭到破坏。

问：啊，我明白了。那么“高级”或者“低级”的组织并不仅仅是一个相对的“价值判断”。

肯·威尔伯：你说对了。我们现在讨论的是结构组织的水平问题。这种意义上的层次系统不存在任何专制的（arbitrary）色彩。它不是家长式统治令人生厌的强加（partriarchal obnoxiousness），也不是法西斯专制意识形态的衍生物。这种层次系统的真正含义是，如果你破坏了任何一种类型的全子，那么，处于更高层次的全子都将遭到破坏，因为它们部分地依赖于更低层次的全子，更低层次的全子是它们的组成部分。但是，即使较高层次的全子已经不存在了，较低层次的全子却可以安然无恙。例如，没有了分子，原子仍然完好地存在。但是，如果没有原子，分子就不能够存在了。这是一个简单的法则，依据层次系统，它清楚地分出了什么是较高层次的，什么是较低层次的。

这一规则适用于任何进化的序列，适用于任何层次系统。例如道德进化、语言学习、生物进化、电脑程序、核酸转化等。整体依赖部分存在，反之则不成立，这一简单规则无一例外。“反之则不成立”是指一种层次性，一种完整性不断增长的秩序。

问：你正是用这个规则证明生物圈比物质圈更高级。

肯·威尔伯：是的。如果你破坏了生物圈，即如果你破坏了所有的生物种类，那么，宇宙或者说物质圈将仍然存在。但是，如果你破坏了物质圈，生物圈就会受到破坏。这种情况之所以会发生，是因为生物圈包括和超越了物质圈，而物质圈并没有包括和超越生物圈。物质圈是处于比生物圈更低级的层次上。这就是高级和低级组织的真正含义。并且，生物所处的层次是较高的，宇宙所处的层次是较低的。

问：同理，精神圈（或译“灵生圈”，noosphere）则处于比生物圈更高级的组织层次上。

肯·威尔伯：的确如此，当形成心理意象（mental image ）的能力产生的时候，精神圈也就开始（形成）了。这种能力最早出现在某些哺乳动物身上，例如马。但是，为了展现相关内容，就这个例子而言，我要把精神圈限定在高度发达的心智和人类文化产品的意义上——用别的方式也会得到相同的结果。

在人类智力出现之前，在精神圈出现之前，生物圈就早已存在好几百万年了。如果精神圈遭到破坏，生物圈将能够继续存在。但是，如果生物圈遭到破坏，所有的人类心智也将在劫难逃，因为生物圈是精神圈的一部分，而不能反过来说。因此，生物圈是处在一个比精神圈更低的组织层次结构上。精神圈不仅仅是生物圈的一部分，它超越并且包含了生物圈。从精神圈到生物圈，这是一个层次递减的系列。

问：因此，物质圈是处于更高层次的生物圈的一部分，生物圈又是处于更高层次的精神圈的一部分。

肯·威尔伯：是这样。

深度和广度

问：但是，为什么许多人都逆向地来描述这一等级秩序？

肯·威尔伯：这大概是因为人们混淆了“大小”（size）、“广度”（span）和“深度”（depth）的概念。并且，人们总是认为，广度越大，深度也就越大。实际上，他们把顺序搞反了。

问：那么，“广度”和“深度”的确切含义是指什么呢？

肯·威尔伯：在某一层次系统中包含的层次数指的是它的深度，在某一层次上包含的全子数指的是它的广度。

问：这样，如果我们说原子具有一个深度，那么分子则具有两个深度，细胞则具有三个深度。

肯·威尔伯：是的。我们还可以依此类推。确切地说，我们称某某为一个层次具有一定的主观随意性。就好像是一栋三层的楼房，按照惯例，我们可以把它的每一层看成是一个层次，那么这栋楼具有三个深度，即三个层次。但是，我们也可以把每一级楼梯算做一个层次。如果两层楼之间有 20 级楼梯，那么三层楼则有 60 个深度。

我们的结论是，尽管两者的衡量具有相对性和随意性，但是得出的结论并不具有主观随意性。不管我们说这栋楼具有 3 个层次还是 60 个层次，二楼总比一楼的层次高。只要我们运用相同的衡量尺度，那么，结论就不会出现任何不一致。正如只要我们前后一致，我们就能够运用华氏或者摄氏两个不同的尺度来测量水温。

因此，我们可以认为夸克具有一个深度，原子具有两个深度，晶体具有三个深度，分子具有四个深度。依此类推。不管我们决定采用哪一种相对的衡量尺度，深度总是真实不变的。

问：这就是你所说的深度和广度。

肯·威尔伯：随着进化向更高的层次演进，深度越来越大，广度越来越小，人们对这一点总是感到迷惑不解。他们容易把若干全子组成的大小、范围或广度与深度相混淆。这样，他们就把层次系统中的重要程度的顺序颠倒了过来。

问：进化不断向前演进会产生出更大的深度和更小的广度，这可以说是原则 8 吧？（我们省略了其中一些内容）那么，你能够就这一点给我们举一个例子吗？

肯·威尔伯：好的。例如，生物有机体的数量要比细胞数量少，分子的数量要比原子的数量少，原子的数量又要比夸克的数量少。其中，每一个层次的深度越大，广度就越小。

当然，这是因为较高的层次超越和包含了较低的层次，较低层次的全子数量比较高层次的全子数量多。例如，不管宇宙中有多少细胞，分子的数量一定比细胞的数量多。不管宇宙中有多少分子，原子的数量一定比分子多。不管宇宙中有多少原子，夸克的数量一定比原子多。

因此，有较大深度的全子要比有较小深度的全子广度更小。全子的深度越大，它的数量就越少。人们习惯认为，在一个层次系统中，广度越大越好，这使他们完全搞错了孰重孰轻这一取向，并且将存在的顺序弄颠倒了。他们总是认为越大越好。

问：一个全子超越并且包括了较低层次的全子，前者的深度比后者大。但是，深度越大，在这一深度上的全子数量就越少，这就是所谓的"金字塔"式的发展。

肯·威尔伯：是的。图 2—1 摘自欧文·拉兹洛（Ervin Laszlo）的《进化——大综合》（*Evolution*：*The Grand Synthesis*）一书。正如人们一般评价的那样，这本书准确清晰地总结了当代科学的进化观点。在这张图里，你能够清清楚楚地看到"金字塔"式的进化秩序。哪里的环境有利于生存，生命就出现在哪里。哪里的生命能够顺利生存，思维就

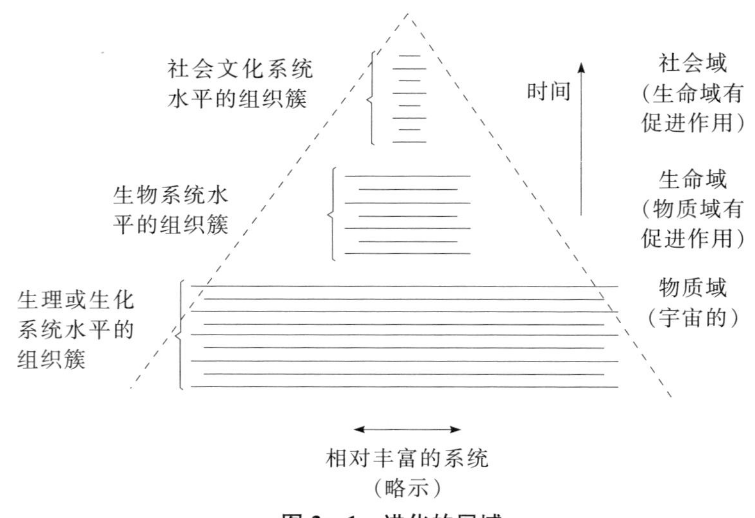

图 2—1　进化的层域

资料来源：

Ervin Laszlo，*Evolution*：*The Grand Synthesis*，Boston：Shambhala，1987，p. 55.

出现在哪里（我还要补充一点，哪里的思维能够顺利发展，大精神就出现在哪里）。

在这张图里，你可以看到，垂直方向上深度越大，在水平方向上广度就越小。十分有趣的是，常青哲学根据它自己的方法得出了同样的结论。

问：“常青哲学”是……

肯·威尔伯：可以这样说，常青哲学是世界上伟大智慧传统的核心。常青哲学认为，实在是由存在和意识组成的一个巨大的层次系统。从物质到生命，从生命到心智，再从心智到灵性，每一个层次都超越并且涵括了比它更低的层次。所有层次组成了一个逐级递增的层次系统。这一系统可以用一个同心圆或者同心球面来表示，如图 2—2，此图表示了层次系统中的超越和包括的关系。

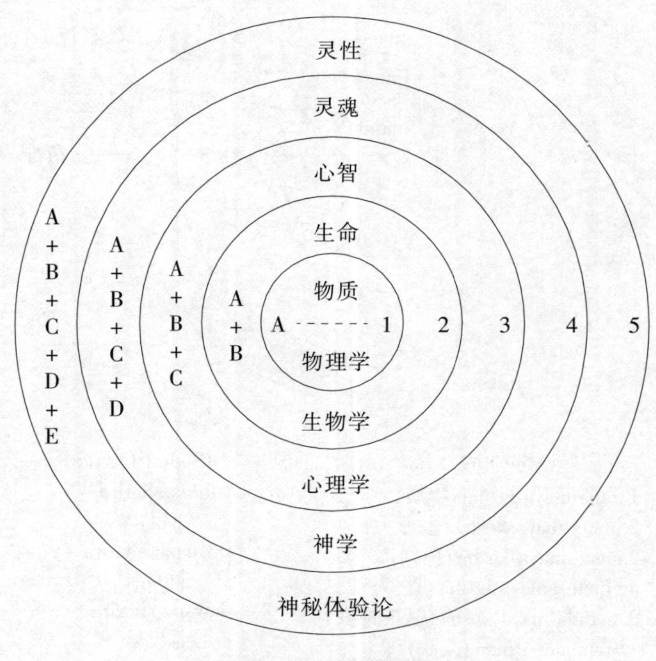

图 2—2　深度增扩图

每一个层次都包括了比它更低的层次，并且都有它自然发生的性质。这些性质是比它更低的层次所不具备的。因此，在更大的包容性和更大的深度的意义上，每一个后继的层次都要更“大”一些。并且，我们可以在图 2—2 中看到，单个全子的自我认同在不断地扩展，涵括了大宇宙中越来越多的实体。

但是，既然后继的全子实际的广度变得越来越小，每一个更高层次上的全子数量也就越来越少。图 2—2 可以完全用相反的方式表现出来，即图 2—3。深度越大，意味着达到这个深度的全子越少，意味着广度越小，实际的全子数量越少。图 2—3 所表示的也是对常青哲学的金字塔式发展的一种解释。

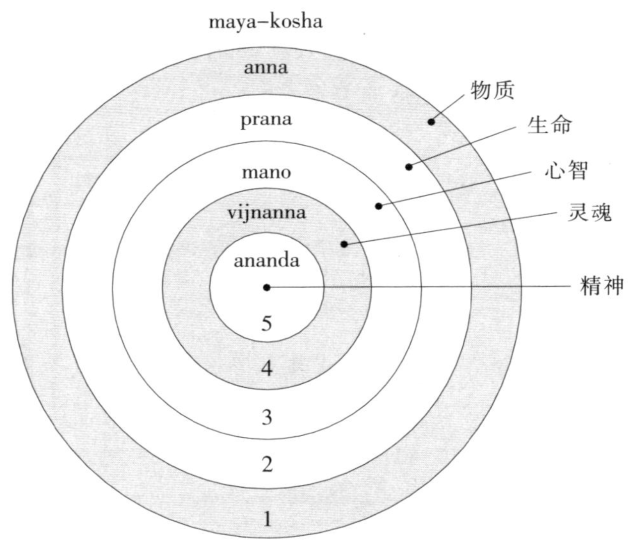

(Sheath)外壳
1.anna-maya-kosha (物质)
2.prana-maya-kosha (生命力)
3.mano-maya-kosha (理性)
4.vijnana-maya-kosha (直觉)
5.ananda-maya-kosha (福报神我)
Brahman-Atman (梵我)

(Body)肉身
sthula-sharira
(粗)
sukshma-sharira
(心精)
karana-sharira
(灵微)

图 2—3　广度缩减图

问：看来，我们需要记住这一原则：深度越大，广度就越小。

肯·威尔伯：是的。在我们讨论进化问题的时候，可以把这两幅图都记在心中。图 2—2 表明了超越与包括的含义，即表明了包容、涵括、认同和包含的实际递增，其中递增随着深度的增加而增加：这一深度所包含的实际内部层次或维度就越多。这些层次或维度就是它的组成部分或实质，也是它的复合的个性（compound individuality），因此，深度越大，重要性也就越大。它表明：大宇宙越来越多地成为了它内在的东西。正如一个分子内在地包含了原子，分子将原子作为了自己存在的一部分。

但是，图 2—3 告诉我们的是，全子实际所处的层次越深，其数量就越少。

图 2—2 表示的是深度，图 2—3 表示的是广度。深度越大，广度就越小；广度越大，深度就越小。

大宇宙意识

问：你认为大精神是最高的层次，难道大精神不是无处不在的吗？我认为，既然它无处不在，它就并不构成一个层次。

肯·威尔伯：每一个层次都超越并且包括了它的较低层次。大精神超越了万事万物，也包括了万事万物。它彻底地超越了这个世界，也完全地涵括了这个世界的每一个全子。它透过万事万物体现出来，但它又不仅仅是这些体现。它永远存在于每一个层次或者每一个维度，但它又不仅仅是一个特殊的层次和维度。它是无根据之根据者，所有体现之“空”，它超越了万事万物，涵括了万事万物。

大精神既是层次系统中最高的一个层次，又是画满了全部层次的一张大纸。它是梯子上最高的那一级，又是制成整个梯子的木头。它既是整个序列的目标，又是整个序列的基石。我认为，随着我们讨论的深入，这一点会变得越来越明显。

问：我并不想在这一点上听到更多的阐述，但是，你却让我听到了环境伦理学（environment ethics）。

肯·威尔伯：是的。真正的（genuine）环境伦理学的要义是，在一个真正的涵括中，我们应该超越和包括所有的全子。因为人类包含了物质、生命和心智，它们是人类自身的组成部分，我们当然就应该敬重这些全子，这不仅为了它们各自的内在价值，这是最重要的，也是由于它们是我们自身存在的组成部分，破坏它们，无异于我们自取灭亡。破坏生物圈并不是意味着最终才会从外部危及和损害我们。生物圈就在我们的内部，它们是我们存在的组成部分，我们的复合个体，破坏生物圈就是内在的自毁，而不只是引起外部麻烦。

因此，排除简单的生态学，并不把万事万物简化为单纯的生物圈，我们就可以形成一种深刻的生态学观点。正是由于精神圈超越和包括了生物圈，生物圈超越和包括了物质圈，我们需要一种既超越又包括了生态学的方法。我们并不需要那种只注重回归到单一的一维生活和平淡的生命网络中的生态学的方法。

问：但是，许多生态哲学家和生态女权主义者都谈到了神秘的万事万物的统一性，谈到了巴克（Bucke）所称的“宇宙意识”（cosmic consciousness）。按照这种观点，万事万物都应该同样看待，完全没有什么层次系统，也不分什么高级和低级，只有伟大的生命之网（the great web of life）。

肯·威尔伯：你说得不错。这种关于平等的神秘体验在人类发展的高级阶段是非常普遍的。

但是，在这里有两个截然不同的问题。人类的认同能够无限拓展，最终涵括万事万物，这可以称为“大宇宙意识”，也就是“神秘宇宙观”（the *unio mystica*），这在图 2—2 中有所体现。个体的认同无限扩展至大精神，并且由此超越了万事万物，涵括了万事万物。上述这些说法都是正确的，但是，实际上实现了这种至上同一性的人数却是微乎其微的。这正是由于深度越大，广度就越小。

但是，在这种体验中，这种有意识的认同的确是对万事万物以及大宇宙的认同。在这种认同中，所有的存在物，不管它是高级还是低级，是神圣还是凡俗，实际上都可以看成是大精神完美的显现，正如它们现在一样——没有高低贵贱之分。终极的深度就是同万事万物以及大宇宙的终极同一。

尽管万事万物同样都是大精神一视同仁的显现，但是，并非万事万物都同样能够认识这种终极同一。这种认识是一个成长、超越的发展、进化的过程的结果。

那些平地生命理论家（flatland web-of-life theorists）仅仅把自己的注意力放在了生命的平等性上，忽视了认识的层次性（the holarchy of realization）。他们认为，既然一只小虾（shrimp）和一只猿猴都是上帝的完美的显现，那么它们的深度也不会有什么差异。这些理论家实际上用一种最令人不安的方式把理论简化了。

因此，我们希望我们的环境伦理学家能够毫无例外地把所有全子都看成是大精神的显现，与此同时，也要在它们的内在价值方面做出注重实际的区分，并意识到，用脚踢一块石头要比踢一只猿猴好得多，吃胡萝卜要比吃牛肉好，靠谷物维持生存要比靠哺乳动物维持生存好。

如果你承认这些观点，实际上你就承认了在深度上的分级（gradation）以及内在价值上的分级，也就是承认了一个价值的层次系统。绝大多数的环境哲学家都同意这些观点，但是他们不能够解释为什么，因为他们有一个否定等级系统存在的等级系统——他们只承认平地生命以及生物的平等性，这种观念不仅是自相矛盾的，而且它使实际行动软弱无力，同时也使内在价值变得残缺。

意识层次图

问：好，我很想回到我们在第三部分谈到的话题。但我们应该把目前的话题谈完。我们现在讨论的是进化的方向、大宇宙的目的，它们并不是偶然出现的事情，而是本身就具有方向性（directionality）。

肯·威尔伯：是的，进化具有一定的方向。这是混沌状态中的一种秩序和原则。换句话说，它是一种朝更大深度发展的驱力。在这里，偶然性被战胜，意义出现了。随着进化的不断展开，大宇宙的内在价值也伴随每一次发展而不断增长。

问：这实际上是原则 12，也是我想和你探讨的最后一个原则。在这个原则中，你给出了进化的方向性的各种标示，我下面将把这些标示列出来。进化具有一种主要的、普遍的趋势，即朝着复杂性、分化/整合、组织/结构、相对的自主性以及目的（telos）不断增加的方向演进。

肯·威尔伯：是的。你说的是已经被人们接受了的一些进化的方向，也是在学术上已经被认可的进化方向。但是这并不意味着退化和分解就不会发生。事实上，在进化的过程中是存在退化和分解的。分解是任何全子都具备的四项功能之一。同时，它也并不意味着每一个短期的发展阶段都必须遵循这些方向。正如迈克尔·墨菲（Michael Murphy）所说，进化的大部分时候都是蜿蜒前进，而不是直线前进的。但是，从长远来看，进化总有一个大概的目的，一个大致的方向。这在进化过程中分化程度逐渐递增这一点上体现得尤其明显。例如，从原子到阿米巴（极小的单细胞原生物），再从阿米巴到猿猴。

但是，所有这些科学的描述都能大致这样总结：进化的基本驱力是不断增加深度。这是大宇宙的自我超越的驱力，即要不断超越以前走过的路。在这一过程中，它的深度也在不断地增加。

问：你同时把深度和意识也联系起来了，你曾经说：全子的深度越大，它的意识程度就越深。

肯·威尔伯：意识和深度实际上是同义语。所有的全子，不管它有多么微小，都具有一定的深度。因为深度不存在最低点。随着进化的发展，深度变得越来越大，意识程度也变得越来越深。例如，不管原子具有什么样的深度，分子的深度一定比原子大，细胞的深度一定比分子大，植物的深度一定比细胞大，灵长类动物的深度一定比植物大。

这里有一个深度的层次问题，即意识层次的问题。进化实际上为我们展开了一个意识层次图。意识展开越多，对它自己的认识就越多，它自身的显现就越多。大精神、意识、深度，这样一些术语表达的都是同样的意思。

问：既然深度无处不在，那么意识也无处不在？

肯·威尔伯：从里面，从内部观察深度，意识和它是一个模样，因此，可以说深度无处不在，意识无处不在，大精神也无处不在。随着深度的逐渐增加，意识也逐渐被唤醒，大精神也逐渐充分展开。我们说进化向前演进产生更大的深度，深度随着进化的发展不断增大，也就是说，进化展开了更深的意识。

问：你使用了“展开”（unfold）和“兼容”（enfold）两个词汇。

肯·威尔伯：在每一次新的超越中，大精神都进一步地展开自己。同时，在新的阶段，大精神又把新的展开包容进了自身的存在。超越和涵括，产生（beings forth）和包含（embrace），创造（creates）和爱（loves），性爱（Eros）和上帝对人之爱（Agape），展开和包括，这些成对的概念实际上都从不同角度表达了同样的意思。

因此，我们可以把这一切简单地总结为：由于进化总是要超越前面的进化阶段，但又必须同时涵括这些阶段，那么，它的本质正是超越和涵括。这样，它具有一种内在的方向性，也就是说，进化有一种神秘的冲动，那就是朝着不断增加的深度，朝着不断增加的内在价值，朝着不断增加的意识这一方向发展。如果说进化在不断演进，它就是在向这个方向演进，此外不存在其他可以选择的路径。

问：那么，概括起来，你的观点是……

肯·威尔伯：可以归纳为好几点。首先，因为宇宙具有方向性，我们自身也具有方向性。运动过程体现了意义，而涵括本身也体现了内在的价值。正如爱默生所言，我们身处在大智慧（immense intelligence）的怀抱中。“大智慧”换另外的说法也就是“大精神”（Spirit）。在大宇宙的最初的脸上就写有这一主题，在“空无一物”的墙上绘有一种图案。在大智慧的每一个姿态中都有一种意义，在智慧的每一次闪光中都有一种优雅。

我们，以及所有的生命，都浸透了这样一种意义，融会在关爱、深刻价值、终极意义以及内在觉知的潮流中。我们是这无穷无尽的智慧、运行中的大精神以及创造中的上帝的不可或缺的组成部分。我们不一定非把上帝看成是某种存在于显现之外的主宰一切的神秘人物。我们也不一定非把上帝描绘成某位存在于宇宙万物之内的女神，她消融在自己的创造物之中。进化既是上帝又是女神，既是超越又是固有（immanence)。它内化在进化这一过程本身。它的不断演化编织出的恰恰是大宇宙的结构。但是，它处处超越了自己的产物，同时每一刻又有更新。

问：这就是所谓的超越和涵括。

肯·威尔伯：是的。我相信，我们是在被引导醒悟这一过程。在这个过程中，恰巧是处于我们自身之内的大精神变得自觉起来，或如某些人所说，变得具有了"超意识"（superconscious）。从潜意识到自觉意识，再到超意识，深度不断地增加，在对自己令人震惊的认识过程中，单一与辉煌的万物融合，我们大彻大悟，犹如那独一无二的上帝（oneness）。

谈到这里，你对此有什么看法？你认为这种说法是精神错乱吗？难道这些神秘体验论者、圣者和贤人都是疯子吗？他们都在演奏同样传奇的变奏曲，不是吗？某日清晨醒来，发现自己以一种超越时空的方式与万事万物同一，这样的故事听起来是否有一些荒诞无稽？

是的，也许他们是疯狂了，他们是一群神圣的傻瓜。他们面对不测的深渊，正在喃喃自语。也许，他们需要一名具有优秀理解力的治疗家？

但是，我仍然对此存有疑虑。也许进化的顺序是从物质到身体，从身体到心智，从心智到灵魂，再从灵魂到灵性。每一次都是超越和包括，每一次都比前者有更大的深度、更深的意识、更大的容量。在进化所能够达到的最高阶段，也许，仅仅是也许，个体的意识也能够达到无限大的程度，它将整个大宇宙都涵括在其中，这是一种真正醒悟到自己本质的大精神的大宇宙意识。

这至少在表面上还是讲得通的。请你回答我，世界上的神秘论者（mystics）、圣者和贤人讲述的故事真的要比那些所谓的"科学唯物主义"的故事更离谱吗？后者其实才是愚蠢的。他们的话语充满了噪音、愤怒，而又没有体现出意义。请仔细分辨：这两个故事究竟哪一个实际上听起来是真正精神错乱的？

我认为那些圣者、先知们处于进化的神秘冲动的前沿，他们是自我超越驱力的先锋。这种驱力使他们不断超越已经走过的道路。在我看来，他们身上体现的是大宇宙朝着更大深度和不断拓展的意识进化的动力，他们一直奔跑在光的前端，快与上帝会合了。

我认为，他们已经表明，在你、我以及所有人的身上都有同样的深度。在我看来，他们已经渗透到了万事万物中。大宇宙通过他们的嗓音放声歌唱，大精神通过他们的眼眸闪烁光芒。他们昭示了明天，向我们打开了通向我们自己命运的道路。这条道路现在看起来是非常正确的。在这个过程中，你能够达到惊人的自知。你会发现，圣者（sage）的声音变成了你自己的声音，圣者的眼睛变成了你自己的眼睛，你用天使般的声调说话，你在永不熄灭的实现的火焰中燃烧，你在大宇宙这面镜子中认清了自己的面容：你的本体实际上与万事万物是同一的，你不再是那条溪流的一部分，你就是那条溪流本身，万事万物是在你之内而不是在你之外展开。星辰不再是在天外，而是在你的上空闪烁。超级新星在你的心中形成，太阳因为你的醒悟光芒四射。因为你超越了一切，拥抱了一切。在这里，没有最终的完全的体现，只有一个没有终点的过程。你就是那个起点，那种初始状态，或者那个绝对的空。在那里，整个进化过程永远无休止地、持续地神奇地展开。

整个游戏，这个梦魇般的进化过程又恢复了原状，你现在正在整个进化端点的前面。随着一次突如其来的彻底惊觉，你看清了自己的深远的原相（Original Face）。在大宇宙混沌初开之前，你就是这样的面容。这面容是完全的空，它像万事万物那样微笑，像整个大宇宙一样歌唱。在那最初的一瞥中，一切都已经结束，剩下的只是永恒的微笑，还有一池水中的月光，在水晶般清澈的深夜里闪耀。

第三章　人类社会的几个阶段

问：现在谈论超意识（superconscious）还有点过早吧！大致说来，我们对进化的讨论刚涉及人类的出现和精神圈的发展（blossoming）。你指出人类意识进化的每个主要阶段也都遵循那 20 条原则。由此看来，从物质圈到生物圈再到精神圈的进化是有整体连贯性的 。

肯·威尔伯：言之有理。根据众多研究者，例如让·吉布瑟（Jean Gebser）、皮特里姆·索罗金（Pitirim Sorokin）、罗伯特·贝拉（Robert Bellah）、于尔根·哈贝马斯（Jürgen Habermas）、米歇尔·福柯（Michel Foucault）和彼得·伯杰（Peter Berger）等的研究成果，我们可以概括出地球进化到精神圈时人类发展不同时代占主导地位的"世界观"。这些阶段、这些世界观可以归纳为上古的（archaic）世界观、魔幻的（magic）世界观、神话的（mythic）世界观、理性的（rational）世界观和存在主义的（existential）世界观。

问：你把"技术/经济"发展的主要阶段也与它们联系起来考虑。

肯·威尔伯：是的，这些阶段是：采摘阶段（foraging）、种植阶段（horticultural）、农耕阶段（agrarian）、工业阶段（industrial）和信息阶段（informational）（在 60 页的图 5—2 能看到这些阶段的划分）。

问：对每一阶段，你都概括出相应的经济生产类型、世界观、技术模式、道德观、法律准则、宗教类型……

肯·威尔伯：在这里，我们也开始审视每一阶段的男女地位。因为在不同阶段男女地位对比差别极大，我的意图是寻找导致这些变化的不同因素。

问：也包括"父权制"？

肯·威尔伯：嗯，是的。根据最近一些女权主义研究者令人激动的作品，如凯·马丁（Kay Martin）、芭芭拉·沃里斯（Barbara Voorhies）、乔伊斯·尼尔森（Joyce Nielsen）和珍尼特·查菲茨（Janet Chafetz）等的作品，我们很容易重构在人类发展大约五个左右主要阶段中每一阶段的男女地位对比。

我们可把所有资料总结归类如下："技术/经济"进化的五六个主要阶段，如格哈德·伦斯基（Gerhard Lenski）所做的概括；每一阶段中男女地位对比，如查菲茨、尼尔森以及其他人所做的概括；每个阶段相应产生的世界观，如让·吉布瑟和于尔根·哈贝马斯所做的概括。

运用这些资料，以及其他许多我们无须一一列举的资料，我们能对每一阶段男女地位的对比作出相对肯定的结论，而且，更重要的是，我们能找出导致这些地位差异的原因。

采摘阶段

问：现在，你能不能举几个例子来说明你想表达的确切意思。

肯·威尔伯：在采摘社会（也叫捕猎和采集社会）里，男女的角色划分清晰，截然有别，捕猎工作大部分由男人来做，采集工作和抚育孩子工作则主要由女人做。97%的采摘社会都实行这种相当刻板的模式，这足以令人惊讶。

但因为当时没有多少财产——连轮子（wheel）也没有发明——对男女价值空间区别也就没有特别强调。男人的工作是男人的，女人的工作是女人的，两者并无重合——这一点有严格的禁忌，尤其是对经期女人——但这看来并未引起男女地位上的重要差异。

我认为，正是由于这样，这些社会备受某些女权主义者的推崇，但我想她们中没有人会真正乐意接受性别角色的严格分工。嗯，我想，恰恰会反对。

问：这些社会是在何时出现的？

肯·威尔伯：采摘社会在100万年前到40万年前之间开始出现。于尔根·哈贝马斯指出，把早期人类和猿猴、原人区分开的并不是一种经济，甚至也不是工具，而是父亲角色的出现——他称之为“男性的家庭化”。由于同时参与生产性的捕猎活动和再生产性的家庭生活，父亲这个角色把这两个价值空间连接起来，标志着人类进化的起点。因为怀孕女人不能参加捕猎，这项工作只好由男人承担，不管他是否愿意（我猜大部分男人不乐意）。

但随着男性的家庭化，我们可以看到所有后来文明的唯一的、艰巨的、持久的、可怕的任务开始了，那就是对睾丸素的驯服。

男人过去是交媾或杀戮，现在居然要为家庭服务。这一点很有趣，不是吗？不管怎样，原始部落都有这种家庭或家族关系，不同部落，因为有不同的家族关系，我们可以说，它们之间关系非常紧张。一个男人不是姻亲便是冤家。

这些早期采摘部落的“养育能力”大约是 40 人。据伦斯基所说，他们的平均寿命约为 22.5 岁。当然，我们谈论的是原始的部落结构，而非今天的土著部落，当今的部落又经历了成千上万年不同类型的发展阶段。但原始部落结构指的是只建立在家族关系上的小群体，采摘部落专指农业社会以前的靠捕猎和采集为生的部落。

提倡生态保护的男权主义者（资深的生态学家）对这个阶段尤感兴趣，主要是因为他们从这些社会找到他们所喜欢的，同时还可忽视其他的一切，好像研究一个事物可以挑三拣四。

问：他们喜欢这些社会是因为它们生态稳定。

肯·威尔伯：有些原始部落社会生态稳定，有些肯定不是。有些部落进行砍伐焚烧，有些导致许多物种灭绝。正如西奥多·罗扎克（Theodore Roszak）在《地球之声》（*The Voice of the Earth*）中指出，对自然的崇拜并不能保证一个生态稳定的文化，当然，这种想法具有某种反现代的意味。

人们无时无处不在破坏环境，许多情况下是出于愚蠢的无知。甚至那备受推崇的玛雅文化的灭绝在相当程度上也是因为破坏了周围的雨林。现代人对环境的无知更为严重，就是因为现代人拥有更强有力的破坏环境的工具。部落的无知通常相对较弱；但无知便是无知，当然不是什么可以称道的东西。在采摘社会中缺乏破坏工具，但这并不意味着他们更有智能。

确实，现在有些人赞美原始部落社会，赞美它们的“生态智能”或它们的“自然崇拜”或它们的“非侵犯性行为”。但我认为没有证据绝对普遍地支持这些观点。我赞美这些部落则是出于完全不同的原因：我们都是这些部落的子孙后代。这些原始部落就是我们的根基，后来一切都发源于此，所有后来人类的进化都构建在它们之上，它们是历史赖以存在的源头。

今天现存的部落，今天的民族，今天的文化，今天的成就——所有这一切，都无可间断地追溯到这些原始部落整体，在这里，人类系统开始建立。从这一角度回顾我们的祖先，我对他们惊人的创造力不禁肃然起敬。有了这种最初的具有突破性的创造力，人类得以凌驾于当时特定的自然环境，开始建构精神圈，这一过程把天堂带到人间，使人间变成天堂，如果人们愿意，这一过程还能把全世界各族人民团结起来，成为一个地球部落。

为了让这一过程顺利进行，最初的原始部落必须想方设法超越他们孤立的部落家族关系：他们必须找到途径进行部落间的交流，农业阶段，而非采摘阶段，为这一新超越指明了道路。

种植阶段

问：所以农业阶段最终取代了采摘阶段。你提到有两种区别很大的农业文化类型——种植（horticultural）和耕作（agrarian）。

肯·威尔伯：是的，种植是靠锄或简单的用来挖地的木棍。耕作则基于沉重的由牲口带动的犁。

问：两者的差别听起来很小，但你指出这点差别意义非常重大。

肯·威尔伯：这点区别确实非同寻常。怀孕妇女也很容易使用挖地用的木棍和简单的锄，所以父亲与母亲做种植活的能力不相上下。那时，他们一起干活。事实上，在那些社会中，80%的食物由妇女生产（当然，男人依旧去户外捕猎）。这些部落中，约三分之一只有女神，约三分之一既有女神也有上帝，这些社会中，妇女的地位与男子大体相当，尽管他们的角色分工还是相当明显，这些都不足为奇。

问：这些是母系社会。

肯·威尔伯：嗯，是以母亲为中心的。从严格意义上说，母系指由母亲统治或母亲占主导地位，所以从来没有过真正的母系社会。相反，这些社会实行“平等主义”，男女地位大致相当；许多这样的社会由母亲这方面的血统追溯祖先，在其他一些方面“以母亲为中心”行事。我已提到过，这些社会中大约三分之一只崇拜女神，具体地说，是以不同形象出现的“大母神”，反过来说，迄今为止已知的几乎每一个崇拜“大母神”的社会都是种植社会。几乎在任何地方只要你看到有崇拜“大母神”的宗教，该地就是以种植为背景的。这种情况大约在公元前一万年开始，东西方都是这样。

问：这是提倡保护生态的女权主义者喜欢的时期。

肯·威尔伯：是的，他们喜欢这种社会及一些沿海社会。提倡保护生态的男权主义者偏爱采摘社会，而提倡保护生态的女权主义者却喜爱推崇“大母神”的种植社会。

问：因为这些社会的生活和大自然的季节变化步调一致，在其他方面也注意保护生态。

肯·威尔伯：是的，只要你执行一年一度的献祭仪式，使“大母神”快乐，使庄稼茂盛成长，大自然里一切都会顺顺当当。据伦斯基的研究，当时的人均寿命大概是25岁，这也很自然。

你知道提倡保护生态的男权主义者也这样，他们赞美史前的采摘部落，因为这些部落生活在未受破坏的自然环境中。但什么是“未受破坏的自然”呢？提倡保护生态的女权主义者认为早期农业社会生活与自然步调一致，和未受人类破坏的纯自然——土地密切联系。但提倡保护生态的男权主义者却强烈谴责任何形式的耕作，认为耕作是对自然的第一次糟践，因为你不再采集自然产品，你在种植，你在人为地破坏自然，你在用你的农耕技术挖掘土地，使自然伤痕累累，你在开始糟蹋自然。在提倡保护生态的男权主义者看来，提倡保护生态的女权主义者的天堂正是地狱的开始。

所以，提倡保护生态的男权主义者认为，种植是“大母神”的产业，就是在“大母神”的支持下，农耕这一可怕的罪行开始了，这一滔天罪行践踏自然，首先开始了人类对自然这一温和的巨人的种种冒犯。对这一阶段的赞美简直是最恶劣的无知，这是他们的观点。

问：看来你既不赞美采摘社会也不推崇种植社会。

肯·威尔伯：是的，进化继续进行，不是吗？我们又是谁，能有资格对一个时期评头论足，说那个时期里发生的一切都是巨大错误，是弥天大罪？我们到底是以谁为根据？如果我们真的受制于“伟大神灵”或“大母神”，我们会认为她真的不知道或她不懂自己的所作所为吗？这种想法又是什么样的冒犯？

不管怎样，到我们现在为止，已历经三四个主要技术时代，我担心进化会后退，不管我们怎样祈祷。

问：你经常提到“进化的辩证法”。

肯·威尔伯：是的，这一观点指的是进化的每一阶段都会遭遇其自身固有的局限，这些局限能引发自我超越的动力。这些固有的局限会制造不安情绪，甚至制造混乱，整个系统或崩溃（自我退化），或逃离这种混乱进化到更高层次的秩序（自我超越）——所谓秩序出于混乱。这种新的、更高层次的秩序脱离了前一阶段的局限，但同时也带来了其自身无法超越和解决的新的局限和问题。

换句话说，进化的每一步都要付出代价。老问题得到解决或消除，结果又会引发新的有时是更复杂的难题。但是，认为人类是在退化的浪漫主义者——不管是提倡保护生态的男权主义者还是提倡保护生态的女权主义者——他们都只是把一个时期的问题与前一时期的成就作比较，然后声称在他们所欣赏的时代之后，一切都在走下坡路。这是极不合理的。

我认为，我们都想认可、尊重全世界过去文化的许多重大成就，尽可能多地保留和吸取其智能。但不管如何，文明这辆列车在运行之中，从最初到现在，若是只看反光镜驾驶可能会导致更多的事故。

问：你提到过我们的时代也会消逝。

肯·威尔伯：没有任何时代会经久不衰。我们都将被明天吞没。一切都会向前发展。大精神存在于整个的过程中，而不是存在于任何特定的时代、时间或地点。

农耕阶段

问：接下去我想回到这个问题。刚才我们谈论种植社会，最后转到农耕社会。尽管两者都是农业，但从锄发展到犁确实是一次重大的变革。

肯·威尔伯：非常重要。怀孕妇女能轻松使用挖地的木棍，对有牲口拉的犁却无能为力。乔伊斯·尼尔森和珍尼特·查菲茨指出，那些试图用犁干活的妇女的流产率明显会更高。也就是说，妇女在进化中的地位决定了她们不需要使用犁。就这样，随着犁的发明，文化中一个重大的——绝对重大的变革开始了。

首先，当时几乎所有的食物都由男人生产。男人并不想这样做，他们并不是通过“支配”或“压迫”妇女才成为主要生产者的，男人和女人都认为沉重的农耕活是男人的工作。

女人并不是绵羊，男人也不是猪猡。这种“父权制”是男人和女人面对极端恶劣的环境时有意识的共同创造。对男人来说，耕作肯定不是轻松的游戏，不如在户外捕猎那样有兴趣，为了种地，他们放弃了大部分的捕猎活动。此外，据一些研究者如伦斯基和查菲茨指出，在这些“父权制”社会中，这种变化对男人带来的坏处比女人多，不管是根据哪一种客观的“衡量标准”。首先男人独自从事防御工作，只有男人为保卫家园而冒生命危险。那种认为父权制社会是一种“男人俱乐部”，男人在其中享受无穷乐趣的看法是建立在具有强烈的意识形态色彩的极差的研究结果上的。

因为事实上，我们从这些不同社会了解到的是，当两性严重对立时(也就是说，当他们的价值空间截然分开，界限分明时)，两性都深受伤害。

问：父权制社会就是这种情况？

肯·威尔伯：两性的对立，对。在各种社会类型中，农业社会有着最显著的两性对立结构。这不是男人策划的，也不是女人安排的，而是这种社会最适合当时他们的技术条件。

所以，当男人开始成为食物的唯一生产者时，很自然的，这些文化的神像几乎由女神完全转化为上帝。在超过 90%的农业社会中，不管它们在什么地方，其主要的神灵都是男性的。

问：在这本书中，你提到"妇女握锄劳作的地方，神是女性的；男子把犁耕地的地方，神是男性的"。

肯·威尔伯：对，这仅仅是一个草率的总结。是上帝还是女神具有更深远和超越个人的意义（这一点我们以后可以再谈），但作为当时人类意识的一般模式，那些神话的意象反映了平凡的（prosaic）现实，在很多情况下表现了特定社会基本的技术和经济现实：桌上的食物是谁提供的。

问：神是男性的——这是"父权制"社会的含义之一。

肯·威尔伯：是的，父权制，父亲统治制，都是正确的说法。现在我们简单谈点马克思主义的基本理论：因为社会关系由生产力基础决定，在农业社会里，男人使用的犁是生产力的代表，所以男人开始控制政府、教育、宗教、政治等公共领域。而女人则管理家务、炉灶、住宅。人们通常称这种分工为男人的生产和女人的再生产。在东西方，农业社会都是在公元前 4000 年到公元前 2000 年左右开始兴起的，在工业革命以前，这一直是占统治地位的生产关系。

影响同样深远的是，先进的农耕技术带来大量剩余食物，这使得相当多的人，即大量的男人，可以不去从事生产和制造食物的工作，也就是说，农耕技术解放了一些男人，但妇女大体上还都继续被束缚在再生产活动中。在这种情况下，兴起了一些具有专业化分工的阶层，男人们除了为生存而劳动外，还可以从事更进一步的文化活动。数学被发明了，写作活动开始了，冶金术和专门的战争也出现了。

剩余产品的出现解放了男人，在睾丸素的"杀戮"（kill it）这一特性的影响下，他们开始建立首批庞大的军事帝国，大约从公元前 3000 年起，世界上先后出现了亚历山大（Alexander）、恺撒（Caesar）、萨尔贡（Sargon）、成吉思汗（Kahn）等人统治的帝国，他们在建立帝国、争霸世界的同时，也统一了分散、敌对的部落，把他们团结起来，保持了社会稳定。随着理性主义和工业化的兴起，这些既神秘又威严的帝国逐渐由现代单一民族的独立国家所取代。

同样的，农耕技术解放了一部分人，使他们有时间对自己的存在进行思考。这样，在这些伟大的农业文化中首先开始了持久的思考的尝试，这些思考结果不再认为大精神自己是在“外面的”（out there）生物圈（魔幻的、猎捕的到种植的），也不只是在“上面的”神秘天堂（神话的、晚期种植的到早期农耕的），而是认为大精神就“在这里”（in here）。通过深度的主观反省、内心觉悟、静修，就能找到大精神。在这个时候，也就出现了伟大的“轴心圣人”（axial sages），他们……

问：轴心？

肯·威尔伯：这是卡尔·雅斯贝尔斯（Karl Jaspers）用来形容这一极为重要的时期的术语。这一时期在东西方大约都是开始于公元前6世纪，在这个时期，先后出现了伟大的“轴心圣人”，包括佛陀（Gautama Buddha）、老子（Lao Tzu）、巴门尼德（Parmenides）、苏格拉底（Socrates）、柏拉图（Plato）、帕坦加利（Patanjali）、孔子（Confucius），以及《奥义书》中的哲人们，等等。

问：这些圣人都是男性。

肯·威尔伯：嗯，在农业社会里总是这样。在后现代社会里，灵性的重大任务之一，就是用相应的女性特性来补充、平衡以男性为中心的灵性。我们并不想简单地摈弃伟大智慧传统遗留给我们的一切，因为这样做会带来灾难性后果。——正如我们并不因为轮子是由男人发明的而拒绝使用它。

但事实上，几乎所有这些伟大传统都产生于这样一种氛围：男人直接与上帝对话，女人通过她们的丈夫和上帝对话。

工业社会

问：我想回到男性和女性的灵性的问题上，因为这涉及你所说的

“上行”类型和“下行”类型，或者是上帝的灵性与女神的灵性，以及我们如何平衡这两种灵性。

但是，让我们首先结束关于农业社会的讨论，把话题转移到工业社会。灵性与“现代性”有何联系呢？

肯·威尔伯：“现代”与“后现代”的用法多得惊人。但通常“现代”指的是从笛卡儿到洛克再到康德的启蒙运动所引发的事件，以及随之而来的技术发展，从带有神秘体验论的封建农业的世界观进化到工业化和理性主义世界观。而“后现代”，从最广泛意义上来说，指启蒙运动以后的整个发展过程，也包括后工业发展。

问：所以我们现在已谈到现代社会的开端，从农业社会向工业化社会的转化……

肯·威尔伯：工业化尽管有许多令人恐惧的地方，带来了很多可怕的负效应，但其生产技术的改革使人能不靠肌肉而是借助于机器来开发自然，获取生存。只要农业社会靠人的体力劳动（犁耕）来生存发展，就必然地、无法避免地高度重视男人的体力和活动力。已知的农业社会都不谈妇女权利，甚至任何与妇女权利有关的东西都不提。

但工业化不再强调男人体力，而代之没有性别之分的机器，在这一时期里，出现了历史上首次大规模的妇女运动。玛丽·沃尔斯通克拉夫特（Mary Wollstonecraft）的《为妇女权利辩护》（*Vindication of the Right of Women*）成书于1792年。这是世界上有史以来第一个有重大意义的女权主义宣言。

这并不是说，成千上万年来，备受欺压凌辱而变得百依百顺的妇女突然间就变得精明能干、果断有力了。而是因为有史以来第一次由于社会结构的演变使体力不再是决定权力的唯一因素。生理上的区别不再是性别角色分工的最终决定因素。短短几个世纪中（在进化中只是一瞬间），妇女风驰电掣般地取得合法权利，拥有自己的财产，参与选举，成为“她们自己”，也就是说，她们能以自己的名义拥有财产。

问：资料看起来支持这个观点，对吗？

肯·威尔伯：我提起过的女权主义研究者的考证表明工业社会后期

的妇女地位高于历史上任何产品剩余的社会，包括种植社会（这是查菲茨的说法）。

那些谴责工业社会后期（和信息社会），赞美“大母神”种植社会的妇女严重无视众多的证据，她们精心选取昨天的一些美好事物，忽视当时其他恶劣条件，然后把这一“伊甸园”和现代社会最坏的情况作比较。这种做法是很值得怀疑的。

这并不意味着当今世界不需要进一步发展，对男女都是如此。请记住，性别的对立使每个人都遭殃。男人和女人都需要从农业社会性别分工的严重束缚中解放出来。工业化开始了这一进程，生理因素不再完全决定性别角色（性别角色超越了同时也包括生理因素），但我们还须继续发展这种自由和超越。

问：举例说明？

肯·威尔伯：例如，当男人不再是理所当然的主要生产者和保卫者时，我们会看到他们的寿命延长，向女人接近。我们还会看到女人不再只扮演繁殖后代的角色，整天守在家里围着锅灶转。她们同样承担责任，所以也同时享受解放带来的好处。如果有区别的话，男人得益更多，这就是为什么在美国搞抽样调查，总是表明大部分男人赞成《平等权利修正案》，而大部分女人却反对，所以结果不幸没有通过这个法案。

问：那如何看工业化和经济危机？当然，那是现代社会和“进化的辩证法”的主要缺点之一。

肯·威尔伯：其结果是灾难性的。这种情况很难处理。我们一直在说，任何生态破坏的主要原因都是愚蠢的无知。只有了解生物圈的科学知识，只有知道生物圈各种组成部分包括人体的各种生理部分相互联系的确切规律，人们才能使自己的行为适应生物圈。对自然简单虔诚的崇拜不能做到这一点。崇拜自然并不能防止众多部落出于愚蠢的天真的无知破坏自然，不能防止玛雅人破坏雨林，也不能防止我们由于无知做同样的事情。

洛萨克（Roszak）指出，现代科学，只有现代科学（如生态科学和系统科学）才能为我们直接指明我们的行为如何、为何在侵害生物圈。

假如原始部落知道砍伐焚烧会摧毁他们的居住环境，危及他们自身的生命（假如他们确定这是一种科学事实），那么，在他们开始破坏生态环境之前，至少会稍微仔细地想一下这个问题。假如玛雅人知道在砍伐雨林的同时，他们也在自戕其命，他们早会立刻住手，至少会迟疑一段时间。但无知就是无知，不管是出于幼稚还是贪心，不管是虔敬还是亵渎，无知破坏了生物圈。

问：但破坏手段改变了。

肯·威尔伯：的确，这是第二点。以原始的、部落的技术为背景的无知只能导致有限的破坏。同样的无知，在工业背景下，能毁灭整个世界。所以我们需要分开这两个问题，即无知和消除无知的方法——因为有了现代科学技术，我们有史以来首次找到克服无知的途径，而正在此时，我们又发明了工具，使这种无知绝对能造成全球灭绝。

问：所以这真是喜忧参半。

肯·威尔伯：对，这是现代社会的困境。最后，我们变聪明些了。同时，如果我们做事不从这一知识出发，那么，最后我们都会灭亡。

第四章　伟大的后现代革命

问：现在，我们已经研究了各个时期的技术/经济基础，那么与之相应的各个时期的世界观又是怎样的呢？

肯·威尔伯：总的来说很简单，意识发展的不同阶段表现了不同的世界观。在各个不同的发展阶段，世界看起来就有所不同。随着新的认知能力的显露和逐渐发展，大宇宙便以不同的眼光重新审视自己，而且看到了许多很不同的事物。

为了方便起见，我笼统地把这些不同阶段的世界观称为“上古的世界观”、“魔幻的世界观”、“神话的世界观”、“理性的世界观”和“存在的世界观”。还可能有更高形式的世界观，你可以参考图 5—2。

问：这些世界观就是我们看待世界的不同方式吗？

肯·威尔伯：对，但是我们在这一点上必须非常小心。这可能有些吹毛求疵，但却十分重要。因为并不存在一个单一的、给定的世界，让我们可以从不同的角度来观察。事实上，当大宇宙逐渐地越来越充分地认识它自己时，不同的世界才出现了。

这就像一粒橡树籽成长为一棵橡树一样。橡树并不是橡树籽所包含世界的不同表达方式。橡树有自己独特的新的组成部分，那是在橡树籽里找不到的。橡树有树叶、枝干和根等，也就有了其独特的“世界空间”。不同的世界观创造出了不同的世界，规定了不同的世界。

后现代的分水岭

问：我明白了你所做的区分。但是这确实有点吹毛求疵。为什么这一区分如此重要呢？

肯·威尔伯：它之所以极为重要，是因为在好多方面它是区分“现代”和“后现代”的分水岭。所以我想研究一下这一在人类理解力层面上的伟大革命。

事实上，如果我们不谈论现代和后现代认知方式的重要区别，我们这种讨论就根本不能够进行下去。但是，它也并不是完全枯燥乏味的。在好多方面，它甚至是界定大精神在后现代世界里地位的关键因素。

问：所以，“现代”和“后现代”……

肯·威尔伯：你是不是已经听说过所有处理知识的新范式了呢？

问：啊，我只听说似乎所有的人都倾向于“新范式”——或者说某一种新范型。

肯·威尔伯：是的，而且人们摒弃了旧范式，即“启蒙运动范式”（Enlightenment paradigm），也称“现代范式”。它还有许多别的名称。例如，“牛顿学派的范式”、“笛卡儿学派的范式”、“机械论的范式”、“自然反映的范式”和“反射论的范式”等。但是人们谈起来都明显地带有嘲讽和厌恶的情绪。

无论对它冠以哪一种名号，现代范式已经被认为是毫无希望地落后于时代，至少是具有十分严重的局限。所以，大家都渴望得到新范式，也就是“后现代范式”或者“后启蒙运动范式”。但是，为了理解后现代范式的大概意思，我们首先需要对它想要迫切取代的旧范式做一些了解。

问：我们需要了解启蒙运动范式的基本内容吗？

肯·威尔伯：对，启蒙运动基本范式被看成是“表征主义范式”（representation paradigm）。其基本观点是我们人类拥有自我（self）或主体性，同时还有一个经验世界或感官世界。知识的合法性取决于自我对经验世界描摹的准确性。如果描摹准确，就可以视为真理。

问：这就是“表征主义范式”了？

肯·威尔伯：对，这幅描摹图可能是一幅真正意义上的描摹图，也可能是一个理论、一个假设、一种观点、一张图表、一个构想，或者其他表现形式。简言之，是某种对客观世界的描绘。

所有的主要启蒙运动思想家，无论是整体论的（holistic），原子论的，还是介于两者之间的，都认同这个表征主义范式。他们都相信这个单一的经验的世界能够用经验主义方法耐心地描述出来。

请记住，这个世界是整体的还是原子的，与我们讨论的这一点毫无关系。他们所一致认同的是描摹范式（mapping paradigm）本身。

问：但是表征主义范式有什么问题呢？我的意思是说，我们在现实中一直在使用它呀！

肯·威尔伯：它并不是有什么错误，而是过于狭隘和局限。表征主义范式具有的麻烦十分细微而隐晦，因此人们用了很长时间——实际上有好几个世纪——才意识到它的问题。

总结表征主义的局限（即认为知识在于描摹世界的观点）的方法有很多，但是，最简单的指出关于描摹图所存在的问题的方法就是：他们忽略了绘图者的存在。事实上，绘图者本身可能将一些东西带入“描摹图”之中，而这一点却被完全忽略了。

问：所有的反映和描绘都忽略了绘图者？

肯·威尔伯：对，尽管后现代有各种各样的观点，他们都联合起来批评表征主义范式。他们抨击反映论范式，即抨击认为只存在一个单一的经验主义的世界的理论，或者说经验主义的自然界的理论，抨击知识完全在于反映、反射、描摹这个世界的观点。所有的后启蒙运动或后现代主义运动都认为反映论范式是彻头彻尾的无可救药和愚昧。

特别是从康德（Kant）开始，再经过黑格尔（Hegel）、叔本华（Schopenhauer）、尼采（Nietzsche）、狄尔泰（Dilthey）、海德格尔（Heidegger）、福柯、德里达（Derrida），在所有这些伟大的后现代主义理论家身上，我们都能够看到对表征主义范式的有力的抨击。因为这一范式从一开始就没有把绘图者的“自我”考虑进去。

“自我”并不是从天而降的伞兵，它有属于自己的特性、结构、发展和历史。而且，在这个被认为是单一的世界中，所有这些都影响和制约着它。其实从一开始，这个伞兵就存在于决定它视野的特定历史情节和丰富的背景之中。所以伟大的后现代运动的意义在于发现“自我”和

“世界”都不是事先给定的。相反，它们都存在于有历史和发展过程的特定情节和背景之中。

问：它们处在发展之中。

肯·威尔伯：对，它们是在发展中。绘图者绝不是脱离肉体的、无历史的、自给自足的单子。他不能不受到自身所描绘的世界的影响，也不可能做到绝对冷静客观，超然物外。“自我”没有一个稳定不变的本质，它甚至有自己的历史。绘图者在他不同成长发展的阶段，就会绘制出不同的描摹图。

因此，在这一发展的过程中，主体会对世界进行各种不同的描摹。这些描摹在很大程度上并不是取决于既定世界的现实，而是在许多方面依赖于主体本身带入图画的内容。

问：康德的“哥白尼式的革命”的理论就提出：与其说世界样式构建了思想，不如说思想样式创造了世界。

肯·威尔伯：并不是在所有方面都是如此，但在许多方面的确可以这样说。黑格尔也阐述了一个重要观点。这个观点在各个方面限定了所有的后现代的理论，即“思想、主体只能够看成是经过了发展的思想和主体”。

例如，尼采把它转化为谱系学（genealogy），即研究我们已经熟视无睹，看起来对任何人都一样，实际上却完全有局限以及受历史条件限制的世界观的历史。而且，从各方面看，所有的后现代之路都通向尼采。

问：所以，首要的问题是……

肯·威尔伯：主体并不是一个超然物外的、隔绝的、既定的、完全成形的实体，它也并不是从天而降，纯真地描绘自己周围那个所谓的真实的世界。

确切地说，主体是处于特定的、有联系的历史环境中的，是处于自身发展、处于历史和进化的洪流之中的。主体所描绘的世界在很大程度上依赖于“历史”，而不是这个“世界”。

问：我明白了，这和我们现在要讨论的问题有关。具体又是怎样发生关系的呢?

肯·威尔伯:我们现在要做的事情之一,就是追溯这些世界观的历史。这些世界观是人类进化的一个组成部分,即大精神发展的各种形式,它通过人类思维展现出来。在每一个阶段中,大宇宙都会变换角度重新审视自己,从而将世界推向一个前所未有的新时代。

后现代的两条道路

问:所以,这些世界观发展了。

肯·威尔伯:对,后现代的伟大发现就在于对世界观发展的看法,认识到了世界和“自我”都不是事先给定的。

可是对于“不是事先给定的”这一发现,任何一个理论家都可以选择两条路径中的一条来进入这个新的、令人困惑的后现代世界观,因为那里一切规则还没有确定。

置于第一位的,可能也是最普遍的选择是走“极端建构主义”(extreme constructivism)之路。因为“极端建构主义”是反映“不是事先给定的”这一发现的强有力的版本。也就是说,因为世界观并不是事先给定的,所以你可以称原有的那些世界观是随意的(arbitrary),它们在本质上不过是靠不断变化的文化口味而构建起来的。

所以,有好多诸如此类的书名,包括“性别的社会建构”、“食物的社会建构”、“劳动的社会建构”、“服装的社会建构”等。甚至还会出现像“大肠的社会建构”之类的书名。

所有的事物都具有“社会性建构”——这是后现代主义的一种极端形式,他们认为不同文化的世界观,都完全是随意、自负的,只停留于“权力”、“偏见”或者某种“主义”之上。例如,“男性主义”、“民族主义”、“物种主义”、“男性中心主义”、“资本主义”、“理性中心主义”,或者还有我喜欢的“男性理性中心主义”。

问:这些理论有什么可取之处吗?

肯·威尔伯:有的。问题只在于这种强力的建构主义者的理论过于强烈、极端,世界观并不像他们所说的那样独断,它们实际上受到宇宙进化趋势的束缚，而那些宇宙进化趋势又限制了文化独断能够构成世界观的程度和水平。我们不可能寻找到大家都一致赞同的世界观，这就像男人生孩子或者苹果向上飞。相对独断的世界观同样不可能存在。它们并不是在相对、绝对意义上构建起来的，现在甚至德里达都承认这一基本观点。

一粒钻石可以切开一片玻璃，无论我们用什么词代替“钻石”、“切”和“玻璃”，无论这些东西处于什么样的文化背景之中，这一事实都不会改变。我们没有必要逃避和否认感觉运动世界的事先存在，而这种感觉运动世界——宇宙和生物——可以说从根本上束缚着世界观。

进一步说，文化结构被人类生物圈本身束缚限制，人类生物圈发展，文化就进化。也就是说，文化结构也遵从 20 条原则，而宇宙趋势确实最大限度地限定和束缚着它的结构。

因此，在这些和其他许多方式下，宇宙的真实趋势束缚了世界观，也防止它成为“集合幻象”的世界观，正如我们所见，世界观停留于有效的主张，而这些主张之所以有效是因为历史趋势是真实的。

问：福柯是不是常常和这种极端的建构主义有关？

肯·威尔伯：是的，他开始走的就是这条道路，结果发现是一条死路。

问：为什么这样说呢？

肯·威尔伯：如果建构主义立场走得太远，它将自我失败。它认为，所有的世界观都是独断的，所有的真理都是相对的，它们都是受文化制约的，世界上根本就没有普遍真理。但是，这一立场本身却宣称自己是普遍真理，它认为除了自己以外，其他的真理都是相对的。只有我自己享有绝对的普遍真理，而你们这些笨蛋真理是相对的，而且是受文化制约的。

这就是极端的“多元化后现代”运动中隐藏的巨大矛盾。他们的绝对真理最终都是以反面意义上的极端理性主义化，以崇尚权力和精英思想而收场。因此，福柯甚至称他早期在这方面的尝试是傲慢自大的。但是他的美国追随者却还没有领会这一点，仍然否认真理，以加强头脑中的偏见。

这种极端的建构主义实际上就是后现代形式的虚无论。即在大宇宙间根本没有真理，只有强加于人的一些思想。这种虚无主义窥视大宇宙，看见的是一个没有尽头的镶嵌满了镜子的大厅。但是，镜子除了将虚无主义私我的不愉快反射回无限的虚空外，没有显示任何东西。虚无主义隐藏的核心就是自恋：真理被排挤在一边，取而代之的是理论家们的私我。而这竟然是发生在美国大学的一种主要运动。

问：“极端建构主义”，这是后现代的路径之一？

肯·威尔伯：对，它确实是后现代运动的一个很重要的版本，但是有一些过于强烈，过于建构主义化了。

另外一种路径则比较温和，这就是“温和建构主义”。这种理论的一般模式还正在发展进化中。黑格尔、马克思、尼采、海德格尔、吉布瑟（Gebser）、皮亚杰（Piaget）、贝拉（Bellah）、福柯、哈贝马斯等一起构成了它变化繁多的理论样式。

这种路径承认世界和世界观并不是全部事先“给定的”，而是历史发展而来的。所以，它仅仅探索客观历史，展现各种世界观，却从不武断地随意抨击，而只作为一种进化中或者发展中的模式，而且部分受到进化趋势的制约。

问：受到 20 条原则的制约？

肯·威尔伯：我所特指的“发展”模式，这样说是正确的，但是这仅仅代表我个人的看法。然而重要的是，对于大多数诸如此类的发展理论和进化理论，任何一种世界观都不得不让位给后来者。这是因为旧世界观本身的某些局限越来越明显了，可以说这引起了一系列的分裂和混乱。旧的理论体系要么就土崩瓦解，要么就通过进化成为有更高级秩序的模式，从混乱中解脱出来。新的高级的模式解决或者缓和了早期的问题，但在这一过程中，它又引入了自身目前尚不能够解决的新的问题和固有的局限性。这与我们在其他领域所看到的过程完全相同。

问：你把世界观归纳为上古的、魔幻的、神话的、理性的和存在的以及其他可能出现的更高层次的世界观。

肯·威尔伯：对，这是一个用很笼统的方式来概括它们的方法。如果你感兴趣，我们过一会儿就可以讨论一下这些世界观的细节。现在，我要把人类进化中各时期精神的世界观同物质生产方式联系起来。和你刚才所说的那些世界观相对应，我们分别有采摘的、种植的、农耕的、工业的、信息的生产方式。因此我会经常把它们对应相连，称它们为“超自然农业的”或者“理性主义工业的”等，其实存在着各种其他形式的重叠和糅合（见图5—2）。

问：一言以蔽之……

肯·威尔伯：世界观就是大精神所体现的心智，当然它的基础是躯体。躯体和头脑的进化促使新世界的产生。在这一过程中，大精神释放出了它的潜能，在大宇宙的春天灿烂地开放，与其说是“大爆炸”，不如说是“大开放”。

在发展的各个阶段，世界看起来都不尽相同，因为世界原本就不同。这就是后现代革命的启示。

站在明天的边缘上

问：我有两个技术上的问题。首先，后现代的最佳途径是如何解决所谓的笛卡儿二元论问题的?

肯·威尔伯：表征范式的二元化的含义如下：进行描摹的主体不是它所描摹的世界的组成部分。或者应该说它是这样认为的，绘图者似乎是外星人，远远地站在离这个既定世界很远的地方，对这个世界进行描摹。两个实体就像没有任何共同点。

大多数的新范式路径仍然跌入这个二元论陷阱，因为这个陷阱十分微妙。大多数的新范式路径希望仅仅通过获得一张更加精确的描摹图就能够解决这一问题。如果我们有一张完整的、精确的、系统的描摹图，我们就可以治愈二元论的弊病。

但是，黑格尔很有说服力地指出：这种理论本身根本没有解决实质问题，只是更加微妙地继续着错误。它仍然认为思想过程根本不同于真实的世界。思想过程或者能够准确地完整地反映世界，或者不准确地、有误差地、还原式地反映世界。而这种理论本身就隐含着笛卡儿的二元论。

黑格尔说，我们必须意识到思想并不仅仅是对实在的反映，它也是实在本身的一种运动形式。思想是对它所要求知的事物的演绎，而并不是一个简单的对与思想无关的某些事物的反映。实际上，描摹图的绘制者本身——自我，即思维和认知的主体——是它所要求知和表征的事物的产物和表现。

简言之，思想本身就是它所要认识的事物的运动过程。完全不是一只手上拿着描摹图，而另外一只手下则是世界。这是拙劣的笛卡儿二元论。事实上，这幅描摹图本身就是它所要描绘的世界的一种表现。

此种不二论理论虽然没有完全否认表征范式，但是它指出，在更加深刻的层次上，思想不能够从大宇宙的趋势中逃逸出来，因为思想恰恰是这些趋势的产物和表现。而哲学的任务，并不是像以前那样仅仅是用来澄清描摹图，纠正它们反映实在的偏差，而是要用来阐明这些更深层次的思想即使想背离也无法背离的趋势。

问：能不能说得更简单一些？

肯·威尔伯：禅宗有一句话："使人走上歧路者绝非真道"（That which one can deviate from is not the true Tao）。换句话说，知识的确能够在某些方面修正我们不准确的描摹图，但是在更加深的层面上，却存在着我们不会——永远不会——偏离的"道"、"方向"和大宇宙的趋势。而我们任务的一部分就是要挖掘出这个更深层次的"趋势"、"道"，然后将它们表现出来，并且澄清它、尊崇它。

只要还沉溺于修正我们的描摹图的尝试，我们就会忽略另一些道路，在那些道路上，正确和错误的描摹图都是平等的，它们都是大精神的表达。

因此，按照"新范式"的观点，例如生态哲学家不断地提醒我们，我们已经偏离了绝对真实的本性。的确如此。但无论如何，我们可以看到这些理论家仍然没有真正理解"道"，即我们不能够而且永远不能够偏离的"道"，只有这个更深层次的真理才是真正的"不二论传统"，才是无论在东方还是在西方都一直致力澄清的问题，而且只有它才能真正克服笛卡儿二元论的弊端。我想，等我们谈到发展的更高层次时，这一点才会弄清楚，好吗?

问：事实上，这正是我的第二个技术性的（technical）问题。如果世界观已经从“上古的世界观”依次进化到了“魔幻的世界观”、“神话的世界观”、“理性的世界观”和“存在的世界观”，谁敢肯定在今后的发展中没有更高层次的世界观存在呢?

肯·威尔伯：说得好。这正是整个问题的关键，对吧？应该向人们解释：“天地间存在着的事物比你在世界观里能够梦想的要多得多。”

“魔幻的”世界观绝对没有料想它竟然会被“神话的”世界观击败。神话的世界观的上帝和女神也想象不出理性居然能够摧毁他们。现在我们崇尚理性的世界观，对它充满信心，甚至沾沾自喜，认为根本不会再出现更高层次的世界观，摧毁我们坚实的感觉，瓦解我们的基础。

但是，可以肯定的是，“超理性主义”（transrational）正踞伏以待。它就像初生的野兽一样，饥肠辘辘地随时可能出现。每个新的时代都要有所超越和涵括。因此，我们可以像数学计算似的精确肯定，明天的朝阳会把我们带入一个在很多方面都超越了理性的新世界。

在这里，可以引用一个著名理论家的格言：“请系好你的安全带，因为今天晚上的道路颠簸不平。”

超越与压抑

问：你怎么能够判断一种世界观比其他世界观更有优势呢?

肯·威尔伯：根据超越与涵括。当意识的更高阶段出现并且发展时，它们本身就会涵括旧世界观的主要内容，然后再加入它们独有的新的观念。它们既超越又涵括，因为它们更有包容性、更加适当。

所以，旧的世界观并非一无是处，而新的世界观也并非无可指责。旧的世界观合适，但是新的世界观更加合适。它如果不是更合适，它也就不会受到物竞天择的进化过程的青睐，也不会把握住大宇宙的趋势。相反，它可能被挤到路边，流离失所。

当然，这并不是意味着“更高层次的”世界观完美无缺，正相反，只要存在超越的可能，也就存在被压制的可能。高层次的世界观也可能并不“超越与涵括”，而是超越、压制、排外、疏远、隔离。

因此，随着各种世界观的出现，我们必须对在历史过程中已经出现和正在出现的“压制”和“隔离”保持一贯的警惕。

也就是说，在任何一个阶段，这一猛兽既能够“超越”，又能够“压制”。玛雅人已经从“采摘”过渡到“种植”。这不仅仅意味着他们能够涵括不同的有分歧的部落，形成更加庞大的稳固的社会结构，能够通过农业生产分离出僧侣阶层研究数学、天文学和复杂精密的历法学，而且更意味着他们能够以“猎捕”人绝无可能的方式砍伐热带雨林。他们超越了“采摘阶段”，但是，在某些重要的方面，却又走得太远，将自己与生物圈相隔离，这无疑是自取灭亡。

他们没有区分、整合，而是排外、隔绝，他们没有超越、涵括，而是压制、否定。既然生物圈是人类世界不可分割的组成部分，他们这种做法注定会导致他们自身的灭亡。

因此，这一主题，即“超越”对“压制”是历史发展的主旋律。我们必须谨慎关注各个人类发展阶段个体和集体中的压制征象，当然也必须包括对理性主义工业化中诸多严重问题的关注。

问：所以，每一个新的世界观都有自己内在的严重问题。

肯·威尔伯：应该说是制造自己严重的问题。旧问题的解决就是新问题的产生——它们同时发生，尽管新问题通常只在世界观走向末路时才浮出海面。这是世界观的奇迹，也是它的噩梦。

现在我们正处在智能、理性和工业化世界观都陷入严重问题的时期，而所有这些问题都源于其自身的组织结构。我们已经开始向自身的局限挑战，我们已经遇到了敌人，而敌人正是我们自己。“现代”正在努力奋斗，为“后现代”开辟一条道路。

这个“阶段特定”、“阶段适当”的现代主义的世界观，已经完成了它的使命，正挣扎于自己释放的灰烟之中。我们吸着自己吐出的“废气”。我们如何处理这种情况，如何团结一致地解决这一问题，将决定我们能否找到一个新的、更加合适的世界观以彻底铲除旧问题，或者我们将被埋葬于自己制造的垃圾中。

大精神已经开始显露出要反抗自身局限的预兆。这朵昔日春天光彩夺目的现代主义之花，如今也无可奈何，只能够看着自己的叶片凋落在已经临近的明天的土地上。而在这新的土地上，究竟将有什么花会开放呢?

第五章　大宇宙的四隅

问：我们正在接近“理性—工业化世界观”的最后的极限，你大概是如此认为的吧？

肯·威尔伯：只有当我们以极为谨慎的态度来进行解释时，这种说法才会成立。“现代性”的兴起有许多有用而特殊的意义。——在这里，我所谓的“现代性 ”是特指“理性—工业化世界观”，或者粗略地说是指一般意义的启蒙运动。它大致包括民主的兴起，奴隶制的废除，自由女权主义的出现，艺术、科学与道德的分离（我在下面将解释这一点），经验科学的广泛出现（包括系统科学和生态科学），平均寿命的增长接近 30 年的幅度，还有艺术、伦理和科学上的相对论和透视法的引进，从种族中心主义到世界中心主义的转变，以及在诸多重要方面社会等级支配力量的解体，等等。

这些都是非凡的成就。我认为那些反对“现代性”的评论家们是极端虚伪的，他们一方面对现代性进行肆无忌惮的抨击，另一方面却惬意地享受着现代性给他们带来的种种好处。

在另一个极端，那些轻率的现代性的崇拜者们却只是一味向世人报道现代性的伟大进程，却忽视了现代性从未解决、甚至可能永远也不会解决的一些棘手的问题。

问：它们是现代性与生俱来的问题或局限吗？

肯·威尔伯：是的，那是植根于理性—工业化世界观之中的。

问：那么超越现代性，走向后现代具体需要什么条件呢？

肯·威尔伯：简单地说，超越并且兼容现代性（modernity），或者说超越并且兼容理性—工业化。对超越部分而言，意味着我们必须做到：第一，对超越纯理性的意识模式持开放的态度；第二，把这种意识融入超越工业化的技术经济结构的模式之中，换句话说，将意识的改变融入机构的改变之中，两者之中任何一个都不能单独发挥作用。

问：这就是超理性的（trans-rational）和超工业的（trans-industrial）？

肯·威尔伯：是的。请记住，理性和工业化也将被包含在内。但现在它们仅仅作为在一种更加均衡的、更具兼容性的和更为整合的立场（stance）中的组成部分，而这种立场会兼容并限制理性和工业化。我们也许可以把它称作"可持续理性"（sustainable rationality）或"可持续工业"（sustainable industry）。

但在某些方面，理性和工业由于其内在机制，已经使政治体系长出肿瘤，甚至是失去了控制的恶性肿瘤。政治体系逾越了自身的极限，超出了自己的功能，侵入到了这样或那样的等级统治力量之中。超越现代性就是要否定或限制这种过分强大的方面，同时保留其有益的方面。即将到来的转变将超越并且兼容这些现代性的特征，在限制其力量的同时，吸收其精华。

当然，似乎每个人都期待着的这种全新的和美好的转变，必然会带来自身的一些不可调和的问题和冷酷无情的局限。它会解决理性和工业化的一些问题，这一点的确很好，但与此同时它又会为自己制造出严重的困难。

如果这就是我们通过一种即将到来的转型所指的东西——与某种狂热的乌托邦式的新时代相比——那么，我相信这种转变已经开始进行了。

四象限

问：这种即将到来的转型的一部分将涉及意识的改变和制度的改变。

肯·威尔伯：是的，差不多是这么一回事。实际上它将涉及一种新的世界观，这种世界观以新的技术经济为基础，有着新的自我觉知模式和新的行为方式。

问：这就使我们直接进入你所谓的“四象限理论”（见图5—1）了。但在我们探讨这个四象限理论之前，我非常想知道，你是如何得出这一理论的？以前我从未看到过，我想弄清楚你是怎样想到它的。

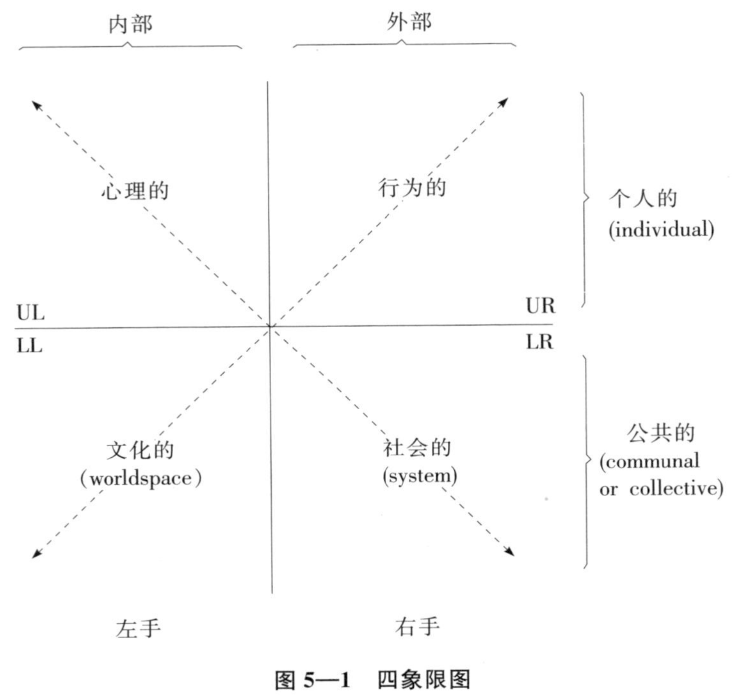

图 5—1　四象限图

肯·威尔伯：你是想知道我得出四象限理论的思维过程，对吗？

问：是的。

肯·威尔伯：如果你了解各种各样的“新范式”理论家——从有神论者到生态女权主义者、深度生态学家，再到系统思想家——你会发现他们全都是在向世人展示各式各样的层次性（holarchies）和等级性（hierarchies）。即使是那些反等级性的生态哲学家们也提出了他们自己的等级性概念。例如，原子是分子的组成部分，分子是细胞的组成部分，而细胞又是单个生物体的组成部分，单个生物体构成了家庭，家庭构成了文化，而各种文化则构成了整个生物圈。这便是他们对等级性、层次性的定义，除了关于“生物圈”的含义有些模糊之外，层次性的概念是相当明确的。

无独有偶，传统的研究者们也提出了他们自己的等级性的概念。我们在道德发展、私我发展（ego development）、认知发展、自我需要（self needs）和防御机制等诸多方面也发现了等级性的存在。而这些关于等级性的定义看起来也是相当准确的。从马克思主义到结构主义、语言学，再到计算机程序设计，我们也可以发现发展的层次性——层次性可谓举不胜举。

换句话说，不管对世界的描摹如何，大多数对世界的描摹事实上都是具有层次性的，这只是因为层次性在所难免（因为全子在所难免）。毫不夸张，我们所说的这种层次性遍布全世界，包括东方和西方，南部和北部，古往今来——而且许多这种描摹还包括了绘图者自身。

所以，在一定意义上我只是开始简单地列举出这些具有层次性的对世界的描摹，包括传统的、新时期的、东方的、西方的、前现代的、现代的和后现代的，从系统理论到“存在之巨链”的思想，从佛教徒维南诺斯（Vijnanas）到皮亚杰、马克思、科尔伯格（Kohlberg）、维登提克·考斯哈斯（Vedantic Koshas）、洛文格（Loevinger）、马斯洛（Maslow）、伦斯基、科巴拉（Kabbalah）等等。我把数以百计的这些层次性的描摹图以一种约定俗成的方式准确地罗列在大家面前。

我原以为所有这些描摹图指的都是同一领域，据我看来，它们只是极为相似的层次性的不同版本。它们的确具有太多的相同点和重合的地方，所以我想通过对这些层次性的对比和比较，找到一种单一的、基础的层次性，而上述层次均是以它们自己的形式来体现这种基础层次性的。

我越是试图寻找这种单一的、基础的层次性，就越是发现它是不可能存在的。毋庸置疑，这些层次性的确有许多相似之处，但它们在某些深层次方面却是不同的，而这些差异的本质并不是那么醒目。最令人费解的是，在某些层次性的描述里，全子在发展过程中逐渐变大，而在另一些描述中则逐渐变小（我不理解，进化为什么会产生更大的深度和更小的广度）。这真是一团糟，我的研究工作一无所获。有好几次我决定放弃，忘掉那些层次。

然而，对这些层次性的研究越多，我就越清楚：事实上有四种不同类别的层次性，它们有四种不同的整体顺序（sequences）。正如你所说，我也认为这种情况是以前从来没有被发现的——也许是因为它过于简单，但不管怎样，对于我却是崭新的。一旦把所有层次都归入这四种不同种类时，它们马上便各就各位了。——显而易见，每一类别中的每一层次事实上涉及同一领域；但总体而言，它们分为不同的四大类。

问：这四个领域，这四种不同的整体顺序便是你所说的四象限了？

肯·威尔伯：是的，你可以看图 5—1。在图 5—2 中，我又加上了一些例子。我必须强调，在这个图示中，我只是就每个象限列出了极少

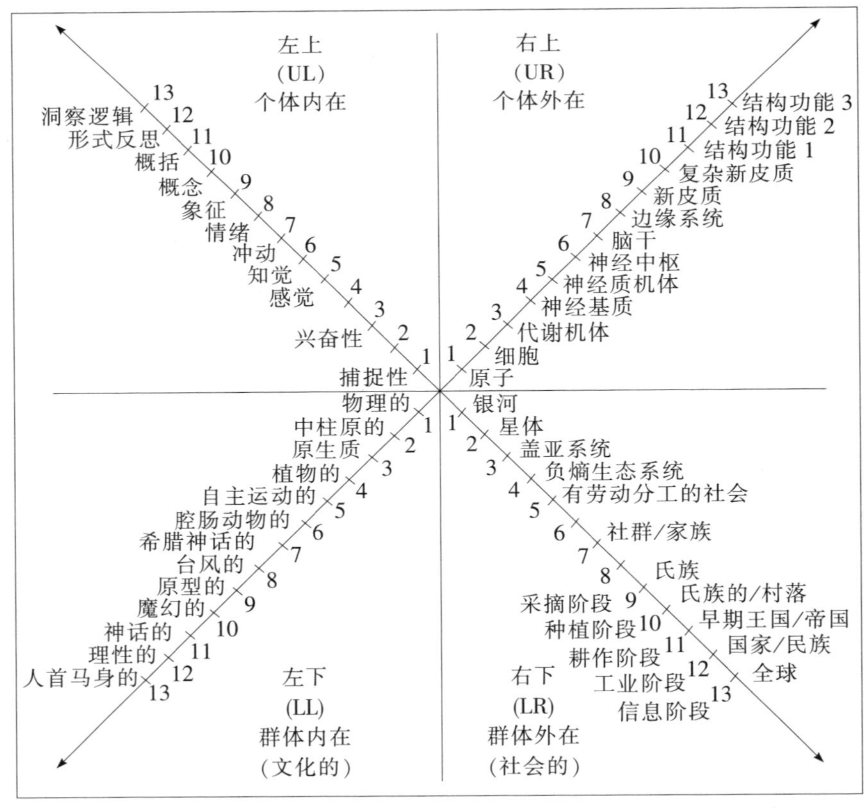

图 5—2 四象限例示

一部分例子，但你可以通过这些具体例子得出普遍的思想。所以，随后出现的问题是这四种等级之间是如何相互联系的？它们不可能仅仅是极端不同的整体顺序，在它们之间肯定也或多或少地有所关联。

最终，我发现这四个象限具有一种简单得令人难以置信的基础。这四种类型的层次实际上描述的就是全子的内部和外部，包括它的个体和群体的形式——这样，我们就得到了四象限。

内部与外部，单数与复数，这是我们所作的最为简单的一些区分，正是这些简单的在所有全子中都体现了的特征产生了四个象限。这四种类型的层次都与真实的全子的真实的方方面面有关，这也正是为什么这四种类型的层次能够经久不衰地出现在世界上各种版本的描摹图上的原因。

看起来，这就是基本的（bedrock）实在，也就是大宇宙的四隅（corners）。

心理和行为

问：请你举几个例子好吗？

肯·威尔伯：好的。如图 5—1 和图 5—2 所表示，这四个象限分别是个体与群体的内在与外在。

我们可以从单个全子的内在和外在方面谈起，换句话说，即图中的左上和右上象限，图 5—3 列出对这两个象限更为详细的描述。

左上	右上
捕捉性（prehension）	原子
兴奋性	细胞（遗传的）
初等感觉	代谢机体（植物）
感觉	基质神经元机体（腔肠动物）
知觉	神经元机体（环节动物）
知觉/冲动	神经中枢（鱼类）
冲动/情绪	脑干（爬行动物）
情绪/意象，形象（emotion/image）	边缘系统（原始哺乳动物）
象征，符号（symbols）	新皮质（灵长目动物）
观念，概念（concept）	复杂新皮质（人类）

图 5—3　个体的内部与外部

如果你先看右侧一栏，你会发现这是一个在任何一本标准生物教科书中都可找到的典型的层次划分。每一层次都超越并包括了前一层次。每一层次都包括了自己上一水平的基础，并加上了自己明显与众不同的特点，每一层次遵从20条原则，诸如此类。

但是请注意，这些都是外在的描述——它们是从外部来观察全子，是以一种客观的和以经验为基础的方式来进行的。举例来说，在一本科学教科书上，你可以发现关于大脑边缘系统（limbic system）的详细描述，包括它的组成，它的生物化学，它在何时进化以及如何进化的，它和其他生物体系是如何联系的，等等。同时，你也许会发现该书所提到的边缘系统是某些基本情绪的发源地（home），包括性欲、进攻性（aggression）、恐惧和欲望等情绪的基本类型，无论这种边缘系统是出现在马身上，出现在人类身上，还是出现在猿类身上都是如此。

当然，你不会发现太多有关这些情绪的描写，因为情绪是属于边缘系统的内在体验。这些情绪以及伴随它们的意识是具有边缘系统的全子从内部体验的。客观科学的描述对于内在的意识状态完全不感兴趣，因为那种内在空间是无法用客观和实证的方法来达到的。你只能通过你的内心世界来感受这些情感。例如，当你体验到了一次原始的愉悦之后，即使你是一个大脑生理学家，你也不会这样对自己说："啊，这是怎样的有关感情的皮下结构的一天啊！"你宁肯以一种亲密的、个人的、主观的、带有感情色彩的语言来描述这种感情："我的感觉好极了！""生活多美好啊！"或者诸如此类的话。

所以在左侧一栏中，你会看到一列主观的或内在意识的基本类型，与之相对应的是右侧一栏中所列的各种客观的外在形式。"兴奋性"（irritability），即对环境刺激主动作出反应的能力，是从细胞开始的，而知觉则是随神经中枢而出现的。冲动是与脑干一起出现的，而基本情绪则源自边缘系统，等等。

这其实也是一种层次系统，只不过是一种主观的或内在的层次系统，每一层次都超越并且包括了前一层次，每一层次都遵循20条原则，等等。左侧的层次性和右侧的层次性一样，都是建立在现有的广泛的证据基础之上的。如果你愿意的话，我们可以讨论这些证据。

但要点是，左侧是关于内在的，即内在的深度，这种内在深度也就是意识自身。

问：你早先曾经说过深度就是意识，或者说是从内部看的那种东西。

肯·威尔伯：是的，的确如此。左侧一栏是从内部看的全子，右侧一栏是从外部看的同一全子。内部与外部，意识与形式，主观与客观。

问：右上象限是我们最为熟悉的，这只是因为它是标准的、客观的、实证的、科学的描述的图示部分。

肯·威尔伯：是的，到目前为止我们可以认为它是足够准确的。它对客观描绘的全子给出了一个典型的层次划分：从原子到分子、细胞（早期细胞或原核细胞，高级细胞或真核细胞），再到简单组织（由最初的神经网到更为高级的神经中枢），接下来便是复杂组织，从爬行动物到原始哺乳动物，直到人类。人类具有复杂的三位一体的大脑，这种大脑包括并超越了它以前的发展阶段，因而拥有了爬行动物的羽轴（stem）和原始哺乳动物的边缘系统，再加上一些新型的、更为复杂的新皮质，从而能胜任抽象的逻辑、语言以及视觉逻辑（我已在图5—2中列出了这些更为复杂的能力，诸如结构功能1，结构功能2，结构功能3，我会在以后解释它们的）。

我们无须就图5—3中的一些元素的准确位置而达成一致，但大多数人还是会同意，像那样的一些东西是确实发生的。

文化和社会

问：个体是该图中的上半部分，下半部分就是群体了。

肯·威尔伯：是的。单个的全子只存在于相同深度的全子的共同体（communities）当中，所以我们需要把图5—3的两栏都讲解一遍，并找出经常和单个全子联系在一起的群体全子的类型。

问：那么，这种群体也具有内在性和外在性，分别是图中左下部分和右下部分。

肯·威尔伯：是的。

问：你称这两部分是“文化的”和“社会的”部分?

肯·威尔伯：是的。所谓“文化的”指的是所有那些我们与相同群体共享的内在意义、价值观和同一性，无论它是一种部落共同体、国家共同体或者是世界共同体。而“社会的”则指群体所有外在的、物质的、习惯性的形式。例如，从其技术经济基础到建筑风格，再到其人口规模，再到书写文字。

所以总体而言，“文化的”指一种群体共享的世界观。而“社会的”指的是这种世界观的物质基础（当然，现在我只谈这些现象是如何在人类全子中出现的，至于人类以外的，我们随后会谈到)。“社会的”意味着任何客观的、具体的、物质的组成部分，特别是指技术经济基础。所以你会看到这些东西以各种形式被列示出来，这些形式包括畜牧业、种植业、农业、工业，以及有关村庄、国家和整个世界等的地域政治结构。正如你在图 5—2 中看到的，这都是群体外在形式的例证。

问：我认为这已经足够清楚了（straight forward)。但让我们看一下人类以外的全子，我们通常认为它们并不具有共同的世界观或共同的世界地域——即共同的文化。

肯·威尔伯：如果意识就是“深度”，而“深度”能够一直向下延续，那么共享的或共同的“深度”就可以世代相传——从而文化也就可以世代相传。

问：对不起，我还是不明白你的意思。

肯·威尔伯：换句话说，如果全子分享外部世界，则它们也分享内部世界。

问：这也就是它们所谓的“文化”。

肯·威尔伯：是的。关于文化或全子的世界空间，我只是指一种它们能够对之作出反应的共享的空间：夸克并不对环境中的所有刺激都作出反应，因为对于它们来说，有意义的、能够影响它们反应的范围实在太窄。夸克（以及所有的全子）只对那些适合它们世界空间的刺激作出反应：其他任何东西对于它们而言都是外来者，它们都在局外。关于全子能够对之作出反应的事物的研究是一种关于它们的共享世界的空间的研究。这种共享世界是所有具有相同深度的全子都会对之作出反应的，也就是它们共享的文化。

问：原来是这样。你能举个例子吗？

肯·威尔伯：人类之外的文化可能是非常复杂的。例如，狼群共同享有一种感情世界，它们拥有一种边缘系统，这种边缘系统内部的联结依赖于某些基本的情感。这样，一只狼就可通过对这些基本的情感认知使自己和同伴适应（orients）周围的环境。这种适应不仅仅是爬行动物的（reptilian）和机械的传感器式的，而且是有着丰富感情的。它们可以通过非常复杂的感情信号体系进行成群结队的捕猎和协调活动。他们共同分享这个感情世界。

但是，任何外在于该世界空间的事物对它们都是没有影响的。我的意思是，你可以对着它们朗读《哈姆雷特》，但它们不会从中得到快乐。对它们而言，你，还有那本书，不过都是一顿晚餐，其中还有一些不得不吐出来的多余的东西。

我想说的意思是，全子只能对那些自己的世界空间以内的刺激作出反应，其他任何东西都不会引起反应。

问：对人类来说也是如此。

肯·威尔伯：的确如此。当进化达到新皮质或复杂的三位一体的大脑时，与其形象、符号和概念的内部联系在一起，这些基本的世界空间就逐渐形成更为复杂的认知结构，它们包括了上一层世界空间的基本组成部分，例如细胞的兴奋性、爬行动物的本能和原始哺乳动物的情感，——但是又增加了新的组成部分，并构成或展现出一种新型的世界观。

请记住，大宇宙在每一阶段看起来都是不同的，因为在每一阶段大宇宙本身就是不同的。在每一个阶段上，大宇宙都以一种全新的眼光来审视自己，从而产生了前所未有的新世界。

这些文化的世界空间在左下方列出。你可以看出，它们从物质的、植物的、爬行动物的（“有尾爬行动物”——蛇类的）以及边缘情感的

（“台风式的”）进化到原始人类（hominid）和人类的形式：上古的、魔幻的、神话的、理性的、人首马身的（有关存在的），而且可能会有更高级的阶段随之而来。

这些世界观是与社会结构的外在形式相联系的，这种社会结构支持每一种世界观和具有此世界观的个体——而且向下无穷延伸。举例来说，从原核细胞的盖亚体系到具有劳动分工的社会（在神经组织中）再到原始哺乳动物的家族，到更为人类化的形式：从游牧部落到从事种植业的村落到农业帝国，再到工业国家，到信息化的世界大同。以上便是重组现有证据总结出的迄今为止的列表，均列在图 5—2 右下方。

问：那么确切地说，这四个象限是以什么样的方式相互关联的呢？

肯·威尔伯：你想要什么方式就是什么方式。只是不要一个个地简化它们为其他的就行。我对此问题有一些特殊的想法，但现在我不想以特别的考虑来推进我的理论。我会勉强接受这种定位概括，就这种定位概括而言，我们无法在把这些象限简化为另外一方的同时，而没有严重的扭曲和强制的割裂。我认为，让我们只是假定，它们是相互关联或相互作用的。在这里，还有许多工作需要做。当我们谈到每个象限的不同真理时，我想你会明白我的意思的。

一个范例

问：如此说来，你刚才使用了一种单一的思维的范例，一种单一思维的全子，为什么它并不是存在于自身之中的“单一的”思维——它是与所有四个象限相关的。我们能否将此范例简要地再阐明一下？

肯·威尔伯：好的。例如，我有一个去杂货店的想法。当我有这个想法的时候，实际上我所体验到的仅仅是这个想法本身，是一种内在的思想以及含义，包括符号、意象、去杂货店的念头。这属于左上象限。

当我有这个念头的时候，我的大脑中会很自然地产生相应的变化，例如多巴胺的运动加快，乙酰胆碱激活神经元突触，β 脑电波增加，诸如此类。这些都是在我大脑中可观察到的状况（behaviors）。实际上它们可以被检测出来，并加以科学的记录。这属于右上象限。

现在内在思维本身仅仅在我的文化背景下有意义。如果我说的是另一种语言，这种念头就会由另一种符号组成并具有不同的含义。如果我是上百万年前原始部落的一员，我是无论如何也不会有“去杂货店”这个念头的。但我也许会有“杀那头熊的时候到了”的念头。我的意思是，我的思想都来自于我所处的文化背景，这一文化背景给我的思想提供了组织（texture）和意义，并可以解释其来龙去脉。实际上，如果我不是生存于由个体所组成的共同体中并且有人与我交流的话，我是不可能“自言自语”的。

因此，文化的共同体给了我所能有的个人思想以内在的背景。我的某些想法是不会凭空突然进入我的头脑之中的，它们来自于一种文化背景，无论我如何试图去超越这一背景，我永远无法避开它。离开了这一文化背景，我不可能有任何想法。“狼孩”（wolf boy）是在野外被养大的，他们不会说话，这些特殊的案例表明人类的大脑在没有文化背景的前提下自身是不会产生语言思维的。自我（self）并不是像启蒙运动所想象的，是一种自主的、自我产生的基本的单位。

简而言之，我个人的思想只能依赖于一种广阔的文化实践、语言和意义的背景而存在，离开了这一背景，我绝不可能形成个人的思想。这个广阔的大背景就是我的文化，我的文化世界观，我的世界空间。这属于左下象限。

但我所指的文化不只是支离破碎的空中楼阁式的文化，它具有实实在在的物质组成部分，就像我自己的思维具有大脑这一物质载体一样。所有文化事件都具有社会上的关联，这些具体的社会的组成部分包括各种技术、生产力（畜牧业、农业、工业等）、具体的机构、书写文字和模式、地域政治场所（镇、村、州等）等等。这些物质的、社会的、实际的可见的组成部分——事实上的社会体系——对于决定文化世界观的类型是举足轻重的。

所以，我所假定的“个人的思想”实际上至少具有四个方面，即心理的、行为的、文化的和社会的方面。让我们沿着这一循环（circle）看一下，社会体系会对文化世界观产生巨大影响，而文化世界观又会限制我所具有的个体思想，这种个体思想又会在我的大脑生理系统中留下烙印。你可以沿着任何你喜欢的方向走遍这个循环。这四个象限相互作用，相互决定，它们都既是其他象限的原因，又是其他象限的结果。

问：这是因为所有单个的全子都具有这四个方面。

肯·威尔伯：是的。每一个全子都具有这四个方面，即四个象限。并不是一个个体的全子存在于这些象限中的这一个或那一个之中，而是所有的个体的全子都具有四个象限，自身存在的四个方面。这种情况，就像一个四面的钻石一样。

当然，这四个方面会变得非常复杂而且彼此交错，但至少这四个方面是存在的。这四个方面是我们理解任意一个全子所必需的“最小单位”（minimum）。我估计，我们将发现，正是这一点能够解释高级转型（transformation）和高级意识状态。

未来事物的形态

问：我们首先从总体上谈论一下转型，然后专门探讨可能出现的任何一种变革。

肯·威尔伯：事实上这种转型正在发生。也许已经涉及了你我，也许没有。但如果我们想加入其中，如果我们想有意识地发现我们人类自身正在进行的进化潮流——如果我们希望有意识地加入“大精神的发展”——那么，这四个象限可以帮助我们更有效地指导自己，可以使我们更加意识到现在所处的状态，意识到发展的趋势是在我们之后，是已经在我们之前，还是正与我们同步。

我们可以说大精神是作为四象限而展现出来的。大精神并不仅仅是一种高级的自我，或者仅仅是盖亚、觉知、生命之网、客观现象的总和、超越性的意识等。大精神既作为四象限而存在，又存在于四象限之中，存在于已知的大宇宙的四个区域（compass）之中，它们都需要精确的把握（navigate）。

所以，我认为，我们想要探讨的是，即将到来的转型，以及高级的灵性阶段，将如何出现并展现在四象限之中。什么是更高级的自我？什么是更高级的大脑功能？什么是身体以及大脑的转型？更高级的或更深邃的文化是什么？这种文化是如何嵌入（embedded）更广阔的社会体系之中的？更深刻的发展的意识是怎样的？它是如何进入新的社会机构之中的？这些高级的东西（sublime）在什么地方？

所有这一切将会是怎样的？我们如何才能沿着所有这些象限帮助它们，而同时却又不仅仅执著于自我、盖亚或世界大同？所有这些问题或者全都出现，或者根本都不出现。

问：那是一揽子需要处理的问题。

肯·威尔伯：确实如此。更高或更深的意识发展阶段给我展示了在自我、个人行为、文化和社会中更加深邃和广泛的模式——心理的、行为的、文化的和社会的——所有四象限。

如果我们不把所有这些都考虑在内，我们将落后于开始发生的转型。转型将要发生或正在发生，而我们却待在自己舒适的象限里，向人们解释着为什么我们会拥有新的模式，与此同时转型的潮流却从我们身边掠过，把我们抛在一边。在已经开始的力量比赛中，我们将在所有象限的参与（participation）中遭到失败。我们将跌入艰难困苦的未来，更广阔的潮流将不会在我们这儿激起波澜。在汹涌澎湃的潮流之中，我们将只会在海滨随波逐流。我们将会把我们的拐杖误解为解放，我们将沾沾自喜地向整个世界展示我们的伤口，尽管流着血，依然自以为是地微笑着骄傲地进入未来。这是绝不可行的。

第六章　上帝的两只手

问：真实能够给人自由，但你现在开始提出每一个象限都有着不同类型的真实性（truth）！

肯·威尔伯：是的，这实际上是个好消息。通过理解和认同这些不同的真实性，我们能够更加和谐地使自己与大宇宙协调。最终的结果可能是与大全（All），甚至是与大宇宙意识本身相协调。这听起来是不是非常遥远？其实也许很简单。我想首先我们要理解这些不同类型的真实性，这样它们才能开始对我们说话，让我们聆听、感受其声音。

正是这些不同的真实性主要支撑着伟大的后现代的反叛（postmorden rebellion），它们是理解人类内部和超越性范围的钥匙，它们用隐藏着的神和天使的舌头流利地表达着。它们在总体上指向全子的心脏，并且邀请我们进入那个内部的世界。它们是这个每日都在流逝的扁平与暗淡的世界的解毒剂。我们甚至可以说这四种真实性是闪耀在这个外显世界的大精神的四张脸。

问：这看起来好像有点复杂。

肯·威尔伯：是呀，人是不能有四张脸的。但有一种简单的方法能够归纳这一切，所以这马上就又会变得非常非常简单。

为使我们的讨论更清晰，图 6—1 也简单地列举了一些分属于不同象限的理论家，他们的理论都有着不同类型的真实性。它可以帮助我们讨论这些象限的一些具体例子。

心智与大脑

问：好，让我们先讨论一下心智与大脑这个问题。你有心智，还有

	左手象限 • 解析的 • 诠释的 • 意识	右手象限 • 单向逻辑的(Monological) • 经验的,实证的 • 形式
个体的	弗洛伊德 荣格 皮亚杰 奥罗宾多 普罗提诺 释迦牟尼	斯金纳 华生 约翰·洛克 经验主义 行为主义 物理学,生物学 神经学等
集体的	托马斯·库恩 维尔海姆·狄尔泰 让·吉布瑟 马克斯·韦伯 汉斯-格奥尔格·伽达默尔	系统论 塔尔科特·帕森斯 孔德 卡尔·马克思 格哈德·伦斯基

图 6—1　不同象限的理论和理论家

那些活生生的体验、意象、象征、感情、思想等——这些都位于左上象限，而你的大脑在右上象限。所以，你说心智和大脑是不同的。

肯·威尔伯：我们可以认为它们是紧密相关的，但现在我们也必须认识到在很多重要的方面它们都是不同的，我们必须尊重这些不同，并试图阐释这些不同。

例如，当生理学家研究人类大脑的时候，他们所研究的都是大脑的客观成分，包括神经组成、各种突触、血清素和多巴胺等神经传导物质，以及脑电波之类。所有的这一切都是人类的客观与外在部分。虽然我们知道大脑处于人类机体的“内部”，但大脑生理学家仅仅是从客观与外部的角度来了解它。

但是，你自己却不能把自己的大脑作为客体来观看，除非你把自己的头骨打开并且对着镜子看，这也许是你唯一能看到自己大脑的方法。但是，你却可以直接体验和面对你的心智，就是在现在，非常密切与直接地就可以了解。心智就是从内部来看你的觉识的那个样子，而你的大脑只是大脑从外部来看所看到的那个样子。

问：看起来，它们是根本不同的。

肯·威尔伯：是的，你的大脑的外观看起来像一个充满褶皱的葡萄柚，但你的心智可不能这样形容。你的心智就好像是你此时此刻的直接的体验——包括意象、冲动、思想。也许我们最终会认为大脑和心智是具有同一性的，或者是平行的，或者是二元的，或是其他什么关系，但在一开始我们不可否认的一个事实就是它们从现象学来看是非常不同的。

问：但那种认为它们是同一个事物的观点呢？我们还没有解决如何说清楚这个观点的问题。

肯·威尔伯：让我们来看看那些研究大脑的专家，例如，一个大脑生理学家。大脑生理学家知道我的大脑的一切——他知道如何给我使用脑电波仪器进行测量，如何使用正电子放射成像扫描，如何使用放射性绘图工具，他能够绘制生理系统图，判断神经传导中介的水平。他可能知道我的大脑的每一个微小部分，但他依然对我的心智一无所知。

这一点真是非常奇妙的。如果你想知道我的心智的进展情况，只有一种方法能够采用，那就是跟我谈话。不论是脑科学家还是别的什么人，如果想知道我在想什么，就必须问我，和我谈话，和我交流，除此之外绝对没有其他方法。如果我不想告诉你，那你就永远也不会知道我的思想的真实的具体细节。当然，你可以用暴力逼我说，但那是你强迫的。

所以，你可以知道我的大脑，但那并不能使你对我心智的具体细节有所了解，你只能通过和我谈话了解我的心智。换句话说，你必须进行对话而不是自言自语——你必须进行相互主体间的交流，而不只是把我当作一个能够凭借经验研究的客体，一个依据经验注视的客体——那样你不会得出什么结果。

我们在后面的讨论中会看到更多的细节。所有右手象限实际上只能通过经验的注视而接近，这是一种“单向逻辑”的或独白式的注视，是客观化的立场，一种以经验研究为基础的描摹（mapping）——因为你只是在研究外部和表层，研究那些全子的能够凭经验看到的方面。

但左手象限的方面，内部的范围，只能通过交流和解析才能够达到，也就是要通过“对话”（dialogue）和“对话的”（dialogical）方法，你不再是盯着外部而是内部。不是客观而是主观间的（intersubjective），不是表层而是深层。

所以，我可以不断地研究你的大脑，但我却永远不知道你的心智。我可以通过客观的研究来了解你的大脑，但只有通过谈话才能懂得你的心智。

左手道路和右手道路

问：这使我们开始直接探讨左手道路和右手道路的区别。

肯·威尔伯：是的。实际上，东西方对主要的知识探索的各种方法都可以归入这两大阵营：内部或外部，左手或右手。例如，我们发现在心理学中有弗洛伊德与华生的对应，在社会学中有韦伯与孔德的对应，在哲学中有海德格尔与洛克的对应，在人类学中有泰勒与伦斯基的对应，在语言学中有诠释学与结构主义的对应，甚至在神学中也有这种对应，例如，奥古斯丁与阿奎那！

偶尔你也会发现一种同时强调左右手象限的方法，这当然是我所倡议的，但大多数情况下你所发现的是在这两种同样重要、很少整合的方法之间的艰苦的战争。所以我想非常重要的一点就是我们要明白这两条道路对我们理解人类状况所做出的贡献，因为这两条道路都是绝对不可缺少的。

我们马上就可以看到，如果我们要想了解高层次的灵性的发展，我们就必须同时考虑这两条道路。

单向逻辑的注视：通向右手道路的钥匙

问：让我们先来谈一谈右手道路。

肯·威尔伯：在右手象限中的一切，在图 5—2 右半部的所有方面都是可以用感官及一些器械（显微镜、望远镜等）看到的客体或外部。它们都是可以被看到的表层，它们都有明显的位置（simple location）。你不用和它们对话，你只须观察它们的客观行为。你看到的是原子的、细胞的、个人的、群体的、社会的、生态系统的行为。

问：你还把这称之为"单向逻辑的"（monological）。

肯·威尔伯：是的。整个右手部分基本上都是单向逻辑的，这意味着它们能够通过单向逻辑的方式被看到。你不需要进入它们的内部或意识，你不需要对话，不需要双方相互深度交流，因为你只需盯着外部。

如果要对你的大脑进行电子计算机中轴层面 X 线照相术，那么进行操作的技术人员只有在必须和你说话时才会对你说话，例如，"你能把你的头向这边移动一下吗?"技术人员根本就不会关心你的内部，因为他们只想抓获你的外部表层，虽然那些外部在你的"内部"——它们只不过是客体。当那些技术人员拿着你大脑的照片时，试问，他们看到了真正的你吗？他们真正看到你了吗？不，他们没有。你在这里只是被当成了单向逻辑注视的客体，而不是能够交流的主体——正是这种情况使医学技术本身脱离了人性。

实验室里的技术人员想知道的只是你的右手象限，而不是左手象限。他们想知道的不是你的意识、感情、意义感、价值观、意向、希望、恐惧等。他们想了解的只是事实，只是外部的情况。当然这也不错，这是完全可以接受的，因为这是你的大脑。

但是，他们永远也不能以这种方法发现你的心智。

问：女权主义者经常抱怨自己成为男性注视的客体……

肯·威尔伯：这和我们以上谈到的是同一种情况。女人经常抱怨自己变成了客体，一个性的客体。在这种情况下，她们是男性注视的客体。但它是同样的现象，同样的单向逻辑的注视，你从一个交流的主体变成了被观察的客体，变成了一团肉，一个没有深度的客体。"他从来不和我谈话"，女人当然要对此进行反抗。而另一方面，在男人想要获得指引的时候也被降低为了客体，他们当然宁愿死在那里。

这种右手的、以经验研究为基础的、科学的道路并没有什么错误，只不过它们不是问题的全部。仅仅依据右手象限的生活就好像永远在实验室被研究者所注视的生活。一切全是经验主义的、单向逻辑的注视，一切全是行为主义，发光的表层和单色的客体——没有内部，没有深度，没有意识。

我不想就这个问题的后果谈得过多，但我们可以简要地这样说一下：衰落中的启蒙运动范式在急于变得经验主义的同时不可避免地使大宇宙的左手范围崩溃为右手范围——它使内部深层崩溃为显而易见的表层，并且认为这种对经验外部的显而易见的绘图（描摹）就是所有一切值得了解的知识。这就遗失掉了绘图者本身——意识、内部和左手范围——并且在一两个世纪以后，当绘图者醒来时会惊慌地发现自己生存在一个没有价值、没有意义、没有意向、没有深度、没有品质的世界——绘图者会发现自己处于一个由单向逻辑的注视和实验室研究者统治的伪劣与残酷的世界。

这当然就开始了后现代的反叛。

解析：通向左手道路的钥匙

问：这是我们下一章所要讨论的问题的一部分（见第七章）。我们现在正在讨论左手道路与右手道路的差别。

肯·威尔伯：是的。就像我们所说，如果你看看图 5—2，每个在右手象限的全子都可以凭经验看到，无论是通过这种方法或那种方法。

它们都有着明确的位置，因为它们是所有全子的物理物质的关联物。所以在右手象限的每一个方面，你都可以用手指着并说："它就在这儿。"你可以指出这是大脑，那是细胞，那里有一个小镇，那是生态系统等。即使是比原子更小的粒子都有可能在特定空间和时间中被发现。

但是，在左手象限里并没有什么可以这样简单地被看到，因为在左手象限中没有什么东西有这样明确的位置。你可以用手指着大脑、岩石或城镇，但你却不能简单地指出嫉妒、骄傲、价值、意向或欲望。欲望在哪里？你能指出来吗？你不能像指出石头那样指出它们，因为它们都在内部，它们没有明确的位置。

这并不是说它们不是真的！只是它们没有明确的位置，你不能用显微镜、望远镜或任何感觉—经验的仪器来看到它们。

这里边有一个很简单的道理：表层可以被看到，但深层必须被解析。当你和我谈话的时候，你不是仅仅在看着某种表层，某个笑脸，某个经验的客体，你想知道我的内部在发生着什么。你不仅仅在看着我做什么，你更想知道在我的感情、我的思想、我的内部和意识中发生着什么。

所以你开始问我问题："你对这个怎么想？你对此感觉如何？"然后，我就会告诉你一些东西——我们会进行交谈——你必须弄清我是什么意思。

你必须解析我的意思。一句一句地解析我的意思。——你说那个是什么意思？啊，我明白了，原来是这个意思。

除了解析之外你没有任何其他方法能明白我的内部。我们必须通过谈话你才能进行解析。这是无法避免的。即使你是一个通灵的人，你同样要弄清楚我的思想的意思，你仍然要对你所见到的进行解析。

问：这和单向逻辑的注视非常不同。

肯·威尔伯：这完全不同于你看着有明确位置的表层并且告诉我你看到了什么，不论这种表层是岩石、细胞、生态系统还是大脑。

深层并不是坐在表层等待被发现！深层必须被进行交流，交流必须被解析。

所以，在图5—2左半部的一切都需要进行某种解析。解析是我们能够了解彼此深度的唯一方法。

这样我们就有了左手与右手间的明显分界：表层可以被看到，但是深层必须被解析。

问：这是非常清晰的分界。

肯·威尔伯：是的，这也就是为什么右手象限总是在问："这是干什么的？"（What does it do?）而左手象限却总是在问："这意味着什么?”(What does it mean?)

这种区分是非常重要的，因为它提供给我们两种不同的进入意识和理解意识的途径。这两种途径都为我们理解意识做出了重要的贡献。

它们必须被小心仔细地结合与平衡。这也就会随之决定我们怎样进入意识高层次发展本身，包括个人的转化和集体的转化——这也就直接促进了我们的灵性的进化。

这也就是说，我们在同时和上帝的左手和右手打交道，在和大精神在这个世界上的外显的两只手打交道，如果我们要充分掌握这种外显，我们无疑也需要两只手!

那个梦是什么意思?

问：也许我们需要一些关于两种道路的例子，就从心理学开始吧。

肯·威尔伯：精神分析基本上是解析性的或称左手道路的，经典行为主义是右手道路的或称经验道路的。

在精神分析中，弗洛伊德的第一本经典著作的名字就说明了一切：《梦的解析》(*The Interpretation of Dreams*)。梦是一种内部现象，它们由象征组成。这些象征只能通过解析才能明白。这个梦到底是什么意思?弗洛伊德的最伟大发现之一就是梦并非是没有条理的，而是具有一种意义，可以被解析和阐明的隐藏着的意义。

所以，我们可以把弗洛伊德的疗法称为“谈话疗法”，而不是自言自语。这意味着我们必须更加充分地解析我们的深层。我们都为一些表征而苦恼，如焦虑与抑郁，这些折磨着我们。我为什么感到如此抑郁?这意味着什么?在进行精神分析的过程中，我会考察我的梦，我的抑郁，我的焦虑，使它们具有意义。我会学着解析我的内部，使我懂得我的内部。

也许，我会发现我对离我而去的父亲有一种伪装着的怨恨，但这种怨恨被抑郁的表征掩盖着。我无意识地把这种愤怒错误地解析成了抑郁。

在治疗中，我会学着把这种“悲伤”(sad)翻译成“疯狂”

(mad)。我将与我的深层的愤怒方面取得联系，而一直以来我都在隐藏，错误解析，伪装这些方面。

当我越充分地解析我的深层，我就越看清了这种“悲伤”实际是“疯狂”，随之我的更多的表征和抑郁就会减轻、消失。当我更加真实地解析我的深层，这些深层就不会再以痛苦的表征的形式窒息我。

问：这是一个对于个体的解析或称左手道路的例子，是左上象限的方法。

肯·威尔伯：是的。这不仅仅适用于精神分析。所有的“谈话疗法”，包括认知疗法、人际交往疗法、荣格疗法、格式塔疗法到交往分析疗法，都在根本上是以这条原则为基础的，也就是说，要发现对于内部深层的更充分的解析，发现一条能更充分地理解梦、象征、深层、生命、存在意义的道路。

我的生命并不是由一系列简单、扁平的客观事件组成的，像一堆石头一样有着明确的位置，我只能盯着它们直到我把它们的表面看得更清楚。

我的生命包括深层的主观成分，我必须亲自理解并解析它们。它不仅有着表层，而且有着深层。然而表层可以被看到，深层却必须被解析。

我越充分地解析自己，我的生命对我来说就越透明，我也就越能够清晰地看到并理解它。它也就能够更少地在晦涩不明中折磨我，使我迷惑，使我痛苦。

问：那些针对右上象限的个体治疗又如何呢？那些针对个体的外部道路又如何呢？

肯·威尔伯：右上象限的道路，例如行为主义和生理精神病学，在极端的情况下，他们根本不需要任何关于深层、内部和意向的解析。

他们根本不关心“内部”和“黑箱”。他们中的很多人根本就不相信其存在。他们只对可观察到的、经验的、外部的行为感兴趣。

所以在行为主义中，你只需要去发现那些你想增强或减弱的可观察到的反应，你可以有选择地强化或消灭这些反应。你的内部不会受什么影响，你的意识也是多余的。在行为主义中，治疗医师是在对患者进行条件反射，来强化那些有利的反应，消灭那些令人不快的反应。

与此相似，在纯粹的生理精神病学治疗中，医师会给病人开出药方——“百忧解”（prozac），盐酸阿米替林（elavil）——这些药会带来行为模式的稳定。

许多精神病医师甚至在患者第一次咨询的时候就开药，然后定期地对患者进行检查，例如一个月一次，以确保药物有预期的效果。

当然，一些精神病医生也进行一些谈话疗法，但很多并不进行谈话，这些人就是右上象限的“纯粹例子”。

对于这种纯粹的生理精神病学，就像纯粹的行为主义一样，你的出现是不需要的。因为医师并不想知道你的表征的意义，他并不想对你的困境进行广泛地解析，这样的医师也不会探索你的内部深层，也不会对你的存在有一个清晰的认识。

问：尽管如此，我认为你并没有谴责这些外部道路本身。

肯·威尔伯：是的，我并没有谴责这些外部道路，那样会从另一个方向犯错误。每一个全子都有四个方面，四个象限。经验主义和行为主义是通向全子外部的高级道路，在它们所能走的道路上它们是基本正确的，在它们所能到达的范围内我完全认可它们。

当然，这里的问题是它们走不了多远，你就会谴责它们，因为它们不仅否认其他象限的重要性，而且根本否认其他象限的存在。在这种情况下，如果你感到抑郁，那并不是因为你在生命中缺少价值、意义、美德，而是因为你缺少含于血液中的复合胺，但即使给你增加这种复合胺也不会使你增加任何价值感。

换句话说，我的抑郁可能是由于离家的父亲在我的内部引起的，而它的外部关联物就可能是我大脑中复合胺水平的降低。百忧解可能在一定程度上纠正这种复合胺的不平衡，这很好，而且有时候会非常有帮助。但百忧解并不会以任何方式帮助我理解自己内心的痛苦，它不会以任何方式使我产生意义感并使我看清自己的内部。如果你对这些都不感兴趣，如果你对了解自己的深层没有愿望，那百忧解就足以满足你的需要了。

如果你想要看到你的深层并且更充分地解析它们，你就必须和那些已经有此经验的人谈话，在这种与治疗的协助者进行主体间的对话中，你们将携手走上充分解析的道路。你们将进入一个主体间的深层圈，你越清楚地解析、阐释这个深层，你对自己的困惑就越少，你所见到的自己就越清晰，越透明。

最终，你会发现自己对于神性来说都是透明的，已经从自己有限的深层中解放出来。但如果你一直坚持仅仅拥抱着表层，那这一切都不能向你敞开。

社会科学和文化理解

问：集体的情况又如何呢？我们来谈一谈左下象限和右下象限吧！它们是否分属于文化的与社会的？一个是解析的，另一个是经验的？

肯·威尔伯：是的，例如心理学、社会学从一开始就在其各自的内部划分了两大阵营，一个是解析的（左手），一个是自然主义的或者经验主义的（右手）。一个研究的是文化和文化意义，并试图在一种意气相投的理解中从内部得到这种意义；另一个是以非常实证和经验的模式来从外部研究社会体系，社会结构与功能。所以前者当然会问，这意味着什么？而后者会问，这是干什么用的？

问：让我们一个一个来谈。

肯·威尔伯：理解文化的意义就是一种解析。你必须学习它的语言，把自己沉浸在这种文化中，去发现各种习惯的意义。这些都是解释文化的科学，在这个领域内著名的学者有维尔海姆· 狄尔泰、马克斯·韦伯、马丁·海德格尔、汉斯-格奥尔格·伽达默尔、保罗·里科尔（Paul Ricoeur ）、克利福德·格尔茨（Clifford Geertz）、玛丽·道格拉斯（Mary Douglas）、卡尔-奥托·阿佩尔（Karl-Otto Apel）、查尔斯·泰勒（Charles Taylor）、托马斯·库恩（Thomas Kuhn）等。

这些人的研究方法都包含着感情的共鸣与分享，是对话的、解析的。他们了解内部意义，而不是外部行为。他们想进入黑箱，他们要进入左手象限，而他们唯一能进入深层的方法就是通过解析。

但大多数经验的社会科学都以一种孤立的方式研究社会行为：出生率、生产方式、农业的种类、货币流通量、人口统计学、人口分布、技术种类等等——都是外部的行为，没有内部意向。大多数的数据在采集的时候都没有与身处其文化之中的人进行对话，这里不存在令人讨厌的黑箱。

所以这些方法大多都是单向逻辑的、经验的、行为的。你所看到的是一个“社会运行体系”的行为，你并没有深入文化深层的内部意义。

当你到达研究意义与价值层次的时候，你却认为它们完全是屈从于社会系统的。这些就是标准的实证的、自然主义的、经验主义的社会科学，包括奥古斯特·孔德、卡尔·马克思、塔科特·帕森斯、尼克拉斯·鲁曼（Niklas Luhmann）、格哈德·伦斯基等等。

问：你曾举过一个霍皮（Hopi）人祈雨舞的例子。左右手象限对此的看法有什么不同呢？

肯·威尔伯：左手象限的方法，也就是解析的方法，想要知道的是祈雨舞的意义。当土著人跳这种舞时，这种舞对他们的意义是什么？他们为什么看重这种舞蹈？当一位进行解析的调查者成为一个“深入其中的观察者”的时候，他或她开始明白这种舞主要是颂扬大自然神性的一种方式，是一种祈求大自然的神性保佑风调雨顺的方式。你明白这一点是因为在你试图与这些祈雨者进行相互理解的过程中他们告诉了你。

而右手象限对这一点并不感兴趣。他们关注的是在社会体系的整体行为中的祈雨舞行为。他们没有兴趣听这些土著人说这种舞蹈的意义，他们所关心的是在整个可观察的体系中的舞蹈行为。然后他们不顾跳舞的人说什么，就给这种舞蹈下了结论，认为它的功能是在社会运行体系中增强了社会凝聚力。换句话说，这种舞蹈带来了社会整合。

问：我明白了，你是说这两种说法都是正确的。

肯·威尔伯：是的，它们是通向同一个团体全子的左手和右手道路。左手道路寻求的是理解舞蹈的意义，它的内部意义和价值，你只有处于文化的内部才能做到这一点。右手道路寻求的是这种祈雨舞是做什么的，是它在可观察到的社会系统行为中的功能，这只能以超然的、公平的方式站在体系之外才能够决定。这就是左手道路与右手道路。

诠释学

问：解析（interpretation）就是“诠释学”（hermeneutics）的意义。

肯·威尔伯：是的。诠释学就是解析的艺术与科学。诠释学开始就是用来理解解析本身的，因为当你解析一个文本的时候，有好的方法也有坏的方法。总的来说，大陆哲学家，尤其是在法国与德国，所进行的是哲学的解析方面，而在英国与北美的盎格鲁-萨克森哲学家都躲避解析而大都聚焦于实用主义的、经验—分析的研究。这就是左手道路与右手道路的古老战争。

这也就是为什么托马斯·库恩的思想范式引起了很大的骚动，他认为所有的“客观科学理论”实际上都沉浸在统治着它们的解析的背景语境中。这也就是为什么查尔斯·泰勒的具有开创性的论文《解析与人的科学》（*Interpretation and the Sciences of Man*）引起很大轰动的原因，它展现了解析的背景语境对于理解文化运动的必要性。这只能使盎格鲁-萨克森的哲学家感到震惊，他们的知识范式是单向逻辑的注视：我看见了那块石头。

所以，虽然“诠释学”是一个充满幻想的词语，请你牢记它：它是通向整个左手范围的钥匙。左手象限是由深层构成的，而解析是能够到达深层的唯一方法。就像海德格尔所说的，解析一直朝深层走下去。在这一方面，经验主义是没有什么价值的。

问：但经验主义者说解析不是客观的，所以不是“真正的真实性”。

肯·威尔伯：这就像你研究《哈姆雷特》。如果你拿一本《哈姆雷特》并从经验角度研究它，你会发现它是由多少墨和多少纸组成的，这就是你所知道的《哈姆雷特》的一切——它含有7克墨，这7克墨由分子组成，分子由原子组成——所有的这些你都可以在右上象限找到。

如果你想知道《哈姆雷特》的意义，那你就必须阅读它。你必须进行主观间的理解，你必须解析它的意义。

的确，解析并不是客观的事物，但也不是主观的幻想。这一点非常重要，因为经验——科学的模式总是宣称如果什么东西在经验上不是正确的，那它就根本不是正确的。解析并不是主观幻想，对于《哈姆雷特》有好的解析也有坏的解析。例如，《哈姆雷特》并不是关于战争之快乐的，那是一个不好的解析，是错误的。

问：所以说解析也有正确性的标准。

肯·威尔伯：是的。左手象限具有很大的解析的余地是一个事实，但这并不意味着它们只是随心所欲、没有根据的，或者认为它们是主观的、异质的想象：有好的解析也有坏的解析；有恰当的解析也有扭曲的解析；有充分的解析也有不充分的解析。

这一点可以由能够看到共同深层的群体决定。正像我指出的，《哈姆雷特》的意义并不是“快乐的一天”，一个曾经读过、研究过《哈姆雷特》的群体会很容易地否定这种解析。这个群体的人都进入了哈姆雷特的内部，分享着那个深度。

如果你有对《哈姆雷特》的独特解析，那也很好，那种解析是根植于你真实生命世界的现实与语境之中的，不管怎么说，最重要的一点是解析并不意味着它是随心所欲的。

解析性的知识与经验性的知识同样重要，在一些方面，解析性的知识更重要。当然，与单向逻辑的注视的明确性相比，解析性的知识更加具有欺骗性，也更加复杂。但不知为什么总是有一些头脑简单的人只相信那些有着明确位置的东西，其实他们的这种信念本身就没有明确的位置。

所有的解析都受语境限定

问：你已经指出解析的最大一个特点就是它总是受语境限定的。

肯·威尔伯：是的。解析的最基本规则就是所有的意义都是受语境限定的。在“树的树皮”（the bark of a tree）和“狗的叫声”（the bark of a dog）中，都有“bark”一词，但却表示不同意义。最重要的是语境帮助你决定哪一种解析是正确的。

而那个语境本身还存在于更深层的语境当中，所以我们就进入了“诠释学的循环中”，当然，这里的原因就是全子的存在，而全子是相互嵌套，无止无休的：全子存在于全子中，语境存在于语境中，没有尽头。

也就是说所有的意义的语境都是独立的，而语境是没有边界的。这样就使解析成了非常不可相信、含糊的（slippery）游戏。德里达和其他解构主义者当然非常重视这种意义本质的“延宕”。这些解构主义者在极端的情况下会否认所有意义，这真是极好的自我解构——这也是极端的结构主义蜕变成纯粹的虚无主义的另一例。

我们不需要让它们蜕变。嵌套着的全子，只是意味着在我们理解意义的时候要经常对背景和语境保持敏感。我们所考虑的语境越多，我们的解析就会越丰富——不论是朝上面的方向，还是朝下面的方向。

对非人类的解析

问：这种解析是否也适用于非人类？它适用于非人类的全子吗？

肯·威尔伯：如果你想知道它们的内部，那答案绝对是肯定的。如果你想知道任何一个全子的内部，你还能做什么呢？当你与一只狗互动的时候，你所感兴趣的不仅是它的外部行为。由于人与狗有着相似的大脑边缘系统，我们也同样享有共同的情感世界空间（“台风似的”）。当你的狗悲伤、恐惧、高兴或是饥饿的时候你能感觉得到。大多数人都能够与这些内部互动。他们想要分享这些内部。

当你的狗快乐的时候，分享这种快乐是很容易的。但这需要对你的狗的感情进行敏感的解析。这当然不是指语言上的交流。这需要你与狗的内部、深层、意识的程度进行通心的（empathic）共鸣，虽然它们的这些感情可能不像你的那样伟大，但并不意味着就是零。

所以你开始进行通心的解析，狗也在做同样的事情——你们都在与对方的感情进行共鸣。在这种时刻，你们分享着共同的世界空间——在这种情况下，就是一个共同的感情世界空间。当然对这个问题你可以进行概念上的阐述，而狗却不能。但你们的基本情感是非常相似的，这一点你也知道。你解析了狗的内在情感，并且把你和这些情感联系起来。人养狗不就是这个目的吗？

当然，全子的水平越低，它的深层也就越浅，它所有的意识也就越少，它的内部也就越小——你所能够解析与分享的也就越少。当然，有些人能够与他们宠爱的石头相处得很好，我想这已经说明了一些道理。

问：所以正是因为你与狗分享着某种共同的背景——在这种情况下，就是共同的感情世界空间——你们就可以在某种程度上相互解析。

肯·威尔伯：是的。共同的世界空间提供了能够允许解析与分享的共同语境。正像我们说的，所有的解析都需要一个语境，在这种情况下，这个语境就是感情世界空间的语境，它是我们与狗分享的共同文化。

当然，我们也同样分享着所有更低层次的世界空间——物理的（如重力）、植物的（生命）、爬虫的（饥饿）。既然人类的祖先也曾爬行过，所以我们也有可以与蜥蜴分享的东西，只不过不那么有趣，是吧？即使是一堆你宠爱的石头，你也与它们同样具有重力和很多相同之处，深层越浅，可分享的就越少。的确是这样的，你和自己宠爱的石头所能分享的只是你们能以同样的速度下落。

问：那么当我们到达了人类特殊的语境的时候……

肯·威尔伯：当我们到达了人类特殊的语境的时候，除了我们前面提到的背景——细胞的，爬行的祖先，大脑边缘系统——我们同时还有非常复杂的认知、概念、语言的背景。而我们的相互解析就根植于这些共同的文化背景（左下象限）。再没有其他途径能够产生交流。

问：而这些背景也是发展进化的。

肯·威尔伯：是的，所有的四个象限都是发展进化的，也都遵循着20条原则。带着对文化背景的敬意——左下象限——我们看到了它在人类当中的发展进化，从远古的到巫术的到神话的、理性的、存在主义的，而且还在向有可能更高的世界观发展。这些世界观的任何一种都主宰着我们解析大宇宙的方法类型。

那么实际上你和我将怎样解析这个大宇宙呢？我们会像巫师一样地解析它？神话般地解析它？还是理性地解析它？或者开始完全超越理性？

但你现在会明白为什么不存在一个事先给定好的世界躺在那里，等待着人们用单向逻辑的注视进行痴呆的反射。

问：难怪人类的科学一直以来就分裂为两大阵营，左手象限与右手象限对峙——表层可以被看到，但深层必须被解析。

灵性的解析

问：在灵性的转化与体验方面解析有什么重要性？

肯·威尔伯：你能举个例子吗？

问：例如，我有一种得到内部启发的直接体验，一种使人眼花缭乱的、狂喜的、震撼心智的感受，仿佛是内在的一道光亮。

肯·威尔伯：这种体验本身的确是直接的、瞬间的。你甚至可能和这道光辉成为一体。但随之你就从这种状态中出来了，你想告诉我这种感受，和我谈论这种感受，你想和自己谈论这种感受。所以现在你就必须解析这种体验是什么。它是一道光吗？是耶稣基督吗？是佛陀的心智吗？是原型吗？是天使吗？还是不明飞行物？也许只是大脑的一个高潮状态？它到底是什么呢？是上帝？是女神？是一个未被消化的东西？或者只是食物过敏？

你必须进行解析！如果你认定它是某种灵性体验，那它具体是哪一种呢？是伊斯兰教的真主？是无限？是瑜伽的“拙火”（Kundalini）？是印度教和佛教的“等持定三昧”（ Savikalpa-samadhi）？是荣格的原型？是柏拉图的形式？这绝不是一个次要的问题，不是理论上的吹毛求疵，也不仅仅是学术上所关心的。你对这种体验的解析将决定你如何让别人理解你的这种启示，你怎样与世界分享这种体验，怎样把它纳入你的自我系统（self system），它还决定你将以什么方式向别人讲述这种体验，你自己怎样看待它。这将决定你和这种光亮的未来关系。

就像所有的解析一样，不论是哈姆雷特还是内部光亮，都有好的解析与坏的解析。在这个解析中，你会做得很好还是很糟？

换句话说，即使这种光亮的体验是超越心理的（transmental），或根本就是超越语言的，你仍然是个复合的个体，你仍然不是仅有这种灵性的成分——这种光亮可能就是这种灵性成分。另外，你还是由心智、身体和物质组成的。在心理上你必须使自己适应这种体验。你必须解析它、解释它，使它有意义。如果你不能充分地解析它，它可能会使你患上心理疾病。因为你不能充分地解析它，你就不能把它和你的其他存在整合起来。

你不知道它意味着什么，你的非凡的深层就会逃避你、迷惑你、遮掩你，因为你不能充分地解析它。

问：那么，什么样的解析算是不好的解析呢？我们怎样判断？

肯·威尔伯：记住，解析的一个基本原则就是所有的意义都是受语境限制的。所以无论我们要解析什么灵性体验，我们都必须确保这种体验背后的语境是尽可能完全的。换句话说，我们要确保我们的解析是建立在所有四个象限之上的。我们需要"全象限"的视野，一种来自大宇宙语境的全部范围的解析。

但是，现在的情况是许多人对这些体验的解析都只建立在一个象限之上——有时甚至局限在一个象限的一个层次！这就破坏了其他象限，也削弱了解析的完整性，削弱了体验本身的完整性。

问：你能举一个例子吗？

肯·威尔伯：许多人在解析这种灵性体验时基本上只将它们与左上象限发生联系——他们把这种体验看成是更高层的自我、更高层的意识、原型形态、九分图（enneagram）的样式、对灵魂的关怀或是内在的声音、超越性的觉识等等。他们倾向于忽略文化、社会以及行为的成分，所以，在阐释所谓更高的自我与其他象限的关系方面他们的洞察就失效了，他们的解析就只能是对他们自我的自恋式地延伸。新时代运动（new age movement）就充满着这种仅仅围绕自我的解析。

还有一些人把这些体验基本上看成大脑状态的产物——右上象限。他们试图把这些体验解析成完全来源于或主要来源于大脑的西塔（theta）脑电波状态，或是内啡肽的大量释放，或大脑两大半球的协同，等等。这也同样完全破坏了文化与社会成分，更不用说意识的内在状态了。它是超客观的（hyperobjective），而且仅仅是技术上的。

一些人，尤其是那些“新范式”生态理论家，试图用右下象限来解析这些体验，对于他们来说，“终极实在”就是经验的命运，或者盖亚、生态圈、社会系统等，所有的全子都被还原成了这张奇妙大网中的一股线。这种方法破坏了意识发展的内部阶段，把左手象限的成分简化成了经验的大网中的右手线段。这样就把巨大的广度误看成了巨大的深度，所以垂直的深度崩溃成了水平的广度。这样就产生了各种各样的形态，它们被很正确地称为生态法西斯主义。

还有一些人试图从集体文化意识和即将来临的世界观转化来解析这些体验——左下象限。他们忽略了个体意识所能达到的境界，并否认社会结构和习俗在支持、固化这种体验方面的重要性。

问：所有这些都是不完整的。

肯·威尔伯：所有的这些“单象限”的解析都是瞬间的真实性，而且是很重要的瞬间。但由于它们不能充分包括其他象限，它们就削弱了这种最初的体验。这些解析非常贫乏地以一种片段的方式揭开了灵性直觉。而这种片段式的解析并不能推动更深层的灵性直觉。它倾向于使灵性发挥的过程异常中断。

问：那么这里的关键问题是……

肯·威尔伯：既然运行中的大精神（Spirit-in-action）以四个象限的方式外显，那么对于一种灵性体验的解析就应该考虑到整个四个象限。

这不仅仅是我们有不同层次的问题——物质、身体、心智、灵魂、灵性——而且这里每一项都有四个方面——心理的、行为的、文化的、社会的。

这种全层次、全象限的视角在我们考虑人类成长与发展的深层或高层阶段时尤为重要。这些阶段也就是意识进化和共同体展现（community unfolding）的深层阶段。如果在我们的未来确实有一种转化，它就在这些高层或深层阶段中，而这些阶段的丰富性与完整性只有通过我们珍视、把握这四种不同的真实才能够达到，正是这四种真实的展现使我们得到自由。

所以我想核心的一点就是我们要使自己与大宇宙的各个方面进行协调，我们要触摸每一个象限的真实。要做到这些，我们就要倾听每一个象限所发出的声音。如果我们仔细听，就会发现它们都低鸣着不同的真实性，最终它们汇集在一起成为悦耳的合唱，轻轻地感召我们回到精神家园。

从协调到一致再到同一：我们发现自己处在大宇宙意识的边缘上，被大宇宙的慈悲心紧紧拥抱。但是我们必须仔细倾听。

第七章 顺应大宇宙

问：你的意思是说，我们必须仔细体味四种不同的真实性（truth）？

肯·威尔伯：从最广义上来说，真实性意味着与实质（real）相协调，与真、善、美相联结，对吗？

但这种联结和协调也同时暗示了我们可能与实质相脱离。我们可能会在判断中迷失，感到模糊并犯错误。我们会与真善美相脱离。所以，人类作为一个整体在其进化过程中发现了一些检验我们是否与大宇宙相协调的途径。当然，这个过程充满了艰辛与磨难，人们也走了许多弯路。通过这些途径我们可以知道我们是与真实性相联结，还是迷失在虚假之中；是在张扬善，还是在背离善；是在为美而深深感动，还是在任意贬损它。

换句话说，人类极其痛苦地设计了一系列关于正确性的假说（validity claims）——它们是一种测验，帮助我们判断自己是否与实质相联结，是否与多样化的大宇宙相协调。

问：那么关于正确性的假说它们本身……

肯·威尔伯：关于正确性的假说是使我们与大精神相联结的途径，也使我们与大宇宙相协调。它使我们勇敢地正视实在，制止我们的私我的（egoic）幻想，使我们不再以自我为中心（self-centered）。它使我们意识到大宇宙的其他部分，使我们走出自己！它们是大宇宙法则中的制衡机制。

问：我们可以来看看这四个象限并简要总结一下，这四种真实性是什么，如何检验它们的正确性？

肯·威尔伯：请看图 7—1，只要看看这张图。我保证能给你一个总结这一切的简单方法。

图 7—1　关于正确性的假说

命题性真实

问：对于“真实性”是否有较简单的定义？

肯·威尔伯：大多数人把真实性看成一种表征的真实性（representational truth），这是一种非常简单的描摹或对应。在这种情况下，我的表述或命题所指的就是具体物质世界中的某种东西。例如，我说“外面正在下雨”。如果我们想知道这是否真实，想知道这个表述的正确性或“真实水平”，我们一般只要出去看看就可以了。如果外边真的在下雨，我们就说这个表述是正确的。

问：或者是一个命题？

肯·威尔伯：这是一个非常简单的描摹的过程。我们只需检查一下这个命题是否与事实相对应或相适应，这个描摹是否反映了现实的世界。通常情况会更加复杂，我们可能会去试图否定这种描摹，但如果我们不能否定，我们就认为它是足够正确了。

但是，这里极为重要的一点是，当我的表述是一个表象真实或命题真实时，我的这个表述不知怎的总是指向一种事件的客观状态（objective state of affairs），而且这个表述总是与那些物体、过程、事件对应良好。

问：所有命题性真实主要涉及的问题都在外部的、客观的或者右手象限里，是吗？

肯·威尔伯：是的，右上象限和右下象限主要涉及的都是全子可以观察的、经验的、外部的方面。它们都有着明确的位置。这些方面很容易被看到，所以对于命题性真实来说，我们能够把我们的表述与物体、过程、事件相对应。这也叫真实的对应理论。

所有这一切都非常清晰，也非常重要，我从来不否定这些经验的重要性，但这并不是全部，也不是最精彩的部分。

忠实性

问：所有这些事物的客观状态，包括大脑、行星、生物、生态系统等，都可以用经验的描摹来表现。这种经验的描摹都是“天正在下雨”的变体，都是客观的命题。

肯·威尔伯：是的，如果我们看左上象限——个体全子的内部——我们就有了一种完全不同的关于正确性的假说。在这里，问题不再是外面是不是在下雨，而是当我告诉你外面在下雨时，我是在说真话还是在说谎。在这里，问题也不再是描摹是否与客观世界相对应，而是描摹的这个人是否可以被信任。

问题也不仅仅涉及客观真实，而是特别涉及内部真实。我的意思是说，你可以走出去看看外面有没有下雨，你可以自己去做这件事。但你唯一能知道我的内部、我的深层的方法就是问我，和我谈话。而当我向你报告我的内部的时候，我可以讲真话，也可以说谎。除了谈话、对话和解析，你没有其他方法知道我的内部。而我可能完全隐瞒事实，歪曲事实，或对你进行误导。总之一句话，我可能说谎。

所以，我们在右手象限使用的是命题性真实——或简称“真实”（truth）——但我们在左手象限使用的标准是忠实（truthfulness）、真诚、诚实和值得信任。这不是客观的真实性而是主观的忠实性。这是两种非常不同的标准，真实和忠实。

问：所以我们现在有了两种不同的关于正确性的假说。

肯·威尔伯：是的。这可绝对不是一件小事情。内部事件处于意识状态中，而不是在客观性的事务中，所以你不能凭经验（实证）把它们定位。我们只有通过语言的交流与解析才能接触到它们，只一个人瞪大眼睛自言自语是没有用的。

在这样的交流中，我可能会有意向你说谎。出于某种原因，我可能会错误表现我的内部，使其不呈现出真实面目。我甚至会把整个左手象限扼杀在欺骗之中。我可能会向你说谎。

更加严重的是，我可能还会欺骗自己。我可能还会对自己隐藏内心深处的某些方面。我可能有意识地这样做，也可能“无意识”地这样做。但不管怎样，我可能会错误地解析我的内心深处。我可能会对自己的内部说谎。

而且，我就是在无意识这个地方对自己说谎的。我可能因为一个强烈的环境创伤（trauma）对自己说谎，或者是由于我的父母，或者是为了掩盖更强烈痛苦的真相，谎言成为一种自然的防御机制。

无论怎样说，就是在无意识里，我开始对自己不真诚，对自己的主观内心深层不忠实，对自己深层的欲望与意向不忠实。无意识就是谎言的所在之处。

问：当我们谈论精神分析和其他解析性治疗时，你说它们的目标就是提供更忠实的诠释，是吗？

肯·威尔伯：是的，的确是这样。深度心理学（depth psychology）的关键以及治疗就是帮助人们更忠实地解析自己。当然，左手象限就是一种解析。忠实与充分地解析成为治疗的中心标准也是很自然的。

举例来说，如果我是一个孩子，父亲离家远去，我可能会感到生气，但我会把这种生气解析成抑郁。也许我被父亲的这种行为激怒，这种愤怒对一个孩子来说是十分危险的，因为要是这种愤怒使我杀了父亲怎么办？所以我最好消除这种愤怒，我毕竟还是爱父亲的。随之我会自己感到生气，开始责怪自己，觉得自己很卑鄙，狼心狗肺。这是一个非常让我沮丧的过程。起初我是愤怒，现在我把它称作悲伤。

不论是这样或是那样，我已经错误地解析了自己，扭曲了我的深度心理。我开始把我的愤怒称作“悲伤”，这个谎言一直跟随着我，我不能对自己忠实因为这里夹杂着巨大的痛苦——杀死我爱的父亲——所以我宁愿用谎言蒙蔽自己。我的阴影（shadow），我的潜意识就是我的谎言与不真诚的所在之处，也是我躲避自己的藏身之处。

因为我对自己说了谎，并忘记了这是一个谎言，所以我全然无知地把这个谎言告诉你，而且可能会看上去非常真诚。而事实上，我完全欺骗了自己，但我却真心相信自己在讲实话。

最后，由于我错误地解析了自己的内心深层，我也同样会错误解析你的内心深层。我正在我的内心深层切断某种东西——我正在使它与我分离，我正在压抑它，使其异化——所以我将扭曲对自己和他人深层心理的理解。我的解析将嵌满谎言的花边，淹没在虚假之中，我会错误地解析自己，也会错误地解析别人。你可能已经注意到这一点，注意到某些东西已经大错特错。我会说某些东西已经变得很怪癖，你不得不回答说：“我不是那个意思！”然后你会自己想：“他为什么会那样认为呢？”

问：所以各种各样的治疗，例如精神分析疗法、格式塔疗法或荣格疗法，它们都是帮助人接触并更忠实地解析你的深层心理？

肯·威尔伯：非常正确。它们都不是要对客观事物进行准确的描绘，而是使你放松自己的内心抵抗而完全沉入你的内部深层中，并忠实地向自己和他人汇报其中的情况。其中对后者更加重要。

这样你就开始使你的深度（depth）与你的行为相调和，你将能够心口一致地“边走边说”，你的左手象限也将知道你的右手象限将要做什么。我们经常把这称为正直（integrity），你会感到这样的人不会对你说谎，因为他们没有对自己说谎。

当然，如果你处的世界充满实验室技师、经验主义者、系统论者、控制论者和那些疯狂的单向逻辑者，你可能就不会关心你的内心忠实，因为你根本就不关心你的内部。你所需要的只是单向逻辑的真、客观的层面、经验的行为、体系网络，而你不会关心深层内部、真诚与忠实。这时，在你的经验的描摹中根本找不到什么东西能够，哪怕是模糊地与忠实对应。

所以你看，忠实并没有明确的位置，它不是一种简单的经验状态事物，所以它根本不出现在经验描摹中。它也不存在于系统论、生态学的描摹中。它关系到的是左手象限，而不是右手象限。

你的整个生命世界，你真正的觉识，你的深层都在左手象限中，如果你能够体验深层，通过忠实、真诚、信任你就会明白你和别人的深层。

但很重要的一点是你通向深层的道路会被欺诈与诡计阻断，当你承认内部存在的时候，你必须面对这些路障。你必须面对这些欺诈与诡计。

这也就是为什么我们要靠忠实在这个领域遨游，整个左手象限的治疗应用的也是它，对内部深层更忠实地解析。

问：但似乎不同的解析有着不同的解析方式。

肯·威尔伯：是的，这个问题说来话长，也许我们可以这样简单描述：各种解析治疗的主要差距在于它们各自的解析深度。或者说它们所能达到的高度。我们已经说过，左上象限就是一个意识层次图——一个关于各种发展阶段不同觉知的谱系。各种不同的解析方法会达到相应不同的层次，并在它们不同的层次上进行不同的解析。我们可以看到，所有的解析都有它们的语境范围。

这并不是说它们错了，而是我们首先要确定它们的语境，确定其层次。总之，我们要给这些解析定位。

弗洛伊德强调情感—性欲层次，认知治疗学家强调语言，后人本心理学家强调灵性。但我们都要面对谎言、曲解与自我欺骗．我们把这个范围内的忠实隐藏其下，正是因为这些谎言与扭曲使我们的情感、自尊以及灵性模糊不清。

问：所以一种全谱系的模式应该是复合型的，它包括意识谱的各个层次及针对每个层次的有效治疗方法。

肯·威尔伯：是的，这也是全谱系模式的任务之一，许多研究人员正在努力建造这样的谱系（我将在本书的第二编介绍这个问题）。由罗杰·沃尔士（Roger Walsh）和弗朗西斯·沃恩（Frances Vaughan）合编的《超越私我之路》（*Paths beyond Ego*）一书很好地介绍了这个领域。

我对于左手象限或是解析性治疗的一个基本观点是：如果我们能够去掉每种治疗的排他性，和它们所在层次的褊狭，那么它们对我们来说都有非常重要的意义。它们会使我们了解那些关于自己和意识的不同层次，帮助我们走进对这些领域的忠实解析。

因为一个惊人的事实是，使我们获得自由的不是真实而是忠实。

公正

问：那么左下象限的情况又是怎样的呢？

肯·威尔伯：这里非常重要的一点是主观的世界存在于主体间性的（intersubjective）空间中，存在于一种文化空间中。正是因为主体间性空间的存在才使主体空间得以产生。如果没有这个文化背景，我个人的思想也不会有任何意义。我们甚至没有解析自己思想的工具。实际上，我根本就不会有思想的产生。我只会成为一个"狼孩"。

换句话说，主体空间是不能与主体性相分离的，这也是后现代主义运动与后启蒙运动的伟大发现之一。

所以在这里，关于正确性的假设并不是一个客观的命题性的真实，也不是主观的忠实，而是一个主体间的适合。这个文化背景提供了一种共同语境，在这种语境下，我的思想与解析才有了某种意义。所以这里的文化背景包含了与文化背景的"文化适合"。

问：那么这里的正确性假说的目的到底是什么呢？我们已经知道了客观真实、主观忠实，它们对于主体间性，又是什么？

肯·威尔伯：是相互理解。由于某种原因我们需要达成某种协定，但我们能够哪怕是在最低程度上相互理解吗？如果不能，那我们就永远不能在一个文化中共存。你我是否可以调整自己的主体空间而使我们彼此完全相互同意？我们是否可以找到一个共同的文化背景而使交流成为自然而然的事情？我们是否可以在我们中间找到一种文化适合，一种共同意义？这些必须在某种程度上存在，否则交流根本就不会产生。

问：所以这里的目的不是找到客观真实的描摹，也不是简单地达到忠实状态，而是要相互理解，是吗？

肯·威尔伯：这有许多许多方面，你和我要想生活在一个共同空间中，我们就要对某些道德和伦理达成共识，我们还不得不制定共同的法律。我们还要找出包容我们个体自我的集体同一性，这样我们在别人身上也能看到自己，并相互关心照顾。所有这些都关系到文化适合，牵涉到这个具有共同意义、公正的、兼容的文化背景。我以上是把这个文化背景描述得像是你我有意识签订的一个契约，有时也的确是这样。例如选举的年龄和高速公路上的车速要求，我们就是达成了共同的协议。但这只是文化适应的一部分，它是我们对规定与共同意义达成一致而取得的文化适合。

但大部分文化适合都不是有意识的约定，它们是相互依存的深层的语言结构和文化行为，它们是如此不显著难以看清，我们现在还在想把它们挖出来看个究竟（这也是海德格尔研究的对象之一）。但有一点是：不管它们在哪里，正是这些使主体间的网络世界得以产生。

我说“狗”这个字，并指着一条狗：“我说的就是它”，这并不是相互理解的最惊人之处，最惊人之处是你知道我这样做的意思。不要以为这只是简单的经验上的一指，想一想这就是主体间的理解。这是非常令人吃惊的，这说明你我在某种程度上互相都存在于对方内部。你和我能够共同分享我们的深度世界。当我们指向真实，并处于忠实状态，我们就能够达成相互理解。这是一个奇迹。如果大精神存在的话，你可以开始在此地寻找它。

问：这就是文化适应或公正？

肯·威尔伯：是的，我们共同的公平、善、公正。我们怎样达到共同的善？对我们来说什么是正确的与合适的？我们所有人是否能带着尊严平等地在一个文化圈里共处？我们如何调整我们的主体空间而使它们融入这个共同的主体间性的空间、共同的世界、共同的文化？它们都是我们主观存在所依赖的基石。

这可不像在一个空间内重新摆放物体，而是在一个集体的内部文化空间中调整我们的主观。

这也不是简单的忠实，不是简单的真，而是善。

问：正像你所说的，文化适应或恰当似乎包罗万象，从伦理、道德到法律，从集体同一性到背景文化语境，等等。

肯·威尔伯：是的。我们所归纳出来的世界观，世界空间，或者称文化，整个左下象限都是。

而且请记住，这个文化空间存在于所有全子，只不过可能更简单。所以大宇宙的每一个层次的每一个结构中都存在着主体间性。这不仅是"客体我"（me）中的大精神、"它"（it）中的大精神、"它们"（them）中的"大精神"，而且是"我们"（us）以及我们所有的人中的大精神。

当我们再回到环境伦理上的时候，我们就会发现我们想要达到一种公正，一种对所有有感知能力存在的公正：对我们来说那就是更深一层的善（good）。

功能适合

问：右上象限与右下象限有什么不同？你说它们有不同的关于正确性的假设。

肯·威尔伯：右上象限是个体的外部，右下象限是体系的外部。所以右上象限是最严格意义上的命题性真实，一种与单一事实有关的命题。

但在右下象限，命题所指的是社会系统，这里关于正确性的要求主要是一种功能适合——各种全子是怎样在客观系统中相互适合的。

问：但左下象限不也是涉及系统吗？你说在文化适合里，涉及的是个体怎样与文化背景相适合，难道这不是系统论吗？

肯·威尔伯：不是。不是的原因从根本上看就是后现代反抗启蒙、现代性的由来。在某种意义上讲，整个笛卡儿论者的反叛运动非常激烈地指出为什么系统论只不过是笛卡儿二元论最糟糕方面的延展。明白这一点的原因正是后现代发展的核心。

问：让我们再来深入讨论这一点，因为这与系统论者自己说的很不同，他们认为他们自己在战胜基本的启蒙运动范式。

肯·威尔伯：正好相反。我们知道，基本的启蒙运动范式是一种表征主义范式（representation paradigm）——描摹范式，单向逻辑范式——而系统论者也是同样，他们没有战胜它，而是克隆了它。

从广义上来说，左下象限与右下象限都与“系统”有关，因为整个下象限都是共同的、集体的。但左下象限是从内部描述系统。它描述的是意识、价值观、世界观、伦理和集体同一性。而右下象限完全是从客观的、外部的角度描述系统，它并不想知道集体价值是怎样在相互理解中被主体相互分享的。相反，它想知道的是这些相互关联的客体是怎样在整个社会系统中达到功能适合的。而这个社会系统本身有着显而易见的位置。

所以在系统论中你根本找不到任何伦理标准、主体间性价值、道德性情、相互理解、忠实、正直、深度、真诚、审美、解析、艺术、崇高等。打开任何一本系统论教科书，你会发现上面那些字眼在这些书中都只字未提。你所发现的都是客观的世界及其间的联系，你会发现在系统论中全是飞行在处理过程中和控制反馈圈中的信息碎片，它们是单向逻辑的表象动力系统，层层相叠，永无止境。所有这一切都有着明显位置，不是在个体之中，而是在社会体系与客观过程的网络之中。

所有的这一切都是正确的，但所有这一切都遗忘掉了内部，遗忘了生命世界中的实际体验与价值——它给予右下象限以光荣，却破坏了左手象限。

问：但我们为什么不简单地说，就像那些系统论者一样，系统论是一种基本事实，而主观方面只是这个基本事实的部分——整张大网的所有部分。这是一张包罗万象的大网。我们为什么不这样来定义呢？

肯·威尔伯：从外部来定义是这样的，这张大网总是有它明确的位置，所以从系统论角度来说，通过在“整体”系统中把主观降低为客观，主观与客观之间的鸿沟就愈合了。它把所有主观与主体间的情况降低为客体间的相互适合，功能适合，单向逻辑适合。

这也就是基本启蒙运动的范式。这也就是为什么从泰勒、福柯到哈贝马斯都指出系统论只不过是简化论噩梦的重演——在这个大系统中，所有左手象限的方面都被简化成了右手象限的描述。

问：何谓微妙的简化论？

肯·威尔伯：我们知道，对于粗犷的简化论，一切都被简化成了右上象限的碎片，这是非常粗犷的。而微妙简化论却不是这样。实际上，它是绝对反对这种做法的，但它同时又陷入了自身的困境。在微妙简化论中，所有左手象限都被简化成了它的右手象限的对应物。右手象限有着非常广泛的文化适应与系统观，所以它看上去很有整体性，无所不包，但实际上你已完全损坏了整个大宇宙的内部，你损坏了这个全子的生命世界。

客观系统一层套一层——原子是细胞的组成部分，细胞是生物体的组成部分，生物体是生态系统的组成部分，生态系统是生物圈的组成部分，等等。换句话说，这就是功能适合。右下象限的真正意义在于全子个体是怎样相互适合以组成一个整体系统的。它们每一个都是一根线，共同织成一张大网，这张大网就是基本事实。所以系统论者经常谈论集体系统——盖亚，生态系统，互相联系的互动网络，生命网络，等等。而这一切全是以一种客观的、单向逻辑的形式描述的。

所有这些都是正确的，但所有这些都遗忘掉了左手象限。所以虽然系统论者令人尊敬地打击了粗犷简化论，但却完全陷入了微妙简化论的单向逻辑的疯狂中。这才是启蒙运动噩梦的根源。最近一些学者把这一点说得非常清楚。

问：系统论的确在主张一种单向逻辑方面的科学。

肯·威尔伯：是的。我们甚至不与他们争论，他们是完全正确的，但说这么一句也就足够了。

问：左下象限的文化适合与右下象限的功能适合的差别是否与两种理解印第安人祈雨舞的方法的差别相对应？

肯·威尔伯：是的。左下象限研究一个共同体的方法是使其成为一个参与其中的观察者，努力从内部理解它。记住，在左下象限正确性的标准是相互理解。这就要使你成为参与进去的观察者。你会进入到这个共同体的内部意义当中，你懂得了这其中的意义，是因为你理解了文化适合，理解了祈雨舞的意义以及它是怎样与更大的文化、语言意义与行为相适合的。正像我们所说的，作为一个内部的观察者，一个释义的解析者，你可能会发现这种舞蹈是祭祀大自然的一部分。这就是它的内部意义，正是因为你把自己沉浸在这个文化背景中，它给了你一个共同的世界空间或称共同语境，你才能进行准确的解析。

而对于标准的系统论科学家或系统理论者来说，他们并不对我们以上提到的那些感兴趣，他们不对内部意义感兴趣。系统理论所感兴趣的是祈雨舞在整个社会系统中的功能。印第安人怎样说祈雨舞并不重要，真正重要的是这种舞蹈是客观社会体系的一部分，而这个客观体系在很多方面决定了个体参与者的行为。祈雨舞的真正功能是提供对这个体系的自我生成的自身维持。

这样，这种舞蹈就成了保持社会整合与功能适合的社会系统的一部分。它提供了一种共同的祭祀仪式，在它周围形成了社会的凝聚。人们只要通过一种客观的、经验的立场就能够决定这一点。你甚至会绘制一张自言自语的流程图，但请相信我，那根本不是印第安人所体验到的。

问：但我感觉到你并没有认为这两种方法一种正确而另一种错误。

肯·威尔伯：在我看来，它们都是正确的。它们一个是从内部接近社会文化整体，而另一个是从外部。一个是关于主体在文化空间中相互适合——你我怎样达到相互理解和相互主体性；另一个是关于客体怎样在一个物质空间内相互适合。这是一个完全客观的体系，具有相互客观性。一个是利用释义，或者说对内部深层的解析。另一个是经验——分析的观察或者说对明显行为的客观分析。它们一个是“这有什么意义”，一个是“这是干什么的”。

这两者都是完全正确的，它们是彼此的对应物。事实上，当大精神显现为一种集体时，它们就是大精神的左右手。但是，很可惜，长期以来，这两个学术领域一直关系不好，我们应该而且可以避免它们之间更激烈的冲突。

结论：大精神的四张脸

问：现在有四个不同的象限，每一个象限都有着不同的真实，一种不同的声音。而每一种真实都有不同的测定标准——一种关于正确性的假说，如图 7—1 所示。

肯·威尔伯：是的。所有这些都是知识的正确形式，它们都以每个全子四个方面的现实为基础。所以所有这四个关于真实的假设都可以被适当的共同体实践、确认或反对。它们都有着不同的关于正确性的假说，这些假说通过制衡机制指导着我们对知识的探索。它们在自己的领域内都有鉴别虚假的能力，这意味着错误的假设可以通过这一领域内更多的证据被废除。我们可以不用理睬哪一个象限认为自己存在着能评判一切的假设，每一个象限只存在自己领域内的真实。

在人类历史上，人类历尽艰辛，才懂得了这些测验真实的基本方法。

问：这也就是为什么它们这样重要。

肯·威尔伯：是的。这些真实是整个人类的财富。它们是人类在虚假、欺诈、错误中通过血、汗、眼泪和动乱艰苦得来的。经过 100 万年的人类史，人类慢慢地并越来越认识到，要把真实与它的外壳相分离，把善与腐败分离，把美与堕落分离，把真诚与欺骗分离。

最终，当大精神照耀这个世界的时候，这四种真实就是大精神的四张面容。关于正确性的假说就是我们与大精神联系的途径，是我们与大宇宙相协调的途径，就像我们开始讨论中所说的，它使我们面对现实，制止我们对自己的幻想，使我们不再以自我为中心。它们使我们意识到大宇宙的其他部分，使我们走出自己！它们是大宇宙法则中的制衡机制。

沿着通向真实的道路，我们与大宇宙相融合，这种力量使我们走出自己，超越自己，迫使我们不再唯我独尊，融入到更广更深的真实圈中。从协调到一致（atonement），再到同一（at-onement），最后，在一个突如其来的震撼中，我们认识到了我们的原相。它在对我们微笑并体现在每一个真实假说中。这张脸在永远不断地向我们温柔地低吟：请记住真，请记住善，请记住美。

这低吟从大宇宙的各个角落传来：让真实、忠实、善良、美放射光芒吧，作为普照世界“空”的印记，永远不会也不能抛弃我们。

第八章　善、真、美

问：我想进入更高的阶段或者超越个人的阶段。在此之前，你说过有一种简单的方法概括四象限——它们的真实性和有效性要求有更加简单的方法。

肯·威尔伯：好的。这是基本的划分：右边的一切可以用“它”语言来描述，左上角的一切用“我”语言来描述。左下角的一切用“我们”语言来描述。

问：“我”、“我们”和“它”，这样的确很简单。

三大区域

问：在图 7—1 里标有这三种语言。

肯·威尔伯：是的。“它语言”是客观的、中立的、价值无涉的层面。这是实证科学、分析科学和系统科学所采用的标准语言，物理学、生物学、生态学、控制论、实证社会学、行为主义、系统理论等用的都是这种语言。

换句话说，它是单向逻辑的，是一种表层的“它的”单向逻辑。“它语言”描述客体的外部、客体的相互关系和可以凭感官或用作为感官延伸的仪器来观察的外观以及模式——不论这些实证的外观是像大脑或肺脏一样在你的“体内”，还是像生态系统一样在“体外”。甚至快速通过信道的信息也可以用“它语言”来描述。实际上，信息被定义为消极的熵（entropy），它也就是你所能够得到的“它性”（it-ish）。你的在场并不是必要的。

另一方面，“我语言”是你的在场（presence），你的意识，你的主观觉识，左上角的一切从根本上说都是用“我语言”来表述的，即主体的内部语言。任何全子的主体成分都是“我成分”（I-ccmponent）。

当然，这个“我”、自我或者主体性的深度越大，就越重要——例如，猿猴比蠕虫有更多的主体性——但是问题在于，“我成分”在任何情况下都不能够用“它语言”来描述。如果那样做，主体就会转化为客体。我们都出自本能地对这种情况予以抵制，强烈地抵制。主体是被理解的，客体是被操控的。

问：实验室技术人员（lab technician）……

肯·威尔伯：对，这是一个例子。你的“我”被作为“它”对待。不论这些客体是单一的（singular），还是四通八达的网中的一些集体束（collective strands），他们的“我”都被作为“它”对待。人们本能地知道这一简化是危险的。

问：那么第三种语言呢？

肯·威尔伯：第三种语言是“我们语言”，它位于左下角，指文化或者主体间的维度。左上角是“我”怎样认识世界，而左下角是“我们”怎样认识世界。这是我们在特定时间、地点，从特定文化中继承的群体世界观。当然，这些世界观是不断发展的。因此，我们发现了上古的世界观、魔幻的世界观、神话的世界观、理性的世界观，这些我们都曾经简单地论述过了。

所以，我们至少有三种基本语言，它们之间大不相同。它们用来指代不同的区域。混淆这些语言导致了极大的混乱。

问：你所谓的“三大区域”（Big Three）……

肯·威尔伯：是的，“三大区域”不过是四分法的简化模式，因为右边的两部分都是客观的外部世界或者“它的”，所以，为了简单起见，四分法就成了三分，即“我”、“我们”、“它”这“三大区域”。

因此，当我们说每一个全子包含有四象限，或者更简单地说有三大区域时，也就意味着每一个全子都具有只能用各自相对应的语言来描述的方面或者层面。我们不能够用其中任何一种语言来代替其他语言，同理，我们也不能够用其中任何一个象限来代替其他象限。因此，如果我们要详尽地、充分地描述一个全子，我们就必须使用全部三种语言，以描述各自对应的象限，而不是简单地只偏重一个象限或者一种语言，当然，这种偏重的情况是经常发生的。

问：所以说有“三大区域”。你曾经指出大量与此相关的东西——如道德、科学和艺术，或者柏拉图的善、真、美。

肯·威尔伯：对，下面是“三大区域”的不同形态的一些情况。

> 我（左上角）：意识、主体性、自我、自我表达（包括艺术和美学）；忠实、真诚；
>
> 我们（左下角）：道德和伦理、世界观、共同语境、文化；主体间性意义、相互理解、适合性、公正；
>
> 它（右边）：科学和技术、客观自然、经验形态（包括大脑和社会系统）；公认的真理（单独的和功能性的适合）。

科学，或者说实证科学，它与客体、“它的”以及实证模式有关；

道德，或者说伦理，与“我们”以及主体间的世界有关；

艺术，与观赏者（即“我”）眼睛中的美有关。

不可否认，这在本质上是柏拉图的善（道德，“我们”）；真（从公认真理或者客观真理意义上说，或者“它的”）；美（每个“我”感觉到的美学维度）。

“三大区域”也是卡尔·波普（Karl Popper）所说的三个世界——客观（它），主观（我）、文化（我们）。“三大区域”也是哈贝马斯的三种有效要求：客观的真实、主观的真诚和主体间的公正。

当然，具有重大历史意义的是“三大区域”出现在康德的影响深远的三部曲之中——《纯粹理性批判》（客观科学），《实践理性批判》（道德）以及《判断力批判》（美学判断和艺术）。

例子不胜枚举，这些已经足以构成“三大区域”的普通画面。

问：好吧，我想回到基本的启蒙范式，回到整个“现代”运动本身，请你用“三大区域”来做解释。

我想这是重要的，因为所有“新范式”都应该超越启蒙范式，并且你一直说新范式囊括一切。例如，你一直说系统理论仍然适合启蒙范式。那么，从“三大区域”角度看，什么是基本的启蒙范式？

肯·威尔伯：啊，这非常容易。基本启蒙范式把“我的”、“我们的”都简化为“它的”。启蒙范式的主流认为所有的实在都可以用“它语言”来表达（captured），“它语言”是“真正的真实”。所以它把“三大区域”简化为大而单调的（flat）“它语言”。换句话说，它把左边的维度简化为右边的相关物（correlates）——这是微妙的简化论。我讲清楚了吗？

问：启蒙范式排斥意识和道德，偏好科学，是吗？

肯·威尔伯：从某种意义上说是这样。但处理现代性和启蒙运动的消极方面的最好方式，就是先理解它的积极贡献。请记住，发展的每一阶段都是一种“辩证的前进”——用通俗的话来说，每次新的发展既是好事情，又是坏事情。我们总是在强调一些坏事情。但是，不理解相关的好事情就没有什么意义。所以我想简要谈一下好事情，否则，我们只会为反现代主义的花言巧语所迷惑，这样是无路可走的。

好事情：“三大区域”的分化

问：出于好奇，我想问现代化的“好事情”也可以用“三大区域”来说明吗？

肯·威尔伯：可以，按从韦伯（Weber）到哈贝马斯等理论家的观点，现代化的好事情就是在历史上它首次尝试全面分化三大区域，就是把艺术、道德、科学，或者自我、文化、自然分开，使这些领域不再粘连在一起，不再杂乱无章地相互混合。

我们现代人把这一分化看成是当然之举，以至于要忘记在以前神话的世界观中，艺术、科学和宗教伦理是不分彼此地混合在一起的。不是整合，而是混合！两者有极大的差别！

下面是我常常引用的一个例子。在伽利略发现木星后，有这样一种被广泛接受的驳斥：“动物的头有七个孔，空气经过它们进入身体之殿堂，进而启迪、温暖、滋养身体。这微观世界的七孔就是两只眼睛、两个鼻孔、两只耳朵和一张嘴。所以在宏观世界的天体中一定有两颗可爱的星星、两颗普通星、两个发光体，水星难以确定，无关大局。自然界中还有不可胜数的相似性，例如七种金属等，所以行星必定有七颗。”

问：人有七孔就意味着有七颗行星。

肯·威尔伯：的确如此。换句话说，主体空间和客体空间区别甚微，一个发生变化，另外一个就会跟着变化。同样，主体空间和文化空间的区别也很小，所以如果你对宗教教义、文化背景有异议，你不只是异教徒，而且还是政治犯。你可能会被教会审判为异端分子，同时还被国家定为叛国罪，因为这些都还没有区分开。

也就是说，在所有这些事件中，我、我们、它三个区域没有清楚的区别。并不是它们没有组合，而是它们没有分化，差别大极了。

现在我意识到某些“新范式”理论家想把这一切神秘的混合看成是宇宙的统一，但是我认为他们实际上没有一个愿意生活在那样的气氛中，他们的大多数的“新范式”概念会立即被扣上异端和叛国的罪名。面对这种情况，世界各地的神话—帝国文化设计出了许多严厉的惩罚措施。换句话说，我认为他们对以前的神话世界观既不十分了解，又不虔诚。

问：所以启蒙时代或者现代化首次区分“三大区域”。

肯·威尔伯：如果从大规模的分化来说，是的。康德的三大批判是这方面最好的例子。

这是人类能力的飞跃。这是为什么“三大区域”——即对艺术、道德、科学的区分——被韦伯和哈贝马斯称为现代性的“尊严”，对此，我毫无异议。尊严是因为“我领域”、“我们领域”和“它领域”可以各自追寻自己的知识，没有其他领域的野蛮入侵或者惩罚。你可以用伽利略的望远镜自由观察，绝不会被烧死在柱子上。所有这些都是好事情。

“三大区域”有很多好处，例如：

1. 自我（我）和文化（我们）的分化直接导致民主的兴起，每个自我都有投票权，再也不被教会或者国家的神化的统治阶级所代表。自由民主的兴起遍及全世界。

2. 心智（我）和自然（它）的分化导致解放运动，包括妇女解放运动和奴隶解放运动，生物学意义上的权力不能再决定精神上的公理。女性主义和废奴运动成为广泛有效的文化运动。

3. 文化（我们）和自然（它）的分化导致了实证科学的兴起，例如医学、物理学、生物学、生态科学等，因为真理不再屈从于国家和宗教的神话……

问：所以自由民主、女性主义、生态科学、废奴运动等——所有这些现代化的“好事情”都与“三大区域”有关。那么什么是“坏事情”呢?

坏事情：三大区域的分裂

肯·威尔伯：我们已经看到分化和整合是进化过程的20个原则之一。现代化的好事情就是区分了三大区域，然而棘手的是如何整合它们。

于是所谓的现代化的“尊严”一不小心就会滑入一场现代化的“劫难”。因为这三大区域不再仅仅是局限于各自独立意义上的分化，它们走向了分离（dissociate）。

这的确是一件不妙的事情——三大区域并没有处在和谐的平衡与整合的状态之中，它们是分裂的。通过“它”领域的更加具有侵略性的方法，它们渴望着更加多的占有。

因此，如果你愿意，我们可以摆出各种例子，“它”领域所取得的快速和突破性进展（例如，在实证科学和科技方面的巨大进展），遮蔽了“我”领域和“我们”领域在进步中的光芒。科学开始排挤（crowd out）意识和道德。

从文艺复兴到启蒙时期，实证科学取得了巨大的、无可辩驳的进步，无形中“它”语言也取得了这样的特权：所有的实在都可以用客观的科学术语以及单向逻辑的它语言来研究和描绘。反之，任何事物如果不能以客观的、实证的方法来研究和描述，都不是“真正真实的”。三大区域就被简化为只有客体、外部、系统和科学物质主义的“大一统”

(Big One) 世界。

这样，“我领域”和“我们领域”就开始沦陷为“它领域”统治的殖民地。所有的知识都必须是客观的它知识，全部实在不过是捆扎在一起的它领域的东西，没有主体，没有意识，没有自我，没有道德，没有操行，没有价值，没有内部，也没有深度。左边的“我”和“我们”的维度全线崩溃，被右边的“大它”(Big It) 所占领。

问：三大区域坍塌为一体化的大平地。

肯·威尔伯：是的，很确切。但是这个规划最初看起来具有重大的意义，因为每个全子的确都包含客体部分或者说右边部分。左边的任何元素都有实证性和客体性，它们与右边紧密相连（通过图 5—2 你可以容易地发现这一点)。即使我具有身体之外的体验，在实证的大脑中仍然记录下了某些变化。

因为与那些乱七八糟（messy）的诠释和主体间诠释学以及通过移情作用达到的相互理解相比，实证的、单向的逻辑的研究要容易得多。于是，人们不约而同地认定只有限制实证领域内的知识在这个世界上才具有意义。这是完全可以理解的，甚至从它自己的方式来看是高贵的。

这就是基本的启蒙范式所做的事情。对于理性的私我（rational Ego）来说，基本的知识寻求就是把整个世界用它语言简单地画在描摹图上，或者反映在镜子中。罗蒂（Rorty）干脆把这称为“自然的镜子”。

问：描摹范式。只具外部说明性的表征范式。

肯·威尔伯：是的，在这种范式内，图式的描绘者以及所有内部东西都被驱逐出境。诠释并不是必需的；世界是如此显而易见地存在着，它是“既定的”。而你所做的工作只不过是把这个“既定的”、可被勘测的世界绘制下来 。

在这个横扫一切的启蒙主义议程里，自然被看作是一个和谐的相互关联的巨大的“它”系统，知识则存在于用“它”语言图解的经验性的复杂体系中。

这个庞大而和谐的“它”系统，看起来完美的“整体论的”系统，既是原始的启蒙主义的支架，又是激进的启蒙主义的绝对的温床。

问：但“新范式”理论坚持认为所谓启蒙主义的基本范式就是原子论，而他们是要用整体论或系统论来替换并且超越原子论。

肯·威尔伯：是的，他们的确都这样声称，这是一个混乱而又难缠的说法。我不知道谁是始作俑者，但这的确是一种错误的说法。

问：《性，生态和灵性》一书中有关这一主题的章节，我都做了记号。我愿意为读者引用它。

> 举个例子，这些平地化的整体论者声称，启蒙主义最明显的“缺陷”就是它的原子论和分裂的本体论。但是原子论并未在启蒙主义那里取得统治地位。正如我们能在很多细节处看到一样。事实上，每个时代的历史学家都对此予以了充分的昭示。启蒙主义的占绝对优势的主题是“存在物联结秩序的和谐性”，无论是亚当·斯密的“看不见的手”，还是约翰·洛克的“庞大联结秩序”以及宗教改革派和自然神论者的“存在物相互关联的整体和谐性”，无非是对这一主题的极好的注脚。
>
> 再给出几个例子，查理·泰勒的话语代表了绝对的学者权威们的结论：“就启蒙主义的主流而言，作为客观实在的相互联系的整体的大自然，包括人类在内的所有的存在物都有着与其他存在物相契合的自然存在方式。这为幸福和善提供了基本模式或蓝图。启蒙主义发展了包括人类天性在内的自然模式，在这个和谐整体中的每一部分都‘完美地搭配着’”，而“秩序的统一性被看成是一个相互联系的集合，是它引起了形成和谐整体的行为”。亚历山大·波普（Alexander Pope）曾经这样对整整一代人演说道：“世界的和谐源出于秩序、统一、融洽；无论大与小还是强与弱都相依相衬，没有苦痛，也没有弱肉强食；部分联系着整体，一切都是有用的，一切都在起作用，没有什么能独自存在。”
>
> 作为启蒙主义思想的堡垒，百科全书早就说过：“自然万物都是联系在一起的”，洛夫乔伊（Lovejoy）也指出：“一旦讨论作为整体的宇宙体系，他们随时都以雄辩的姿态出现。”（肯·威尔伯：

《性，生态和灵性》，pp. 131～132）

肯·威尔伯：是的，启蒙主义的支配性主题正是这个笼罩一切的伟大的“生命之网”的概念，即关于存在物的伟大的联结秩序的概念。启蒙主义时期的确有一些原子论的倾向，德谟克利特（Democritus）等学者已经说得很清楚了，原子论永远不曾成为启蒙主义时期占主流地位的统治性主题。

问：那么什么是启蒙主义的消极方面呢？

肯·威尔伯：正如我们所说，启蒙主义的“生命之网”是一个整体论的与相互作用关系的概念，然而它只承认右边维度的层次系列。也就是说，按照它们的术语，它们无法对左边维度的层次系列进行有效的认识。三大区域塌陷为“大一统”的局面——所谓“我”、“我们”、“它”三者之间的相互合作只是变成了“它”领域自身内部的相互合作关系。

在自我意识、文化和自然的三大区域里，只有可感知的自然才是真实的，同样，只有反映客观现实的知识才算是真理。这是一种反映模式，自然的镜子。是大宇宙的崩溃。

系统理论并不是治愈（cure）启蒙主义的消极方面的药方，它只是一个噩梦所不能割舍的一部分。

问：是平地的一部分。

肯·威尔伯：是的，芒福德（Mumford）称之为无定性的（disqualified）世界。它语言根本就是中性的，是价值中立的。它知识关涉数量，却不涉及质量。如果你对任何事物只进行关于数量、外部客体、网络（network）程序、系统变量的描绘，你就不能在质上有所认识——你得到的是一个不定性的世界。

请记住，在右边的任何事物都有明确的定位，它们无所谓好坏之分，只有大小之别。开放的思维要优于狭隘偏执的思维，但是一块岩石却并不优于行星。因为右面只具有某些物理性的外延，它相当容易的就可以被数量化和计算——1、2、3、4、5。不过你只能做统计工作，而不能得出任何有关道德伦理方面的结论。7 比 3 大，它并不是更好。如果你要把整个世界当作客体来对待——整体论的或者别的什么——那么，你就把所有价值给悬置起来了。你取消了大宇宙的质的方面。

如果你这么做了，那么当你停下来张望四周时，最恐怖的事情无疑就是你发现你站在一个平地无趣的宇宙之中，没有意义，没有深度，无法说明，不美，不善，缺乏价值，也谈不上崇高。它的整体性的意义只在于它汇集了物质的功能合适性方面。

问：怀特海有一句名言："宇宙沉闷，失去声响，没有色彩，缺乏芳香；只有无穷无尽的没有意义的物质来来往往。"

肯·威尔伯：是的，他还补充说明道："因此，现代哲学垮掉了。"更有甚者现代的生命世界也垮了。一旦你从内部走向外部，从思想走向大脑，从共情走向血液中的复合胺，你也就从价值系统走向非价值系统，从道德体系走向非道德体系。

如果你认为"它领域"才是唯一的实在，那么你也许会以为所有的价值和美德都是"纯主观的"。这就是说，任何个人选择都不能在客观实在中找到立足点。你不可能领会深度、价值、意识对大宇宙来说，都是内在固有的。

在这个光芒四射却是单色的世界里，你自我感觉良好地居住着，上述一切都已被抹得一干二净。但是当你处心积虑地把意识、道德、价值从大宇宙驱逐出境时，你也必须有这样的心理准备——你自身的生活世界将是虚空的。否则对这一境遇的抱怨则颇具这种意味，你谋杀了你的双亲，然后又哭诉你变成了孤儿。

如果你是一个系统论者，那么这种简化论的危险也许一直就存在于你的理论中，因为你会认为在庞大的"它系统"内，所有基础性的东西都已被涉及了。于是你以为你已经拥有了所有的客观实在，你认为你已经抓住了整体，你以为你在稳步走向心智健全，然而，这只不过是你的妄想。

后现代的任务：三大区域的整合

问：克服启蒙运动的消极方面究竟意味着什么呢？

肯·威尔伯：首先，克服启蒙运动的消极面，不能用单向逻辑的整体论以及平地系统理论来代替单向逻辑的原子论。原子论和系统整体论，一个精细，一个粗略，然而都是局限于右边的简化主义。

退回到神话的或者魔幻的三大区域的未分状态（indissociation），同样不能找到解决问题的方法，在那里，自我、文化、自然并没有分离。在我们试图克服现代化缺陷的同时，我们必须保持现代化的尊严。差异就是尊严；分裂就是灾难。

如果说现代化完成的是三个区域的大规模的区分工作，那么后现代的迫切任务就是如何使它们整合。根据 20 条原则，进化的根本趋势就是要求差异和整合，如今我们正处于这一要求的浪尖。

问：这是后现代的需要。

肯·威尔伯：是的。但是，这并不意味着任何事物只要被冠以“后现代”的名称就是对整合的尝试。不少后现代思想只是一种后退，它企图通过退回到三大区域的区分之前，来解决现代的差异和分裂状态。这种后退和自恋使“后现代主义”有了这许多以自我为中心的牢骚（whine）。

我使用“后现代”一词是指，从黑格尔到哈贝马斯、福柯以及泰勒都试图对现代化进行平衡，后现代更真实的潮流在很大程度上就是要给科学、伦理学、美学以平等的地位，而不是通过理论的暴力把一方强行地归入另一方。

因此确切地说，我们真正想寻求的是一条通向心智、文化、自然三大区域整合的道路。通过它尊重在所有四个象限内的大精神，认识到大精神拥有的四张面孔，它们各自存在于四个象限内（或简化为三大区域的形式），这样我们才能调整自己，并在广受祝福的善、真、美的领域内把我们自己安放进去。

灵性的三大区域

问：我们开始要触及灵性的主题了。你把三大区域分别与佛（释迦牟尼）、法（法理）、僧（僧众）的范畴对应起来。佛陀（释迦牟尼）是一个伟大的灵性的实现者，法理是他认识到的真理，僧众是尝试这种认识的那些共同体。

肯·威尔伯：是的，三大区域作为一场意识进化正是要进入更高的、超意识的或超越个人的领域。当然，这里只是用了佛家这样的术语，其他思想也可以使用。

问：让我们逐一对它进行简单的一次性回顾。

肯·威尔伯：图 5—2 仅仅是列出了具有里程碑一样的思想意识或是目前现自主性范围内的集体意识（在左上象限标以形式运算"formop"和"洞察力—逻辑"的字样）。

但是在这些阶段之上，存在着更彻底的超理性的、后人本的或者更确切说灵性的发展，那正是我所期望能给予充分说明的。我的观点是那些高级的发展同样要在全部四个象限中，或者它的简化形式三大区域中进行。这种高级进化发生在"我"领域、"我们"领域、"它"领域。

终极的"我"就是佛陀，终极的"我们"就是僧众，终极的"它"就是法理。

问：例如……

肯·威尔伯：我们可以用不同方式举例说明。

当你自己拥有了终极的真之时，你就会意识到并确信"我就是佛陀"，我就是大精神（道）。缺乏这一点，一切都将是谎言，私我的谎言，分离自我（separate-self）的感官的谎言，是面对无限时的萎缩（contraction）。你的意识的最幽深处（recesses）直接与大精神本身相交，这是终极的同一性。"不是我，而是基督活在（liveth）我之中。"也就是说，终极的我就是基督。这一境界并非当你初临人世的时候才存在，而是你正在认可（recognizing）和承认（confessing）的一种永恒的状态——当你声明"我就是佛陀"，是终极的美之时，你也就是终极的真了。

终极的文化适应或公正在于"我们都是大精神共同体的成员"。所有有知觉的存在者，所有实际的全子，包含佛性，包含深度、意识、内在价值、大精神，所以我们都是所有存在物、神秘的教堂、终极的"我们"的协会成员。终极的伦理，终极的善正在此处。

终极的客观真理在于：所有的存在物正是对大精神或者空的完美的显现，“我们”都是终极的“它”或者法理的证明。这就是终极的真理。

终极的“我”，终极的“我们”，终极的“它”，也就是佛、僧、法。

问：这就是理解四个象限或者三大区域对于理解高级的或灵性的发展的重要性之所在。

肯·威尔伯：是的。我是这么看的。大精神在四个象限中得到平等的体现。因此，为了大精神能得到充分、完整、全面的实现，必须纳入对四象限（或三大区域）的考虑。

问：先谈佛陀吧。

肯·威尔伯：好的，我们还未讨论过位于左上象限的这些高级阶段，它们揭示了意识的更深或更高的阶段。对于个体的“我”发现自己与大精神的原初同一性的那一点，你是想知道的。佛教徒也许会说个体的“我”的本性应当是空。这样孤立的异化的“我”就能轻松地进入极度开放、空和明澈的境地。苏菲派（Sufis）称之为至上同一性，是灵魂和神性（godhead）的同一。在禅宗那里，真我就是无我，或者完全没有个体的自我，这个原发的空是一片澄明（transparency）之境。

我现在并不真正在意你希望如何诠释那个至上同一性。原因很简单，个体的自我找到了那个初发的、无定性的（unqualifiable）境地，因此它自己在普遍意义上与大精神之境相交。终极的自我就是无我（no-self）：这也就是在每个全子那里，在每个有知觉的存在者身上都有的佛性（Buddha-nature）。终极的自我、终极的我就是佛陀。这是在左上象限。

问：法理呢？

肯·威尔伯：法理把大精神作为客观事实以及事物的客观状态来对待。大宇宙的终极的它（It）就是法理，同样也就是真理，是全子的所有客观指涉（isness），或者真如。所有条件的绝对（very）条件，所有自然的绝对自然，所有全子的绝对它性（Itness）——这就是法理，即客观真理。也就是说所有的全子长驻于它性之中，是空或大精神的显现。这就是终极的真！

问：僧众？

肯·威尔伯：僧众意味着集合或共同体。它是大精神的“我们”。在神秘的基督教术语里，它就是教堂、基督的神秘的宗教团体（communion）。在此，它是主体间为实现形成的团体，即神圣的文化。这是左下象限。

因为大精神在四象限或三大区域中得到了均等的体现，因此我们可以把大精神主观地描绘为我们的佛性（Buddha-mind）——大精神的小“我”，也就是美。我们也能把大精神客观地描述为法理，大精神的“它”，也就是终极的真。同样，我们也可以把大精神文化地描述为僧众，即大精神的“我们”，也就是终极的善。

四象限或三大区域就是全方位的大精神或者全方位的空。当空展现自己时，它可以主观地展现，也可以客观地展现，可以单数地展现，也可以复数地展现，这就给出了大精神的四象限或三大区域。因此大精神可以也必定由“我”、“我们”、“它”这三种语言来描述。

而且，这三大领域都将不断进化。这就意味着每一领域所展现的灵性越来越多，实现得越来越多。在进化的最高境界（uppermost reaches）中，“我”、“我们”、“它”日益趋向它们自己澄明的本性。

在那个发光的（radiate）觉识中，每一个我都变成了上帝，每一个我们都体现为对上帝最真诚的崇拜（sincerest worship），每一个它都成为了上帝最荣耀的殿堂。

第二编　演化中的大精神所达到的境界

第九章　意识的进化

问：我想讨论一下意识自身的进化问题，从低级阶段一直到最高阶段，即灵性的（spiritual）阶段或者后人本的阶段。

肯·威尔伯：这是内在我（inward I）通向终极同一性的不同阶段。从潜意识（subconscious）到自我意识（self-conscious），再到超意识（superconscious），大精神自身不断发展，形成意识发展的特别弧线。从小我（the alone）飞跃到了大我（the Alone）。

图 9—1“意识的基本结构”是这一全面发展的简图。但是，我想强调一下，我们现在要谈的仅仅是左上象限（Upper Left），即意识发展的内在阶段，而不涉及其他部分，例如右上象限（Upper Right）中的相关变化。我们不谈脑干的变化、边缘系统、新皮层、脑波形式以及半球同步，由疾病引起的神经介质失衡，等等。

同样，我们也不会专门讨论与个人意识发展不可分割的左下象限（Lower Left）的大规模的文化思潮或者右下象限的社会结构，尽管这一象限十分重要。试问，在一种病态文化中的自我调适与适应又有什么用处？做一个适应良好的纳粹又有什么意义？那算得上是智能健全吗？或者说，纳粹社会中的适应不良者才是少有的神志清醒的人？

这都是极为重要的想法。在任何一个象限中的畸形、病变或者疾病，都会在全部四个象限中引起反响，因为每一个全子都有这四个方面。所以，当一个社会存在异化生产（右下象限）时，例如，奴隶付出牛马般的劳动，就会导致劳工的自尊低下（左上象限）和不对头的大脑变化（右上象限），这种变化还会产生酒精依赖之类的问题。同样，文化中轻视妇女的世界观会导致摧残女性个人潜力的倾向以及必须靠服用

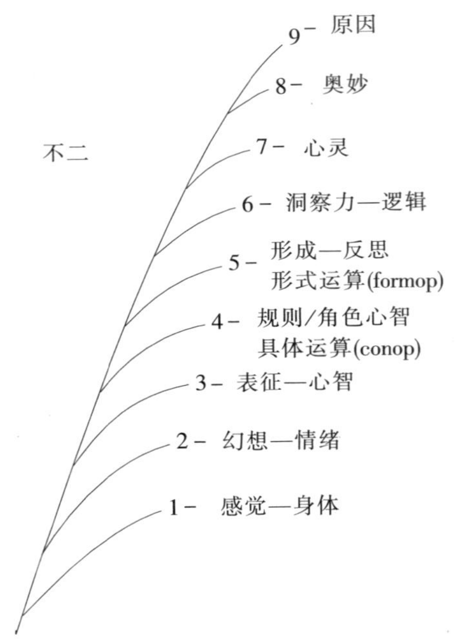

图 9—1　意识的基本结构

百忧解来治疗的大脑病变。

围绕四象限整体的情况诸如此类。一个象限受伤，四个象限全都会出血。但在这次谈论中，我们将暂时把以下内容搁在一边——我们不谈家庭疗法，不谈大脑的化学变化和大脑状态，不谈文化与社会解析——于是，我们将集中探讨左上象限本身。

但不要认为其他象限就不重要！事实上，我们很快就会达成如下共识：个人的"病变"只是包含着世界观、社会结构、深层文化途径的巨大冰山的一角。并不是说个人疗法就不重要，但它往往是第二位的。不过现在，我们该明确地集中探讨左上象限了。

发展的高级阶段

问：图 9—1 是对左上象限的简单概括？

肯·威尔伯：是的。如果你与图 5—2 比较，你会看到图 5—2 只列到了"洞察力—逻辑"，即图 9—1 中的第六阶段。原因是图 5—2 只列出了集体历史中一般意识在此以下的阶段，而没列出图 9—1 显示的更高和更深的阶段。

问：那么，我立即想到，这是不是意味着过去的人，例如生活在神话—耕作时代的人，不可能达到高级阶段？

肯·威尔伯：不，绝不是如此。任何时代都会有一些人在一般水准以上，一些人在一般水准以下。左下象限仅仅是在这一问题上的一般水准。

每一社会都有特定的重心，可以说，其文化的伦理、规范、法则和基本制度都是围绕它组织起来的。该重心也为社会提供基本的文化凝聚力和社会整合。

这一文化重心在个人发展中扮演着磁石一样的角色。如果你在一般水准以下，它会把你往上拉。如果你想超越它，它又会把你往下拖。如同发展的调速器，超过了一般水准或者磁石，文化重心会把你拉到意识发展的一般预期水准，如果磁石使劲把你往下拖，这时就看你是否走运了。在两种情况下，你都“被剥夺了公民权”。

问：所以任何文化中都存在着一般模式和最先进模式的差别。

肯·威尔伯：是的。例如，500 年以后一位人类学家在美洲考察时，碰巧发现了克里希纳姆提（Krishnamurti）的笔迹，便确信美洲人都和克里希纳姆提一样。当然这很傻，但很多新时代理论家在探讨旧时代时正是这样做的。他们拿出最先进模式中的一个代表，例如巫师，便轻率地断言这就是一般模式，10 万年前人人都是巫师。事实上，10 万年前巫师只是凤毛麟角，他们往往在部落里独一无二，极具天赋，几乎无人能达到他们的觉知水平，人们都对巫师的权力十分畏惧。巫师通晓常人所不知道的通向高级觉知模式的秘密途径。

其实，我在对过去时代的研究中，试图要做的一件事情就是：首先确定一般的重心——古代的、魔幻的、神话的、理性的、存在的，其次是仔细研究那些超出一般模式的具有天赋的精英人物——他们往往付出了巨大代价，进一步揭示了更高、更深的觉知模式（巫师、瑜伽师和圣贤）。这些更高、更深的觉知模式正是我们在图 9—1 中所说的超意识发展的心灵、奥妙、原因和不二阶段。

梯子，攀登者，观念

问：那四个高级的发展阶段也是我想探讨的。不过，全部阶段是否真的像图 9—1 所示的呈“梯状”呢？它们真的如此互不相连吗？

肯·威尔伯：图 9—1 看起来确实像一张梯子，这也使那些以为发展模式是固定不变的线形的人感到困惑。这对于发展模式的努力方向是一种误解。

最好是把图 9—1 理解为一系列同心圆圈或相套的球体——每一个更高的阶段都超越和涵括了它的前一阶段。它是一个实现层次（actualization holarchy），每一阶段先是扩展，后是以相套的方式涵括先前的阶段。图 9—1 只是同心馅饼的一片。你可以把全图画成同心圆的形式，不知你能否记得，这正是我们在图 2—2 中所做的。其实图 9—1 只是图 2—2 稍微扩展了的样子：物质（感觉运动阶段）、身体（情绪和生命）、心智（表征心理至洞察力—逻辑阶段）、灵魂（心灵阶段、奥妙阶段）和灵性（原因阶段和不二阶段）。于是，我们就会发现，这个意识大等级就是世界伟大智慧传统的脊梁，它跨越文化，普遍存在。

不过，更重要的是，这九个阶段或者说同心圆，应该说只是阐释了意识发展的实际情况的三分之一。即便我们把图 9—1 称作“梯子”，那么还应该有梯子的攀登者，有产生于每一横档的不同观点，它们也并非仅仅是线性的逐步进行！

问：那么我们就有了梯子、攀登者、观念。先从梯子或同心圆开始吧。

基本的结构：梯子

肯·威尔伯：请参照图 9—1，这九个阶段或圆圈就是意识的基本结构。

记清这些阶段并不必要，但可以作为参照，图 9—1 包括：感觉和知觉（感觉身体阶段），冲动和形象（幻想与情绪阶段），符号和概念（表征心智阶段），具体规则（规则/角色心智阶段，或具体操作阶段），有条理反思（形式—思考阶段），洞察力—逻辑（整合阶段），然后是高级的超个人阶段——灵性阶段、奥妙阶段和原因阶段（图解之上的空白是“最高”阶段，它其实根本不是一个阶段，而是整个展示不二的空白场地）。

过一会儿我们将对它们展开讨论。不过，它们只是意识发展的几个主要里程碑，这里所列出的仅是一个样本，绝非全部。

问：既然它们应该是相套的球体，那么你为何把它们画成了梯子？

肯·威尔伯：梯子的比喻很有用处，它可以表明意识的不同成分出现在截然分离的阶段，如果毁坏较低的一个横档，上面的横档也不复存在。这一比喻的失当之处是每一较高阶段并非真的凌驾于较低阶段之上，而是在自身的存在中包含着后者，就像是细胞包含着分子、分子又包含着原子，正如我刚才所说，它是一个嵌套的层次系统（holarchy）。不过我还是常常用梯子作比喻，以特别强调成长涉及的不同阶段。

例如，在发展中，形象、符号、概念、规则等等依次出现（参见图5—2，图5—3，图9—1），不可逆转。任何社会影响也不能改变这一次序，我们也不曾发现能够改变它的社会。它是分层次的，跨越文化，没有例外。正如你必须在造句之前先有词汇，写成段落之前先有句子，就这样，这些基本的子系统形成于其前辈之上又将它们包含在内，正因如此，次序是不可逆的：较高的横档寄身于较低的之上，这是用梯子做比喻的部分妙处。

自我：攀登者

问：所以说，那些阶段就是意识之梯或者意识等级的基本横档。

肯·威尔伯：是的，但那还不是行动过程的真正所在。即使我们粗略地把基本结构的发展画作梯子，真正的行动过程还需要攀登者的参与。攀登者就是自我（self），有时称作自我系统（客观来讲，用“它语言”来表示，它是自我系统；主观来讲，它是一个人，是一个自我，是自我感。我两者都用）。

问：那么，自我或自我系统有自己的特征吗？

肯·威尔伯：有，自我即攀登者有着梯子所不具备的显著特点和功能。因为梯子根本上是无我的，它的每个横档上都没有内在的自我感。但自我占据了横档，并与之同一，从而产生多种自我身份或自我成长的阶段，直到彻底的虚空中从梯上跌落——这在刚才已经讲到，关键是梯子与攀登者完全是两码事。

我在《意识的转变》（*Transformations of Consciousness*）一书中，列出了自我的如下特点：同一、组织、意志或注意、防御、代谢和引导（navigation）。

这里不需要对它们深入探讨，但我想以“引导”为例，请你注意这么一种情况，“引导”包含着四种驱力，即代理、共享、自我超越和自我退化，这四种“内驱力”又被包括在自我子系统内的所有子系统所拥有。在自我成长、发展的每一个横档上，它对自我发展的道路都有这四种基本选择。任何一种内驱力过大或过强，都会导致病患，而病变的类型由其（发生时）所处的基本横档决定。

问：那么在自我克服或攀登这些基本横档时，任何横档或阶段都可能出现问题。

肯·威尔伯：对了，自我可能正在攀登意识扩展之梯，但问题是它在任一横档上都可能丢失一只胳膊或一条腿。

如果在发展的不同阶段上出现了问题，自我的某些方面就可能被破坏或“丢弃”。所谓的“被丢弃”就是压抑、分裂或者疏离。自我可能在任何阶段失去一只胳膊或一条腿，这一损失会导致所处阶段特有的病变。

所以，从精神病、边缘人格、神经症、实存类疾病、灵性阶段疾病，在不同的阶段我们能见到不同的病变。

过一会儿，我将举几个相关的例子。现在的问题是，基本的结构在成长和发展，而自我必须实实在在地与之交涉，实实在在地攀登意识发展的横档，而且在任一横档上都可能跨错一步并严重受伤。

支点

问：你把每一步都称为一个支点？

肯·威尔伯：是的，这是建立在由玛格丽特·马赫勒（Margaret Mahler）、奥托·科思伯格（Otto Kernberg）、亨兹·高赫（Heinz Kohut）、格特鲁德·布兰克（Gertrude Blanck）以及罗伯特·布兰克（Robert Blanck）这样的理论家和临床专家形成的非常重要的研究方法之上的，也可以说包括了荣格在个性化方面的开创性工作。支点仅仅说明在人类成长和发育过程中分化和整合的重大步骤。

尤吉·伯拉（Yogi Berra）有句妙语："当你走到岔路口上时，走下去。"好吧，一个支点就是发展之路的一个极重要的岔路口，自我必须认真对待。在任何情况下，处理得怎么样，都会决定它随后的命运。

问：那么九个基本结构是不是表示存在着九个相应的支点或梯级？

肯·威尔伯：是的。自我必须一步步去攀登基本之梯的每个横档，该梯级就是该阶段的支点。

所以每个支点都有一个1—2—3结构。第一步，自我成长发展，或说攀登到了意识的新水平，它与那一水平打成一片，成为一体。第二步，它开始越过那一水平，与其分化、背离，或者将其超越。第三步，它又与新的更高水平打成一片，并安身于那里。新的横档实际上依存于先前的横档，所以它们必须被包含和整合于整个扩展中，这种整合和包含就是某一具体支点的第三和最后子阶段（参照图9—2）。

这样，你就能记住每个支点，因为它们都拥有同样的1—2—3结构：认同、背离、整合；或者说融合、分化、整合；或者说安置、超越、涵括。

梯子	攀登者	观念
觉识的基本横档	基本横档的攀登者	每个阶段上的自我或其他
一旦出现它们便作为	攀登中的每一级阶梯	变化着的观念，
意识的基本砌块	都是一个支点，拥有1—2—3结构：	包含不同的：
或子系统而存在下去。	（1）融合/趋同	自我同一性
	（2）差异/超越	自我需要
	（3）整合/包含	道德感

图9—2　梯子　攀登者　观念

如果任何横档上的1—2—3过程出了问题，你都可能伤筋动骨，而伤疤的机理取决于当时的世界之貌。总的来说，横档越低，病情越重。

新世界的出现：变化着的观念

问：那么，我们就有了梯子和它的基本横档，有了自我或者攀登者，以及它的支点和由此产生的不同观念。

肯·威尔伯：是的，在发展的每个阶段都会产生一种不同的世界景观——关于自我以及其他的不同观点。在发展的不同横档上，世界看起来并不一样（实际上也不一样）。我们时常可以看到，随着意识的发展，不同的空间、不同的世界在不断形成，没有一个预先给定的只被一种方式反映的世界。

这里我想特别强调一下，在不同的横档上，你会获得不同类型的自我特点、自我需要和道德态度（见图9—3）。这都是在不同横档上展开的不同世界的不同方面，或者说意识的不同空间。

当然那只是一个口头简介。梯子和意识的基本横档，攀登者及其支点，不同横档上的不同世界观。即：梯子，攀登者，观念。

问：请举例说明。

肯·威尔伯：这种意识发展模型建立于大约六七十位东、西方理论家的工作之上。图9—3提出了其中三位，即亚伯拉罕·马斯洛（Abraham Maslow）、简·洛文格（Jane Loevinger）和劳伦斯·科尔伯格。以他们为例只是因为他们广为人知。

问：那么，请你详细阐释一下。让我们以规则/角色心智为例，请你谈一下它在各栏中的相应情况。

肯·威尔伯：规则/角色心智是在七岁左右开始发展的一种能力。这是一种形成复杂的心理规则和接受社会角色的能力。这时，儿童开始明白自己不只是具有冲动和欲望的身体，而且是存在于社会中的社会个体，他（她）必须适应这些社会文化角色，这是一个艰难而痛苦的时期。

梯子	攀登者	观念			
基本结构		马斯洛(自我需要)	洛文格(自我感)		科尔伯格(道德感)
感觉—身体阶段	支点1	生理需要	自闭阶段		
幻想—情绪阶段	支点2		连体共生阶段	(前道德阶段)	0.魔幻愿望
			冲动出现		1.惩罚/顺从
表征—心智阶段	支点3	安全需要	冲动阶段	Ⅰ前习俗阶段	2.朴素享乐主义
			自我保护		3.他人认可
规则/角色心智阶段	支点4	归属需要	顺应	Ⅱ习俗阶段	4.法律秩序 5.个人权力
			有内在原则的顺应		6.个人良心的原则
形成—反思阶段	支点5	自尊需要	有内在的原则	Ⅲ后习俗阶段	
			个人主义		
洞察力—逻辑阶段	支点6	自我实现需要	自主性		科氏认为还应有更高的一个阶段：
			整合		7.普遍的灵性阶段
心灵阶段	支点7	自我超越需要			
奥妙阶段	支点8	自我超越需要			
原因阶段	支点9	自我超越需要			

图9—3 "梯子，攀登者，观念"示例

这个例子运作如下。当基本结构中的规则/角色心智出现后，儿童的自我将面对新的意识横档。那么，它必须通过达到意识新水平的1—2—3过程，和那个水平上的支点交涉，先要踏上横档，认同横档，认同遵奉规则和角色的能力，换句话说，即与规则/角色心智同一（这就是支点的第一阶段）。那么，这里的自我即规则/角色之自我，这是它的主要特点和基本的自我感。所以，你可以看到在洛文格一栏中，这个阶段的自我感是遵从感，同样，在马斯洛一栏中，这个阶段的基本需要是归属需要，而在科尔伯格一栏中，这个阶段的道德感集中于遵从习俗地接受他人。

问：这便横跨了梯子、攀登者、观念。

肯·威尔伯：基本上是。不过非常简化了，希望你能理解，但那是总的观点。

问：如果继续下去呢？

肯·威尔伯：如果继续发展，自我会最终超越那些观念，再次扩展其觉知。为此，自我必须离开现在的横档，脱离它，或超越它，这就是支点的第二阶段——分化或超越，然后，自我认同下个更高的横档，这就是第三阶段。于是，我们到达了新的支点，同样，我们还会离开，直到发展终止。

问：改变着的观念又怎么样呢？是不是总的来说也呈阶段性？洛文格、科尔伯格和马斯洛都提出了阶段。

肯·威尔伯：对，不过从一个很普遍的意义上来说，这也使很多评论家困惑不解。所有的发展论者，包括科尔伯格（Kohlberg）、卡罗尔·吉利根（Carol Gilligan）、亨兹·沃纳（Heinz Werner）、让·皮亚杰（Jean Piaget）、R. 佩克（R. Peck）、哈贝马斯（Habermas）、罗伯特·塞尔曼（Robert Selman）、埃里克·埃里克森（Erik Erikson）、J. M. 巴尔德温（J. M. Baldwin）、西尔瓦诺·阿里厄蒂（Silvano Arieti），甚至包括从普罗提诺（Plotinus）、莲花生大士（Padmasambhava）、智凯（Chih-i）到法藏（Fa-tsang）的沉思传统，都开列了一个阶梯状甚至梯子状的单子、一个成长和发展的层次系统。因为梯子状的层次系统符合他们的资料。这些经验的、现象学的和解释性的证据以及大量的研究资料导致了阶段的论点。这些人并不是在生拉硬扯，因为他们喜欢梯子。

但是，关于这些层次系统还有重要的一点，即使在像科尔伯格理论那样的重要说法中，他们也认为，在发展的任一点上，自我都把50%的反应分配给其所在层次，25%给上一层次，25%给下一层次。自我绝不会只“存在”于一个阶段。何况还有各种回归、螺旋上升、暂时飞跃、高峰体验之类的情况呢。

问：所以它不过是一个平均值。

肯·威尔伯：对，这有点像我们刚才所谈的文化——它们有一个平均重心，有些成员在此之上或之下。

同样，自我系统也有自己的重心，这就是说，它的有些内在成分在它的平均值之上或之下。或者说，与其说爬梯者是一个不连贯的整体，不如说是一滴水在沿着意识扩展的球体缓慢移动。

病理学

问：你说过自我可能在任何横档上受到伤害而缺胳膊少腿。

肯·威尔伯：对，攀登者的某些方面会在较低的横档上滞留，就像从主要水滴上分离出来的小水滴会停留在较低阶段。

问：这就是压抑。

肯·威尔伯：大体上可以这么说。我们且以道德阶段为例。

从图9—3你可以看到，道德发展的最初阶段是以私我为中心的、自恋的、唯我倾向的，倾向于非常冲动、贪求享乐。这就是科尔伯格所说的前习俗阶段。中间的阶段称作习俗阶段，因为正如我们看到的，它们倾向于非常顺从——我们的国家无论是对还是错。高级阶段叫做后习俗阶段，因为它们开始超越习俗或遵奉模式，而集中于普遍多元主义和个人权力上。再往上则是后后习俗阶段，或者灵性阶段，我们一会儿将谈到。

出于某些原因，在初期阶段可能会重复遭受严重的创伤，例如在前习俗阶段，在人生最初的三四年里，那会发生什么呢？

此时，自我的重心在前习俗的冲动阶段，所以冲动自我（impulsive self）的不同方面会被割开、分裂，如果这种分裂极为严重，自我发展会骤然停止。更多的情况下，自我还会蹒跚前行，分裂依然继续。于是，自我尽管受到了伤害，步履蹒跚，但还会继续发展，继续攀登意识扩展的基本结构，它也许会血流满地，却不会停止攀登。

但是，冲动自我的某一方面还是被割掉、被分裂了。被割掉的方面便停止了攀升，不再成长发展。更准确地说，它在地下层建起了店铺。在这个例子中，分裂出现于第一阶段，所以这个方面拥有着第一阶段的世界观。即使自我的其他方面继续成长发展，它依旧停留在道德感的第一阶段，所以是完全自恋、以私我为中心、专注于自我的，总的说来易于冲动，并继续用它在最初或原始阶段里能得到的范畴来解释世界。

当自我的主体水滴在梯子上附着上升时，这个小水滴却落在了后面，用神经症甚至精神症的症状破坏着自我的主要部分（main self）。总水滴正在获得更高更广的世界观，小水滴却仅仅效忠于唯我而自恋的原始世界观和前习俗阶段的冲动和需要。

处于道德感的第三或第四、第五阶段的总水滴与处于第一阶段的小水滴之间的内部斗争可能是毁灭性的。这不是外部斗争，而是内战，也就是病变。

我们可以看到，我们在发展中要做的一件事情就是帮助终止内战。

灵性展开的阶段

问：这是不是说在展开更高的阶段或灵性阶段前，一个人必须与所有较低的水平交涉（negotiate）？例如，在到达第六阶段前还要与第一阶段交涉？

肯·威尔伯：一个人几乎在自己成长的每一个阶段都可以拥有灵性体验——高峰体验。从最低到最高的基本结构是个人存在的结构性潜力。在狂喜、性爱或紧张的时刻，在梦幻般的沉思中，在药力作用下，甚至在精神病的发作中，你都可能进入更高的状态。

那么会发生什么呢？例如一个正处于科尔伯格的第三道德阶段的人，正在体验某种来自于奥妙层次的现象，或许是一种强烈的内在幻想。这可以深刻地改变一个人的人生，并为他打开新的世界、新的时空或新的意识模式。

这很可能会导致一次意识领域真正的转变、成长和发展。如果给这个人做一个道德阶段的测验的话，你可能发现他真的从第三阶段转移到了第四阶段，除此之外，不会是别的。这些阶段不可避开，就像不能避开分子而从原子直接到达细胞。所以一个经历了深刻灵性体验的人可能从其所处的第三道德阶段被推送到下一阶段——第四阶段，而绝不可能从第三阶段直接到达第七阶段。

发展真正的灵性阶段、超个人阶段（科尔伯格所说的第七阶段）依赖先前的第六到第一阶段的发展。每一阶段都会为第七阶段的显现提供绝对必要的东西。尽管一个人可以拥有更高空间的高峰体验，但他的自我还必须继续成长、发展、进化，以与更高或更深的空间长远适应。

问：你引用过奥罗宾多的一句话："灵性的进化遵循连续展开的逻辑；只有当以前的主要步骤被充分完成了，它才会进行下一个决定性的主要步骤，即使某些不重要的阶段可以通过急骤的上升而吞没和跨越，意识还必须回过头去以确信越过的地段已经与新的条件安全合并；更快而集中的发展速度并不能消灭步骤本身和连续攀升的必要性。"

肯·威尔伯：对。后人本心理学领域在发展初期的一个重大问题就是倾向于集中研究高峰体验。你有自我，它很坏；你还有自我之外的东西，它们很好。其实这种观点常常把不是私我的任何事物看作上帝。于是：你有私我，很糟糕；无私我，很好！

这样，你便发现了这种一步式的转变模式：从分歧的、分析的、理性而使人不愉快的私我，直接转变到广大自由的宇宙上帝意识。放弃了私我，你就拥有了上帝。不是私我的任何东西，绝对都是上帝。

当然，我们现在知道很多非私我的状态实际上一团糟，它们是前私我、前理性和前个人的梦魇。所以，很多推介非私我的理论其实是在推介回归，而不是超越。在标准的"前/超"的谬误中，仅仅因为前私我

(pre-ego) 与超私我 (trans-ego) 都是非私我 (non-ego)，便把二者混为一谈。

现在，一步式转变的天真的概念与一种纯粹的平地世界观串联在了一起，所以“宇宙意识”仅仅意味着从使人不愉快的牛顿主义的私我转变成新物理学的、生命之网的、与盖亚一体的自我。我们与平地联为一体，于是我们开悟了，地球得救了。

可是，事实远非如此简单。我们无法通过一个量子飞跃从一粒橡籽变成一座森林。包括人类在内，一切生长都是分阶段的。我概括性地列出了其中的九个基本阶段，它们是建立在经验的、现象学的、解释的、思考的、跨文化的大量证据之上的。我们仍然在提炼这些阶段，很多问题有待回答。但是，那种“一步式”转变模式实在是幼稚得无可救药。

所以尽管人们可以拥有灵性体验和高峰体验，但他们还必须在自己的结构中保留这些体验，还必须成长发展到能够与高峰体验提供的深度相适应的程度，如果他们想与森林成为一体，还必须先从橡籽长成橡树。

平地宗教

问：所以“高峰体验” (peak experience) 可以说是一种“一瞥”体验 (peek experience)。对你可能无法把握的维度和空间，你得以瞥上一眼。

肯·威尔伯：对。这里有一个真正更具破坏性的相关难题。梯子可以在自我愿意攀登前得到发展，从专业上说，对于道德感的发展而言，认知发展是必要的，但并非足够。

这就意味着，例如，我们都知道如下的情况，一个人可以达到第五水平的理性，在智力上令人难以置信地超前，而在道德上却停留在第一阶段。一个很聪明的纳粹，基本上就是这种情况。对于那些专注于较低横档的人来说，梯子要高得多。涉足更高的结构是一回事，真正生活在那里却是截然不同的另一回事！

同样的事情可以发生在灵性体验上。人们可以暂时到达梯子或觉知圈的很高的层级，却拒绝真正生活在那些水平上——他们不愿真正攀升到那里。他们的重心依然很低，甚至还降低了。

如果他们想不辜负自己的灵性体验，就必须成长发展。他们必须启动发展，扩展层次，在意识范围的扩展中真正居留。他们的重心必须移动、转变到更深或更高的意识范围，仅仅在理论闲谈和空谈式的宗教中将它们理想化并非好事。

所以，你可以拥有一次强烈的高峰体验或者开悟。但是几天、几周、几月之后，你又在何处保留它呢？这次体验又怎么样了呢？它在何处居留？你的真实的自我、你的重心，只有依照它自己的结构、能力、成长阶段才能与之适应。灵性体验不会容许你简单地绕过持久的灵性实现本身所依赖的成长、发展。正如奥罗宾多所说，进化可以加快，却不能从根本上跨越。

问：在“新范式”圈子里对这种阶段论有对抗吧？

肯·威尔伯：对，这就好像是对等级和层次的对抗一样。有些反对是真诚的、善意的，我们会予以考虑。但是要想否认阶段与层次，你就必须推翻支持层次发展的大量证据，这种否认需要一种富有进攻性的理论来解释为什么研究者会不断地从跨文化研究中发现它的存在。对此，我还没有发现任何成功的尝试。

但有些对抗是出于不太真诚的原因。很多美国人不喜欢任何关于阶段的想法，因为在美国，我们不喜欢深度、等级的概念。我们是平地的活生生的体现。想到某人或某处可能比自己更高、更深，这是让人难以忍受的。

所以，我们偏爱可以接受我们所处的任何水平的“灵性”，不管多么平庸，只要能提供可以使我们像接近微波炉一样直接接近上帝的“一步式”过程。私我依然是个坏家伙，“上帝”或“女神”仅仅意味着像曼陀罗一样可以记住和重复的新的概念性观点或程序。描摹者学习着新描摹图，这就是所谓的转变了。在一个平地世界里，你需要一个平地上帝。

于是，各种各样的平地范式被轻率地接受，只因为它们不要求真正的转变，只须一步到位地学会新范式，如同在一处买全所有要买的东西。只要重复申明自己乃是巨网中的一缕丝，就会万事大吉。于是你便气势汹汹地否认任何高级阶段的存在。

就这样，你的拯救意味着你表现出来的拥抱平地的热情程度。你便有了一个否认层次的层次，你对这一粗劣的自我矛盾之物却亲热有加。你的“深度”只意味着你否认深度的程度。你攻击任何关于阶段的概念，这并非偶然，而是因为较高阶段的存在可能会将你置于低处，于是你气势汹汹地否认一切等级，同时为单色的噩梦高唱赞歌。

问：我时常会遇到反等级的偏见，它们非常好斗。

肯·威尔伯：如同所有的通俗宗教，平地宗教有一个上帝、一个魔鬼。如果把上帝定义为平地的、非层次的，那么层次就必然成了新的魔鬼。和绝大部分原教旨主义宗教一样，这种宗教也有自己的审判者，他们真是些不开心的人。

弗洛伊德和佛陀

问：那么，假设这个意识确实存在，我们刚才谈到高级阶段会被低级阶段上的压抑破坏，这就是自身的内战。

肯·威尔伯：对，我这么认为。如果自身压抑或分裂了自己的某些方面，进化发展的潜力就会减少，这迟早会使发展停止。

这里我不是要简单地为之确定数目，只是把它作为一个粗略的例子，例如，一个人在出生时拥有100个潜力单位，在早期的生长中，他把一小部分（blob），例如10个单位，滞留在了第一道德阶段，当他到达道德第二阶段时就还剩下90个单位。

于是，自我好像还剩90%，意识的10%滞留在了道德的第一阶段，滞留在了地下层的无意识之团中，并力图用意识的10%使整个机体依照它的初始愿望、冲动和表现去行动。

在生长发育的继续进行中，诸如此类的事情不断发生。关键是当自我到达成人期时，可能已失去了40%的潜力，如同被割裂后分裂出去的小自我、小水滴、隐匿的小主体，这些小主体将滞留在被割裂时的发展水平上。

于是，这些小野蛮人在底层里到处乱跑，冲动地要求被喂养、被照料，要求成为宇宙的中心，一旦没有了吃的便会变得非常讨厌。它们尖叫着、呐喊着。但是由于你甚至无法意识到它们的存在，你把这种内在的骚乱解释为沮丧、着魔、焦虑或任何一种完全令人困扰的神经症症状。

问：所以这也会破坏更高的成长。

肯·威尔伯：对，关键是这些分裂出去的自我——这些死抱着低级世界观的隐藏着的小主体，将占去你的部分能量。它们不但自己占用能量，你对它们的防御也会占用能量。很快，你就会精疲力竭。

是的，这很可能会破坏更高的或者后人本的发展。例如你需要 65 个单位，才能达到心灵的（psychic）或奥妙的（subtle）水平，如果只有 60 个单位的话，就不可能达到。从广义上说，这就是我们想把弗洛伊德和佛陀结合起来，把较低的“深度心理学”与“高度心理学”结合起来的原因。

其实我们正面临着人类进化的绝佳时机，因为有史以来我们第一次可以同时走近弗洛伊德和佛陀。现代西方对于心理动力无意识的整个概念的深刻发现，举世无双，可以把它与东西方神秘的静修传统结合起来，从而找到更加“全谱”的方式。

问：把弗洛伊德和佛陀统一起来的关键问题是：如果有 40 个单位滞留在了地下层，一般而言，你就没法到达高级阶段。

肯·威尔伯：一般而言，如果你不喜欢弗洛伊德，要接近佛陀也就难多了。

那么，我们该如何处理“深度”心理学呢？其实，这个名称并不对，它应该被称作肤浅心理学，因为它实际上研究的是最低的、最浅的水平，正因为这样，他们狭隘而自恋的观点才会如此有害。

但问题的关键是，通过“深度”心理学，我们可以与这些较低的子系统重新建立联系，并把它们显露于意识之中，从而把它们从束缚、分裂中解脱出来，重新加入到意识进化的行列中去。它们或许就能和序列同步，而不再从意识的底层进行反向的、反动的、反进化的捣乱。它们可以和主体自我重新整合，那么，主体自我现在就可能拥有了七八十个潜力单位可供应用，用这些能量它就能成长到超个人阶段。

果真如此，后人本的成长就能拥有强大的力量，然后，在某一点上，你不但会爬上梯子，还会从上面下来。正如禅宗所说，在百尺竿头，你还要更上一步，那么你该如何从百尺高竿上下来呢？当你又踏上一步后，你又在何处呢？

当你完全脱离了梯子时，你就会在虚空中自由下落。里面与外面，主观与客观都失去了任何终极意义。你不再站在这里坐看外面的世界变幻。你不再是大宇宙的旁观者，你就是大宇宙。一味的（one taste）宇宙在宣示着自己，光明正大，灿烂清净，内外无别，一种伟大完美的永恒姿态。所见所闻都是神圣的闪光，而你就正是那一切，太阳不是在你头上发光，而是在你体内发光，星汉灿烂在你心中生生灭灭。在辉煌的空的面容上，时空如同闪光的影像在跳舞，整个宇宙失去了重量。你可以一口气喝掉银河，也可以把盖亚置于掌中并为之赐福，世界间万物都如此普通平常，于是，你忘记了世界的存在。

第十章　走向全球意识（之一）

问：我们经常听说“全球观念”或“全球意识”——从全球的角度去思考、去行动。绝大部分“新范式”方法都强调说我们生活在地球村里，生活在地球网络中，我们需要一个系统的全球地图来反映全球的情况。

肯·威尔伯：全球地图是一回事，完成它的描摹则是另一回事。

全球观念并不是先天的，婴儿不会一生下来就有全球观念。原始人类不会有这种观念。这是一种罕见的、优异的、卓越的和深刻的观念，相对而言，没有几个人能够真正达到那个深度（因为深度越大、广度就越小）。只有通过理解全球意识的出现和演变，我们才能真正开始实行“新范式”，如果大家喜欢的话。

但是，在全球或系统地图里，绝对看不出描摹者的这种内部发展是如何发生的，而这却是至关重要的。所以“新范式”的伙计们亮出的全球或系统地图实在是用处不大——那只是右边象限的地图，真正关键的却是左边的发展：如何才能够使个人发展到那个关键点，从而真正把全球意识置于首位呢？

于是，当大精神开始认出自己的全球空间，灵性的或后人本的状态就真正出现了，它来自内部，并且超越了全球观念。

问：这正是我想探讨的。我们刚才用梯子攀登者、观念这些抽象的术语讨论过这个问题。但是我想了解一些全球化发展和成长为全球我（global I）的实例。让我们攀登整个梯子，从头开始好吗？

最初的模型

肯·威尔伯：现在，我们把出生作为起点。刚出生的婴儿从根本上看是一个感觉运动机体，一个包含着细胞、分子、原子的全子，它超越、包含着子全子。

但婴儿不具备语言、逻辑和叙述的能力。它不能掌握历史时间并在内部的心理空间为自己定位。它基本上趋同于感觉身体区域或图 9—1 的第一阶段。正如皮亚杰指出：“可以说，在这里自我（self）是物质的。”

当然，自我并非真正只是物质的，但它仍然主要定位于最低级、最基本的区域——物质的和感觉运动的。确实，自我与感觉运动的世界大体上是同一的，所以它甚至分不清里面与外面。物质的自我与物质的世界互相融合，未加区分。婴儿不知道里面与外面有什么不同，椅子与拇指有什么两样。

这种早期的融合状态常常被称作“初始模型”（primary matrix）。因为这种基本模型将在以后的发展中被分化，它也常常被说成最初的个人中心、最初的自恋、海洋性的原生质、不二的、未分裂的等等。

我们已经看到每一个支点都是一个 1—2—3 过程：自我首先与某一横档认同、融合，然后又从中分化而超越它，最后又将其整合和包含。

那么，最初的模型只是第一支点的第一阶段。自我融合于感觉运动的世界，不论内部的还是外部的。

问：这种原始融合是不是超越了主观和客观的二元性？

肯·威尔伯：不，没有超越。很多浪漫主义者喜欢把原始的融合状态看作宇宙意识、神秘的统一意识、不二性的等某种程度上的预示，但是它并没有超越主观和客观，它根本不知道它们之间究竟有什么区别。这是最初的自恋，自闭的（autistic）自我吞没了物质世界——婴儿全身都是嘴，世界就是食物，这是一个物质问题。

在这种状态下，没有任何特别灵性的事情，它不能接受别人的角色，它局限在自己以自我为中心的轨道上，缺乏主体之间的爱和慈悲。由于它分不清物质内在和物质外在的差别，这种融合状态很“宽”却极“浅”。在横向上，没有什么东西会妨碍它，但在纵向上，它却被束缚在了底层。平地理论家集中注意的是平面的扩展——主观与客观是一体的，但却完全忽视了关键的因素——垂直的扩展根本没有，所以这种状态不是更自由，而是更不自由。这是你能想象到的最肤浅、最狭窄的意识。

最后，这种原始的融合状态无法接受别人的角色，就是说，它没有体味别人的处境，没有通过别人的眼睛看世界的认知能力，它局限于感觉运动区域的直接印象，极度自恋。所以表现不出任何类似真爱的东西，因为只有当一个人真正理解了他人的观念甚至愿意把它置于自己之上时，才能做到真正的爱他人。因此这里不存在慈悲、真诚的爱、忍让、仁慈和利他主义。

所以，从很多意义上说，这种融合状态与真正的灵性的意识、慈悲以及爱完全对立。但有些理论家们仍对这种极度自恋和缺乏爱与慈悲的状态赞赏有加，令人吃惊地把它视为天堂的预示。我想他们在这种强烈的自恋中发现了能够肯定他们的强烈偏好的东西，我认为，这是这个时代的一个标记。

出生的创伤

问：那么，出生前的子宫内状态是什么样呢？有没有包含在你的模式里？

肯·威尔伯：关于子宫内状态和出生创伤的证据非常矛盾。但我觉得其中有些还是合理的，所以我把这些甚至更早的发展称作 0 支点(fulcrum-0)。

同全部支点一样，它拥有基本的 1—2—3 结构——先是与子宫的最初融合，然后是分化的痛苦过程（真正的出生创伤），之后是作为一个分化机体的合并和整合（出生后）。这时，婴儿自我开始了第 1 支点，与内在和外在的物质世界融为一体。

斯坦·格罗夫（Stan Grof）曾经广泛地论述了出生过程的这些亚阶段，他称之为基本围产期模型。斯坦·格罗夫的研究表明，任何亚阶段的创伤都会导致病变复合体。相反，在强大的压力下或由于某种治疗和药物，自我会倒退到这一支点并重新经历不同的亚阶段和创伤，从而减轻病状。斯坦·格罗夫的证据非常具有启发性，如果你对这一领域感兴趣的话，我非常希望你从他那里入手。

假自我

问：那么，出生过程中的一次创痛会形成病变综合体，影响随后的发展。

肯·威尔伯：对，但那只是一种更普遍现象的一个例子，即任何支点上的创伤都会形成能“感染”以后发展的病变综合体。正如我们刚才所说的，在差不多9个支点上，自我都有可能迈错一步，由此产生的病变类型取决于事故是在哪个横档上发生的。

问：怎么会这样?

肯·威尔伯：自我在攀升意识扩展的新横档时，都会遇到一个1—2—3过程。在其中的任一亚阶段上，都可能出问题，不论是融合阶段、分化阶段，还是整合阶段。自我可能在融合阶段上停留——被束缚在那个阶段上，这样我们便有了一种固着，一种第一亚阶段难题。或者，自我会在支点的第二阶段即分化阶段上失败，没能完全而清晰地使自己分化也就不能建立可靠的界限。或者自我会在支点的第三阶段即整合阶段上失败，无法整合并包含生前的阶段，而是疏离、分裂和压抑它。不是超越和包含，而是分裂和压抑。

一旦事故发生，即一旦在任何层次上出现了“亚阶段畸形”，这种病变将会在意识中形成伤口，从而感染、扭曲随后的发展。像是发育着的贝壳中的一粒沙子，畸形使随后形成的各层“起皱”、扭曲、变形。

问：攀登者便失去了一只胳膊或一条腿。

肯·威尔伯：对，自己的某些方面自我不再拥有、接受和承认。它开始躲着自己。用另一种说法，自我开始对自己说谎。假自我系统开始在真自我上成长，无时不在的自我现在被否认、扭曲和压抑了。压抑从根本上说就是对你的精神世界不真诚。

于是，个人的无意识开始了自己的行程。无意识在一定程度上就是自我谎言的所在地。正如我们刚才所说，意识的某些方面被割离——“小的水滴”、小的自我、小的主体被赶入地下的黑暗之中。这些小水滴依然停留在它们被割离和否认时的发展水平上，停止了生长，继续融合于被压抑时所处的水平。它们躲在地下室里，谎言看守着地下室的门。

于是，潜能中被分裂封锁起来的方面开始消耗你的能量和意识。它们是一种内耗，是本应在成长中摆脱掉的过去的累赘（破坏着进一步的成长发展）。它们反而被谎言保护、包庇，继续从事恐怖活动。

问：而治疗会对谎言或不忠予以解决。

肯·威尔伯：解析性治疗，从弗洛伊德派、荣格派、格式塔派到认知派，都是从谎言着手，是的，通过我们已经讨论过的各种方式（见第七章）。

问：当我们探讨意识发展的各个阶段时，我们想找出那些支点上任何有害之处，因为正是它们妨碍了全球意识的出现，对吗？

肯·威尔伯：是的，这正是关键所在。

支点 1：肉体自我的孵化

问：刚才我们在第 1 支点上中断了发展的故事。

肯·威尔伯：对，这时自我融合在感觉运动的世界里，这是最初的融合状态和最初的自恋。自我的本体是物质中心的，与物质领域和生理圈相融合。

但是大约四个月时，婴儿开始区分体内的身体感觉与对环境的感觉。当他咬毯子时感觉不到疼痛，而咬自己的拇指时就会感觉到，于是他明白毯子与拇指是不一样的。这便开始了第 1 支点的分化阶段，这一阶段通常在一周岁内的某一时间完成，据这一研究领域的先锋玛格丽特·马赫勒所说，通常在 5～9 月左右。

她把这个时期称作“孵化”阶段，肉体的自我从最初的融合模型（具）中“孵化”出来（或者说，这一孵化是第 1 支点的第二阶段）。这一孵化可以说才是肉体自我的真正诞生。

梅拉妮·克莱因（Melanie Klein）以及伊迪思·雅各布森（Edith Jacobson）、勒内·斯皮茨（René Spitz）都对分化的最初阶段非常感兴趣，更不用说玛格丽特·马赫勒了。女性似乎对人类早期的发育感觉特别敏锐，是不是很有趣？

不管怎么说，这一孵化是肉体自我的真正诞生。如果自我在这次分化中失败，如果它继续与最初的模型融合并滞留其中，它就不能说出自己的身体在何处停留、椅子在何处出现，它对于所谓的离二元性（adualism）是开放的，这是精神病的一个最初特征。所以，研究一贯表明，很多真正严重的病变，如精神病、精神分裂症、严重的情感性精神病，它们的部分病因与这个早期支点即第1支点，大有关系。现在我们开始看到一种病变与产生分裂的层次密不可分。

问：其中一些病变列在了图10—1中。

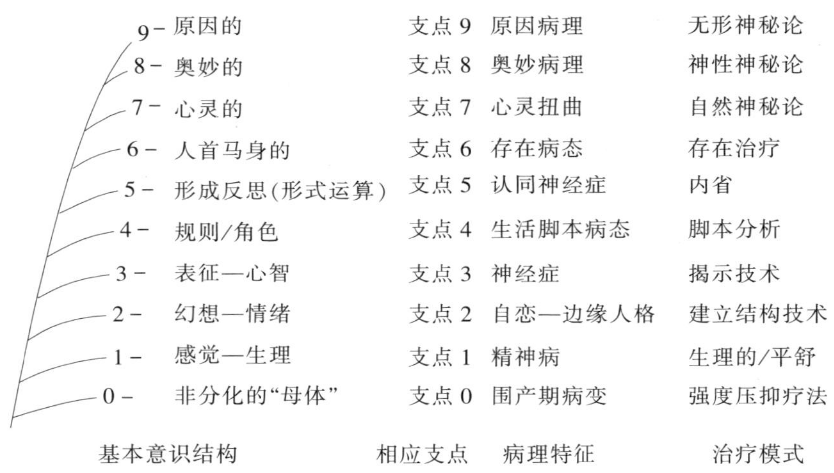

图10—1　意识结构与相关的支点病理和治疗

肯·威尔伯：对。精神病会严重扭曲现实，尤其表现为离二元性，或者甚至不能建立自我的肉体界限（第1支点），常常出现幻觉的原始加工形象和思想；自恋的参照错觉；意识不能置于肉体之内；对自我与他人的思想混乱不清，等等。也可能出现奥妙或超个人意识的汇流，但是非常罕见，并且往往也被严重扭曲了。

支点2：情绪自我的诞生

问：但是如果第1支点上的一切都正常呢？

肯·威尔伯：如果婴儿相对顺利地越过了第 1 支点，就会开始第 2 支点，即幻想—情绪支点。由于婴儿已经结束了第 1 支点，已经建立了它的肉体自我的现实界限，但还没有建立情绪自我的界限，所以它能把肉体自我从物质环境中区别出来，却还不能区别情绪自我和情绪环境。这意味着它的情绪自我仍然被周围的人们融合、同一，尤其是母亲（这是第 2 支点的最初融合阶段）。

正如最初的物质融合阶段，没有什么“深”或“深奥”的东西可言，情绪融合阶段也完全没有，尽管听起来妙不可言，像是“与世界完全一体”，但事实上，研究人员一致认为这一状态仍然极端地以自我为中心和自恋。正如马赫勒所说，这一阶段的自我“把世界看成它的独享之物”，正是由于婴儿无法把自我与周围的情绪与生命的世界区别开来，它把世界看作是自己的延伸，这正是自恋的技术性含义。

这种严重的自恋在这个阶段是正常的，而不是病态，这并不意味着婴儿只自私地考虑自己，恰恰相反，它还不能想到自己。它不能把自己与世界、与情绪的世界区别开来，所以它认为自己的感情就是世界的感情，它的愿望就是世界的愿望，它所看到的就是世界所看到的。它天真地玩着捉迷藏，认为如果它看不见你，你也就看不见它。它自己的观念在世间是独一无二的。

也就是说，自我在这里是一个纯粹生态的自我，一个生物圈的自我，一个力比多的自我，一个自然冲动的自我。它与内在和外在的全部生命情绪的存在领域同一、融合，被自己充满活力的生命之流推动着、牵拉着，没有把自己与生态的存在之流相区别。它的本体是生物中心和自我中心，与内在和外在的生物圈融合。

正是因为它深植于自然、生物圈、冲动和生命—情绪圈，它无法超越这种“深植”，从而看到自己的观点并非唯一。生物中心即极端的自我中心，正如我们经常所见。它或许横向上会有所扩展，在纵向上却几乎没有什么深度，所以它才如此彻底的肤浅和自恋（尽管这一情感融合还能让很多浪漫主义者徒劳无获地寻求着某种“统一”）。

问：也就是说，这个阶段的自我没有牢固的情绪界限。

肯·威尔伯：对。从专业上看，我们说自我与客观表征仍然融合，这导致这个阶段上洋溢着如此普遍的“魔幻”和自恋的氛围。

但在14～25个月时，情绪自我把自己从情绪环境中分化出来。现在，有了马赫勒所谓的“婴儿的心理诞生”。在这一阶段，婴儿确实是作为一个独立的情绪和感情自我“降生”了（自我从第二支点上的最初融合阶段转变到了中间的分化阶段）。婴儿开始意识到自己是一个独立的世界里的一个独立的自我。这是遭遇了“可怕的二元”。

问：这与“孵化”就不一样了。

肯·威尔伯：对，第1支点是孵化或者肉体自我的诞生。第2支点是情绪自我的诞生。在第2支点上，一种真正的独立自我觉醒了，携带着欢乐与恐惧。

问：很多理论家把它看作疏离——一种真正深刻的疏离的开始，并称之为根本错误、根本过失、根本二元性、主客观的分裂、破碎意识的开始……

肯·威尔伯：噢，是的，我知道。人们对原有的情绪融合的分化和“丧失”有非常多的阐释，以为这是从原始乐园的放逐，巨大疏离的发端，人类悲剧的开始，失乐园的开端。我想也是造成蚀牙的原因，但我不敢确定。

根本的问题是绝大部分理论家简单地把分化与分裂混为一谈。分化是演变中生长发育绝对不可少、不可避免的部分，对应着更高层次的整合。这些理论家都并不把任何分化看作更高整合的序曲，而看成是原有美妙和谐的粗暴断裂，就像是把橡树看作是对橡籽莫名其妙的可怕毁坏一样。

于是，他们依恋地回望着分化前作为美妙橡籽时的时光，为乐园的失去捶胸顿足、哀叹不已。他们把最初的分化缺失戏剧般地过分理想化。不能仅仅因为我意识不到痛苦就断言精神的极乐肯定存在。意识的缺失并不意味着乐园的存在。

问：但浪漫主义者都对这种早期的分化缺失另有别论。他们赋予它很多好处，难怪会为了融合的失去感伤不已。

肯·威尔伯：对，他们把融合与自由混为一谈。其实恰恰相反，融合就是监禁，你被还没有超越的所有东西统治着。但是当然，这种超越性成长是艰难、危险而痛苦的过程。

这个赫然在目的世界是一个野蛮的地方，人一旦意识到这一点，便要遭受痛苦。这个明了的世界，这个轮回的世界是一个遥远而又使人疏远的地方。当婴儿开始模糊地意识到这一点后，它就会遭受可怕的痛苦。不过，这虽然痛苦，却是醒来了。

这就像冻伤一样。开始时你感觉不到，看起来一切都不错，你生活在没有痛苦的乐园里。尽管你受伤了，却并不知道。可是当创伤解冻后，感觉与情绪出现了，你就会遭受剧痛。这些理论家把“带来剧痛”与“导致伤病”混为一谈了。

不，第 2 支点仅仅是开始意识到轮回的伤痛。作为独立、敏感的情绪存在，你必然会遭受无常的风刀霜剑。你被搁置在充满苦难的世界和噩梦般的地狱里，你有两个且只有两个选择：撤回到先前的没有疏离感的融合状态、冻伤状态中，或者继续生长、超越，直到超越了意识觉醒中的疏离。

但是后浪漫主义理论家只是对先前的霜冻状态大加赞美，把它看作神圣觉醒的预示，看作一种无意识的天堂。但是，融合状态并非无意识天堂，而是无意识地狱。只是在第 2 支点上，地狱被意识到了，这是一个巨大进步。

问：尽管第 2 支点是一个很不快乐的发展。

肯·威尔伯：有苦有乐，是的。但是先前的状态是麻木，而不是不二性，是无知，而不是极乐。我的狗并没有把痛苦形之于外，但是它的解放并不是重新唤醒它的意识，也不是让它获得意识的所谓成熟形成。

不，当我们作为一个独立的情绪自我，带着由觉醒产生的全部欢乐与痛苦，我们便真的超越了先前的融合状态。我们在一定程度上觉醒了，我们获得了更大的深度、更多的意识，这有着内在的价值和作用。但是，和成长的所有阶段一样，意识的每一次增长也必须付出代价。这就是发展的辩证法。

问：如果第 2 支点上进展得相对顺利呢？

肯·威尔伯：好吧，我先谈一下如果在这个支点上进展得很糟糕的情况，即比这个支点上的通常的混乱状态还要差，自我就会要么继续融合于这个情绪上自恋的阶段（自恋人格疾病），要么虽已开始了分化过程却并不坚定，从而产生了某种分裂（界限疾病）。我们可以从高赫（Kohut）、马斯特森（Masterson）、科恩伯格（Kernberg）、马赫勒、斯通（Stone）和盖多（Gedo）等专家那里发现完全相同的这种基本划分和病因。

在另外的情况下，自我没有现实的情绪界限。在自恋和界限综合征中，自我会缺乏自我一致感，这也许是那些病变的主要的限定性特征。自我或者把世界看作自己的延伸（自恋），或者总是被世界侵害、折磨（界限症）。这一水平的病变称作临界症，因为它是精神病与神经症之间的界限。有时人们称之为“稳定的不稳定”。成长着的自我在第二个大岔路口上痛苦地跌了一跤。

支点 3：概念自我的诞生

问：但是如果第 2 支点上一切顺利呢？

肯·威尔伯：如果进展相对顺利的话，自我就不再仅仅同一于情绪水平，而是开始超越这一水平并认同智力与概念自我，从而开始了第 3 支点和表征心灵。

表征心灵与皮亚杰所说的前运算认知相似。我使用的表征心灵一词包含形象、符号和概念三个部分。例如图 5—3 所列。

形象在大约 7 个月时开始出现，内心的形象多少与它所表现的对象相像。如果你闭上眼睛想象一条狗的话，所得的影像会很像真狗。那就是形象。另一方面，一个符号虽然代表一个对象，却看起来和它完全不像，它是一种难得多的认知工作。符号“费多”可以代表我的狗，却看起来一点也不像我的狗。符号通常与“妈”或“爸爸”这样的词一起在第二年出现，并发展迅速。从第二年到第四年，粗略地说，符号统治着意识。

那么概念何时出现呢？一个符号仅仅代表一个单独的对象，而概念却代表整个一群对象。“狗”这个词代表所有的狗，而不只是费多。这是一个更难的工作。概念从第四年到第七年统治着意识。当然，这都是基本结构，所以一旦它们在意识中出现，便会作为意识的基本能力保留下去。

只有当概念出现后，一个明显的智力自我、概念自我才开始出现。当自我开始认同概念心灵时，我们就有了第 3 支点。自我现在不再只是一堆感觉、冲动和情绪，还是一系列的符号和概念。它开始进入语言的世界和心智的世界，而这些，温和一些说，改变了一切。自我从第 1 支点的生理圈，经过第 2 支点的生物圈，现在开始专门进入第 3 支点的心智圈了。

神经症是一种生态危机

问：关于新的语言的自我，你认为什么最重要？

肯·威尔伯：新的自我存在于心智圈，心智圈能够压抑生物圈。就个体而言，这会产生神经症，就集体而言，会产生生态危机。

也就是说，语言的世界确实是一个新世界，一个新时空。这里，自我可以回顾过去，计划未来（它是时间维度上的和历史的）。它开始能够控制自己的身体功能，或者在意识中想象出现在不能真正感知到的事物。由于它能够预期未来，它就会担忧和承受焦虑；由于能够回顾过去，它就会感到悔恨、内疚和遗憾。这些都是新时空、语言的世界和心智圈的一部分。

正是因为它存在于更宽广的新世界中，概念自我可以压抑分裂较低的冲动。也就是说，正是因为精神圈超越了生物圈，它不仅能够超越和包含，还能压抑、歪曲和否定。不仅分化，还会分裂。不论个体还是总体都是这样。个体而言，是神经症；总体而言，是生态危机。

问：现在还是紧扣个体吧，否则我们该离题了。

肯·威尔伯：在个体水平上，心智圈压抑生物圈的结果是精神神经症，或简称神经症。心灵会压抑本性，不论外在的天性（生态危机）还是内在的天性（力比多）。

精神神经症，或者神经症，在专业意义上意味着一个相对稳定、一致和智力的自我出现了，这个智力—概念自我（这个私我）能够压抑、分裂自己的身体内驱力和冲动方面，这些被压抑、扭曲的冲动——通常是性的和寻衅的——就会以伪装的、痛苦的形式即神经症状出现。

也就是说，任何神经症状都是一个微型的生态危机。

问：所以很有意思的是，严格意义上的和典型的神经症出现在第 3 支点上。

肯·威尔伯：总的来说是的。你可以看到，在以前的界限条件下，严格意义上的压抑并不明显，自我还没有强大到可以压抑什么的地步！自我不能压抑自己的情绪，恰恰相反，它完全为之压倒，为之迷失，为之淹没。这是不必发掘“被压抑的无意识”，因为根本上不存在广泛的压抑，正因如此，这些情况经常被称为“前神经症的”。

所以，针对界限状态（支点 2）的疗法目前通常叫做结构建造疗法——它们帮助脆弱的自我分化、稳固和建造结构；与之相反，神经水平上的叫做“揭示疗法”，它是用来缓解压抑障碍，与被强大的神经症自我压抑的冲动、情绪和感觉感重新建立联系。事实上，结构建造疗法的一个目的就是使界限“达到”压抑的能力。

问：所以神经症也是一种进步。

肯·威尔伯：对，下面你就得探讨它了。关键是，正如维伦特（Vailant）所证明的，防御机制存在于发展层次中。第 1 支点上的一种防御机制是投射自居，这时自我和他人基本上是不可分的。第 2 支点上典型的防御机制包括分裂和融合（自我和客观表征的融合以及全好和全坏的分裂）。压抑是第 3 支点上典型的防御机制，据说，它最终会让位于最“健康”的防御：升华——这只是在心理分析中超越的被净化了的名称。

问：那么防御机制也是层次化排置的。

肯·威尔伯：确实，自然而正常运转的防御机制就像是一个心理防疫系统，帮助维持自我边界的完整性和稳定性，并把任何威胁自身系统的侵略者赶出去。

但是，通常而言，好事可能会过头。防御机制可能成为自动免疫疾病——自我开始攻打自己，吃掉自己。防卫部队变成了压迫性的国家警察。自我开始通过监禁其公民来防备痛苦和恐怖，它封闭自己的力，闭上自己的眼睛并开始说谎。不论谎言的“水平”（level）在哪里，是在分裂、融合与投射上，还是在压抑、反应结构和情感转移上——自我都在逃避自己、对自己撒谎，变得对自己含混不清。

假自我代替真自我成长起来。从第 1 支点（有的说是 0 支点）开始，羽翼未丰的成长着的自我都能开始远离自己的太有威胁、太痛苦、太捣乱的那些方面。它利用在其发展水平上可以利用的防御机制来达到这个目的。精神病谎言、界限谎言、神经症谎言。而最广义的“无意识”则仅仅是当前的谎言所在地——欺骗层、虚伪层，掩藏着真自我和它的真正潜力。

问：那么假自我身上会发生什么呢？

肯·威尔伯：在个人蹒跚着走过虚伪的一生时，任何水平上的假自我都可能在一生中起作用。但在更多的情况下，在某一点上，假自我会在自己过大的令人窒息的重量下瓦解、崩溃，然后自我就得面对严峻的选择：休息、康复以重新回到原来的假自我轨道上来；让意识对这种困境不管不问；加强行动以避免难题；或者对谎言下的生活进行调查，通常在一位能帮助你更真实地解释内在意图的治疗专家指导下。

问：即所谓解析疗法或者左手象限疗法。

肯·威尔伯：是的。在一个充满同情、和谐和接受的安全环境里，个人就会开始吐露内在真情，而不必惧怕惩罚。从而，任何层次上的假自我便失去了存在的理由。谎言——对真情的抵制——被阐释了，被掩盖的痛苦、恐惧、愤怒显现出来，假自我就会被真实意识之火慢慢焚灭。关心与同情组成的主体间的圆圈分担了真实的内在，把它们从欺骗的拘禁中释放出来，允许它们加入到意识正在进行的成长中去——真实的自我美丽耀人，新深度的内在快乐是给予它的奖赏。

现在我们仅仅讨论了起初三个支点及其相应病变——精神病、界限病、神经症。但是在整个发展过程中，直到高级的超个人领域，同样的普遍现象一直都在产生影响。在发展的任一层次上，我们都可能为真自我在诚实中存在，也可能作为假自我在欺骗中存在。谎言的不同层次就是病变的不同层次。

早期的世界观：原始的、魔幻的、神话的

问：这样我们便被带到了第3支点：经历了意识成长的前三个主要层次，每个层次都有着不同的世界观。

肯·威尔伯：是的。正如我们所说，一种世界观即某一特定意识横档上大宇宙的样子。当你只有感觉和冲动时，大宇宙对你来说是什么样子？我们称之为“原始的”世界观。当你增加了形象和符号时，大宇宙又是什么样子呢？我们则称之为“魔幻的世界观”。而再增加了规则和角色，大宇宙该会看到什么呢？一个神话世界。当正式操作出现后，你会看到什么呢？一个理性的世界。诸如此类。

问：为什么不概括一下早期世界观，那样我们就可以转到高级发展上去了？

肯·威尔伯：“原始的”可以说是一个包罗万象的阶段。松散地表现了人类出现前的全部阶段，是第一支点上的总观点，基本上是一种感觉运动的世界观。

问：魔幻的呢？

肯·威尔伯：当形象和符号差不多在第2支点上出现时，这些初期的形象和符号并没有从所表现的客体中清楚地分化出来。于是，操作形象就像是在改变客体。如果我为你设立一个形象，并在形象上扎进一针，那么你肯定就会出事。儿童生活在魔幻替代和浓缩的世界里，非常“原始的过程”，非常神奇。

同样，由于自我和其他没有很好的分化，有着智能特点的物体占据了儿童的世界。魔幻的世界观是泛灵论的，但我不是在谈论某种玄妙的泛灵论哲学。它非常粗糙而以自我为中心。云朵之所以移动是因为它们在跟随你、想看你。下雨是为了冲洗你，打雷是因为天空恼恨你这个人。心智与世界没有清楚地分化出来，它们“魔般的”特点变得融合而混为一体。里外都是自我中心的、自恋的。

问：“神话的”如何？

肯·威尔伯：当发展进行到第3支点上时，儿童开始明白自己不能魔幻般地指挥世界。它总是躲在枕头后面，而人们总能找到它。什么事情在这里失灵了，魔幻并没有真的起作用。自我并不能真正像魔幻般全能地指挥世界。但它认为可能有人能够，于是它便闯进了万神的舞台，各种神、女神、魔鬼、仙女和特殊力量都能出于常常是陈腐而琐碎的各种原因而奇迹般地暂时取消自然的法则。儿童会要求父母把讨厌的菠菜换成糖果。儿童不知道物质世界不是这样运作的。

但同时儿童发展出来一种非常复杂的神话的世界观，其中汇集着各种想象中能指挥世界的以自我为中心的力量，这些力量都集中在儿童的自我上。但在先前的魔幻阶段，婴儿认为自己能够通过适当的魔语改变世界，现在它就得花时间设法让能改变世界（往往更坏的）的神、魔鬼、力量听自己的话。以自我为中心的祈祷与仪式代替了以自我为中心的能力。儿童与这些力量总在不停地讨价还价：我要是吃完我的饭的话，美妙的力量就会治好我的牙痛。

神话的世界观在表征心灵上出现，并延续到下一个主要阶段即规则/角色心智，然后被理性的世界观所替代。在理性的世界观中，你认识到要想改变现实，就必须靠个人努力：没有相应的成长，就没有人会魔幻般地或神话式地救你。

你可以在图5—2中参阅总的相对关系。世界观列于左下角，因为它们共同统治着在其范围内的个人观点。至于魔幻的和神话的世界观是否真正拥有任何灵性的方面，我们稍后将谈到。请参阅第十一章。

支点4：角色自我的诞生

问：好吧，我们就来到了第4支点——你列为规则/角色心智的基本结构。

肯·威尔伯：对，这差不多就是皮亚杰所说的具体操作认知

(conop)，它在6～7岁出现，控制觉知（dominates awareness）差不多要到11～14岁。“具体操作的”听起来枯燥乏味，实际上非常丰富而有力。它包含着形成智力规则和接受智力角色的能力。这至关重要——儿童终于学会接受他人的角色了。

皮亚杰和因黑尔德（Inhelder）曾做过一个著名的实验，第一次清楚地证明了这个情况。我在此简单叙述一下。如果你拿一个一面红一面绿的球放在你和儿童中间，然后问两个问题：“你看到的是什么颜色?”和“我看到的是什么颜色?”，前操作期的孩子会给你同样的答案。就是说，如果儿童看到的是绿的一面，他会正确地回答他看到的是绿的，但他也会说你看到的也是绿的。他并不知道你看到的是红色的一面，不能从你的角度看问题，或者通过你的眼睛看世界。儿童仍然拘泥于自己的观点，仍然是非常自我中心的、非常前习俗的、非常个人中心的。

但是，具体操作的儿童就能正确说出：“我看到的是绿的，你看到的是红的。”这个阶段的儿童能够接受别人的角色了，这是迈向全球观念和能够接受世界中心观念的一大步。这时的儿童尽管还不完满，却在沿着正确的方向继续前进了，因为他开始明白自己的观念并非世上的唯一观念。

于是，他的全部道德态度就从相当自我中心或前习俗的态度转变成习俗的和往往高度遵奉的态度——“我们的国家是对是错”和“法律秩序”阶段。你可以在图9—3中看到这个情况。

范式的转换

问：观念的转变。

肯·威尔伯：这是世界观的彻底改变，如果你乐意，可以称之为范式的转换。和先前的三个横档或三个次范式转换一样，它包含了自我同一、道德感、自我需要等等的深刻转变。图9—3列出了全部变化着的观念。

问：所以意识发展的九个阶段每一个阶段都真正是一次范式的转换。

肯·威尔伯：在广义上说，是的。因此，我们文化中典型的成年人已经经历了差不多六个主要的范式转换或世界观转换——从原始的、魔幻的、神话的、理性的到存在的。你我已经经历了意识的这些革命，尽管我们可能记不住任何细节，研究者却能立刻描述出这些心理的地震。

我们往往会将这些地震关闭在意识之外。关于这个情况有很多故事。如果你选一些前操作阶段的儿童，就在他们眼前，把水从一个矮杯中倒进一个空的高杯里，并问他们哪一个杯子装的水更多，他们每次都会说高杯装的水多，尽管他们亲眼看到你从一个杯中往另一个杯中倒了等量的水。他们不能做到“体积守恒”。我们能看到的某些事情，他们没有看到也不能看到——他们生活在另外的时空里。不管多少次你把等量的水在两个杯间倒来倒去，他们都会坚持说高杯里的水更多。这就是儿童所谓“纯洁”而“未被扭曲”的知觉。

几年后，具体操作意识已经出现了，如果你再重复这个实验的话，小家伙就会无一例外地说两个杯中有等量的水。他们能够在头脑中保存容量而不被替代所惑。他们拥有一种内在规则来自动地完成这一切（一种具体操作规则）。如果你让他们观看早期的录像带内容的话，那时他们说的是高杯中的水更多，他们就会否认那是他们！他们甚至认为这是你伪造的录像带。他们完全不能想象会有人愚蠢到认为高杯中有更多水。

所以他们经历了广泛的范式转换，而且没有在意识中留下任何痕迹。自我开始用新的世界观念重新阐释先前生活历史中的任何单独事件。它从更高的新范式里面完全重写了自己的历史。

因此他们——我们每一个人——将会用新的观念逆向地重读人生的早期事件。当我们想到四五岁的自己时，就会想到那时我们周围的人们——我们的父母、兄弟姐妹、朋友，并想象他们觉得我们怎么样，觉得某事怎么样，或者他们心里在想什么，而实际上我们那时根本就做不到这些。在那个年龄上，我们不能接受他人的角色。所以我们实际上是在用最近出现的世界观的观念自动地（和通过潜意识）反向阅读整个人生，认为这个东西本来就有。

不必说，这完全扭曲了早期发生的真正的事情。记忆是对于童年时代的“记述”最不可靠的东西，而且这导致了各种各样的问题。浪漫主义者想象童年是一段美妙的时光，在那里你看到的世界和现在一样，只不过是用一种奇妙的“自发性的”和“自由”的方式。原始的意识是非私我中心中的不二乐园，魔幻的意识具有整体性的美妙，神话的意识则富有精神力量，呀，全都如此奇妙而自由！但是，这些获得了反思意识的更高世界观的浪漫主义者，完全是在用各种美妙的废话解释这些时期。如果他们真正看到了它们的话（例如通过录像带），将会完全否认它们的真实性。

入魔的滥用和不明飞行物

问：那么你能不能恢复任何意义上的童年记忆?

肯·威尔伯：各种童年事件的印象肯定还存在，就像是精神的伤痕。而且这些印象保留了它们形成时的那一水平的世界观——通常是原始的或魔幻的。

但当成年人回顾那些印象时，就会完全按照现在更高的世界观来解释它们。因而，各种当前的思虑就会注入到这些原始印象中，于是看起来这些思虑明明本来就有，由于这一切是下意识地或者前意识地完成的，你看起来并不是在重新解释早期印象，所以你只能看到这种广泛重构的意识结果。

在某些极度的回归状态中，通过某些疗法、某些静修实践、某些药物和某些强大压力，这些原始印象可以重新获得（完全由于更高的范式被暂时“解职”)，即使那样，几秒钟或几分钟后，较高的世界观又会重新出现，人们又开始对这些印象进行广泛地反向阅读。我们必须对此加倍小心。

问：恐怖祭典上的儿童虐待?

肯·威尔伯：是的，那算一个例子。不用说联邦调查局还没有发现过祭典上儿童被谋杀的蛛丝马迹，尽管成千上万的人宣称有这种情况。那样的话，这个国度的后院里该尸体横陈了。但是这些人真的坚信这种事情曾经在他们身上发生过，而不觉得是他们自己杜撰了这一切。这些印象给他们提供了确定性，他们可以轻易地通过测谎器的检查，这种重构工作是在下意识中发生的。

轮回总是和残忍联系在一起的，它是仪式滥用的领域，它是恐惧的内在机制。人们需要对付这个无法摆脱的噩梦，最简单的方式是认为在你的个人历史中，这种仪式滥用有一个特定的原因。于是，你到童年的"记忆"里去搜寻那个原因，终于，加上一位友好的治疗专家的一些帮助，事情便确定无疑了，记忆中妈妈拿着一把屠刀。原始印象或许是完全真实的：妈妈拿着一把刀子，正在切感恩节的火鸡，这一印象倒是真的。但却被重新加工了，现在你成了那只火鸡。

问：外星人绑架？不明飞行物绑架？这些故事都有着非常相似的结构。同样的事情在不断发生着——绑架、医学试验、肛门探测（anal probe）、精子采集、被送回地球并往往带来关于人类的消息，而且这真的改变了这些人的人生。

肯·威尔伯：我想最初的印象可能要追溯到第 2 支点或第 1 支点，甚至 0 支点。同样，它们被戏剧化地重新加工了。或许，甚至某些原型材料或者荣格心理分析的材料被激活了——荣格认为不明飞行物其实就是被投射的原型。所谓不明飞行物的肛门探测就是弗洛伊德与荣格相遇的地方。

很多人真诚地相信这一点，也许甚至连某些高级的或者精神的材料也被加入到了印象之中。但是印象自身的材料也被加入到了印象之中。但是印象自身保持的是一种非常自恋的世界观。请设想，人类将在广大而崭新的外星人智力引导下，进入一个全新的时期。从整个世界的所有人中，你被拣选出来传达这个消息。确切地说，外星人正在从你身上采集精子和卵子来孕育和创造出一个新的人种，而你将成为新人种的父亲或母亲。新的拯救者就要来了，需要一次新的童贞女生育。

你没法比那表现得更自恋和自我中心了。我认为，某些第 2 支点（或更早的）很深层的材料被重新激活了，并注入了拯救地神盖亚、治愈地球这些现在的成年人"信息"。这当然很美妙，但并不能掩盖全部幻想之下的原始背景：你是世界的中心，更高级新人种的父母。

所以事情是这样的，原始而十分真实的印象被重新加工，并加入了成年人的材料，从而表现出真实而惊人的鲜明性，它保留了第 2 支点的（或更早的）基本世界观，即强烈的自恋，然后，往往在仁慈有益的治疗专家帮助下，它又被重新加工成拯救世界的强大范式，全拜托你了。

问：完全没有灵性的因素吗？

肯·威尔伯：我们还没有怎么谈论高级阶段，但有一种完全可能的事情是，某些真正后人本的或精神的区域被暂时“高峰体验”化了，然后又被转译成既能满足第 2 支点的固着又能适合顾客杜撰的“拯救世界”范式的说法，这往往与治疗专家发生冲突。一切都表现得确确实实、无可厚非。我们说过，这些人往往能够通过测谎器检查，因为他们对自己的所信是真诚的，他们的治疗专家也是真诚的，双方都没有发现谎言，没有发现这个把印象变成现实的深层再加工。

对于作为我们这个混乱时代的特征而出现的歇斯底里综合征的新形式，研究这些现象的治疗专家确实有机会对它们进行开创性的观察，但由于鲜明的印象使他们相信自己正在研究的是本体论的事实，所以他们总的说来失去了这次机遇。他们把现象变成了本体。最最糟糕的是，他们被自己深深的自恋推动着：我是新人种的治疗师。他们最起码变成了群众性歇斯底里症的推波助澜者，这就可以理解地把整个职业投入了混乱与痛苦的自责。

我怀疑，祭典上恐怖的儿童虐待和不明飞行物绑架都是发生在否定灵性的文化中的灵性的实在的有力的例证。它们是通向全球意识之路上的伤亡，被海浪冲上虚伪的文化之岛的灵魂。

第十一章　走向全球意识（之二）

问：我们刚才谈的是“走向全球意识”发生的内在转变，以及妨碍全球觉识出现的（全部）问题。

肯·威尔伯：对，我们谈到：在觉识从前习俗阶段发展到习俗阶段，从第3支点发展到第4支点的过程中，有一次范式的转换，突出表现为接受他人角色的能力。而且在这次转换中，我们能看到私我中心主义（egocentrism）的持续的减弱。确切地说，人类发展的总方向和总目的，就是不断减少私我中心的状态。

总的来说，确实如此。宇宙的主要战争一直是进化与私我中心主义的战争。促成更大深度的进化的驱力与克服私我中心主义的驱力，发现更广更深的整体的驱力，展现越来越大的统一体的驱力是同义的。分子克服了原子的私我中心主义，细胞又克服了分子的私我中心主义。不过，在人类的发展中，这一趋势表现得最为明显。

进化对私我中心主义

问：所以进化就是私我中心主义的持续减弱。

肯·威尔伯：是的。霍华德·加德纳（Howard Gardner）圆满地概括了这一领域的研究。在这里，我想引一小段他的文字，因为他很全面地谈论了这一问题。他指出，发展总的来说就是以“私我中心主义”的减弱为标志的。他描述道：“儿童完全是私我中心的——这并不是说他只为自己考虑，是自私自利的，恰恰相反，此时他还不能想到自己。私我中心的儿童不能把自己从世界的其余部分分化出来，还没有把自己与他人以及客体分开。因此他觉得别人可以分享他的痛苦和快乐，他的咕咕哝哝可以毋庸置疑地被他人理解，他的观点可以被所有人接受，甚至动植物都可以共享他的意识。在捉迷藏时，他会'藏'在众目睽睽之下，因为私我中心使他认识不到别人可以发现他。人类发展的整个过程可以被看作是私我中心主义的持续减弱……”

问：那么说，自恋或者私我中心主义在支点 1 上最强大，之后便逐渐减弱？

肯·威尔伯：对，确实如此。因为这时分化最少，自恋最严重。

当婴儿同一性（identity）从生理中心转移到生物中心——从第 1 支点转移到第 2 支点上时，自我中心（selfcentrism）有了几分缓解。因为物质自我（physical self）现在已从物质世界中分化出来，儿童不再把物质的世界看作自己的延伸。但是情绪的自我与情绪的世界还没有区别开来，所以整个情绪世界是自我的延伸：情绪的自恋正在全盛期。因此，支点 2 的生理中心和生态中心自我依然是非常私我中心的。什么是感情？世界即感情。

随着概念自我（conceptual self）即第 3 支点的出现，自恋再次缓解、减弱。自我现在是一个概念私我，但这一私我还不能接受他人的角色，所以早期的私我总的说来仍然是自恋的、前习俗的、私我中心的。

所以我有时会把这种逐渐减少的自恋概括为从生理中心的（physiocentric）到生物中心的（biocentric）再到私我中心的（egocentric），因为广义上说它们三个都是私我中心的，只不过越来越弱罢了。随着接受他人角色的能力出现，整个私我中心观念又经历了一次急剧转换，于是，从私我中心变成了社会中心（sociocentric）。

支点 4（续）：生活的社会脚本

问：也就是说，支点 4。

肯·威尔伯：对。在这个阶段上，对我至关重要的不是我如何与自己的冲动相适应，而是如何与我（I）的角色、我的群体（group）、我的同辈群体（peer group）相适应——更广一些说——与我的国家、我的人民相适应。现在我接受了别人的角色，于是如何适应别人就变得极为重要。我再一次失去了中心，再一次分化，再一次超越——因为我的私我并非宇宙中的私我。

所以，这一以社会为中心的立场，对于前三个支点上（特别是以私我为中心）的立场是一个重大的转变或范式转换。不过请注意：在第4支点上，关注（concern）和兴趣从我扩展到了群体，但没有更广。如果你是我的群体——我的部落、我的神话，我的思想——的一员，那么你也“获救了”。但如果你属于另一种文化、另一个群体、另一种神话、另一个上帝，那么，你将被诅咒。

所以，这种社会中心的或者习俗的态度往往表现得非常以种族为中心（ethnocentric）。关注与兴趣从我扩展到了我的群体，并到此为止。

所以，我也把这种习俗的或者社会中心的态度叫做神话会员资格（mythic-membership）。第4支点上的世界观仍然是神话的，所以关注和兴趣只是扩展到了同一神话、同一思想、同一种族、同一信条、同一文化的信众。如果你是这个神话的成员，你就是我的兄弟姐妹，否则，你就该下地狱。

也就是说，我（I）可以把中心从我的私我转移到我的群体，却还不能离开群体这一中心。我的群体是这个宇宙的唯一群体。我还不能从社会中心和种族中心的态度转变成一种真正世界中心的、宇宙的、全球的态度——一种没有中心、普遍而多元的态度。但是，我正缓慢地走向那里！我正在通向全球观念的道路上行走，旅程的每个阶段都以一次深远的中心缺失、一次私我中心主义的减弱、一次自恋的减弱、一次对浅层的超越和一次对深层的展示为标志。中心缺失、超越、自我中心主义的减弱——这么多的词语都可以指同一件事情、进化的同一目标。

确切地说，后习俗的、全球的或者世界中心的态度是下一个支点——第5支点。

问：好吧，我们还是先完成第4支点吧！同一性从私我中心转到了社会中心。

肯·威尔伯：对。自我不再仅仅或者主要与它的身体和它的直接冲动有关，它也被引进了一个规则和角色的世界。自我将拥有各种脚本或者后天习得的角色和规则需要它履行。

大多数脚本是有用的而且是绝对必需的——它们是你把自身从自身中拉出，从而进入到主体之间的文化之圈，进入到关注、兴趣、关联性和责任之圈的途径，在那里你开始在别人身上看到自己扩展了的自我，并把关心扩及每一个人。你通过别人的眼睛观察世界，从而发现在我和我的界限之外，有更广大的意识在闪光。

但是有些脚本是歪曲的、残忍的或者难以适应的，如果由于它们出现了问题，我们称之为“脚本病变”。那人会获有（所有）这些虚假和歪曲的社会面具（mask）和神话——“我是一个堕落了的（rotten）人，我不好，我什么事情也做不对”——这些是毁灭自我的伤害性社会脚本。

简而言之，那就是谎言。这些社会脚本就是这个层次上的谎言的形式，假自我依靠这些社会谎言而存在。它不只与它的情绪失去了联系，而且也与在那个文化世界里本应存在的自我失去了联系，与那些由于否定自己的能力而无法承担的全部积极角色失去了联系。

问：这就是认知治疗家们（cognitive therapist）所要医治的。

肯·威尔伯：对，还有家庭医疗、交往分析疗法（transactional analysis）以及热门的新的叙事疗法（narrative therapy），等等。它不是回到过去的早期支点上，去努力发掘和寻找某些掩藏了的情绪或冲动，尽管它们完全可能发生，而是直接从这些虚假和歪曲的规则、脚本和游戏着手。这些脚本完全不真实，它们不是建立在现有的事实根据之上的——它们是谎言，是神话，它们植根于不能向理性的事实根据敞开的神话性情里（mythic disposition）。

例如，认知疗法（cognitive therapy）的一位先驱阿伦·贝克（Aron Beck）发现：在沮丧的大部分情况下，人们都有一系列的虚假脚本，并不断重复这些神话，好像它们是真实的。当我们沮丧时，就会以不真诚的方式与自己交谈。“如果一个人不喜欢我，说明没人会喜欢我。如果我在某项工作上失败，说明我将一事无成。如果我得不到这份工作，我的一辈子就完了。如果她不爱我，没有人会爱我。”诸如此类。

这些虚假脚本可能发端于某一早期支点，可能是第 3 支点或者第 4 支点或者更早。而一个更倾向于精神分析的治疗专家（或者一位“揭示疗法专家”）可能会到这些早期的创伤中去发掘，试图从中找到人们制造这些神话［甚至还有对魔法的信赖或者原始的冲动（archaic impulses）］的原因。

但是认知疗法专家往往直接从神话着手。他们要求病人监察自己内在的对话，并寻找这些神话，然后把它们显露于理性与事实证据之前。“好吧，如果我得不到这份工作，我想并不意味着我这辈子就完了。”

问：最典型的疗法像是在这个层次上进行治疗的。

肯·威尔伯：很大一部分，最典型的疗法——你们的一般解析治疗家（interpretive therapist）——会采用第 3 支点和第 4 支点的技术的混合物。大部分疗法只是谈论你的问题，专家会仔细查找那些说你是一个堕落了的人，说你不好，说你是一个失败者之类的话的任何歪曲的脚本。建立于神话和欺骗之上的假自我控制了你的人生。而治疗专家们会帮助人根除这些虚假脚本，并用对自我的更真实的解释、对内在你的更真诚的解释来代替，从而使假自我让位于真自我。

这些治疗家也可能不采用“脚本”、“神话”和“叙事分析”之类的术语，但总的来说，它们都是第 4 支点的脚本病变涉及的。神话导致症状，若把神话展现在事实根据之前，症状就会消失。主意是——换个方式思考，就会有不同的感觉。

但是，如果有些强烈的感情、情绪或冲动看起来病人不能处理或认识，治疗专家们常常会转而采用“揭示模式”。你对于这件事有什么样的感情？你的被感觉感（felt-sense）是什么？如果治疗专家们发现有些感情和冲动使你不舒服——你有些“掩埋的情绪”（uncovering mode）——他们往往就会通过揭示这些压抑的情绪（不论它们有什么样的名称）来进行治疗。

所以，典型的疗法通常是第 4 支点的脚本分析和第 3 支点的揭示分析的混合物，尽管不同的治疗专家能为该过程带来多种多样的工具和技术。

第 1 支点的病变非常严重，所以通常由采用药物治疗方式的医学精神病学家（medical psychiatrist）来处理。第 2 支点通常是专擅结构—建造技术的治疗专家的领域。科恩伯格、高赫（Kohut）、马斯特森（Masterson）以及两位布兰克（Gertrude Blanck and Robert Blanck）是探索这些技术的先驱，他们往往参考玛格丽特·马赫勒在这方面的开创性研究——刚才我们提到过。

支点 5：世界中心的或成熟的私我

问：我们就来到了第 5 支点。

肯·威尔伯：在我们的文化中，形式运算意识（formal operational awareness）的能力大约出现在 11～15 岁时。具体运算意识可以对具体的世界进行，而形式运算意识可以对思想本身进行操作。不仅仅思考世界，还对思考本身进行思考。这远不是听起来那么乏味抽象。

这里也有一个著名的实验，皮亚杰用来显示这一极为重要的出现，或者说范式的转换，世界观的转换。简单地说：给试验者三个装有无色透明的液体的杯子，告诉他把它们用某种方式混在一块可以制造出黄色，然后要求他制造出黄色来。

具体运算阶段的儿童就会随意地开始把液体简单地混在一起，他们会不断这样做下去，直到碰巧找到了正确的方式或者放弃。也就是说，正如名字所示，他们实行的是具体操作——他们必须通过某种具体的方式来实际行动。

形式运算阶段的青少年将首先形成实际情况的全面图画，必须首先试着用 A 杯和 B 杯相混，然后 A 杯和 C 杯，然后 B 杯和 C 杯，等等。如果你问他们为什么这么做，他们就会这么说："噢，我需要每次尝试全部组合方式中的一种方式。"也就是说，他们头脑中拥有了一种形式运算，一种让他们知道必须尝试各种可能的组合的计划。

问：对我来说，这听起来还是很乏味和抽象。

肯·威尔伯：其实恰恰相反。这意味着人们开始想象各种可能的世界。第一次，"如果……将会怎么样"（what if）和"仿佛……"（as if）

可以被掌握，而这把人们引入了真正做梦者的令人激动的世界。各种各样理想的可能性被打开了，人的意识能够想象还没有出现的事情，并描绘想象中可能出现的未来世界，按照自己的梦想去改变世界。你可以想象事情本来可以怎么样！青春期就是这么一个令人激动的时期，不仅仅因为性的快速发育，还因为展现在心灵的眼前的可能的世界——这是一个理性和剧变的年龄（age of reason and revolution）。

同样，对思想的思考意味着真正的内省变得可能。内在的世界第一次展现在心灵的眼睛前，心理空间变成了全新的令人激动的区域。内心的幻景在大脑中舞动，第一次不是来自外在的自然，也不是来自神话的上帝或者习俗的他人，而是通过某种奇怪和不可思议的方式。它们来自于内在的一种声音。

这也意味着另一件非常重要的事情。由于你能思考思考本身，对于那些在前一个阶段你只是不假思索地接受的角色和规则，你开始能够判断了。你的道德感从习俗的变成了后习俗的（postconventional）（见图9—3）。你能够评判你所处的社会了。由于你能够“思考思想”，你也能够“规范规范”了。

你可能最终接受那些规范，也可能不接受它们。但关键是你可以仔细审视其中的很多了。你不再仅仅与它们同一，于是你和它们之间出现了某种非常重要的距离。在一定程度上，你已经超越了它们。

当然，从第4支点发展到第5支点也是一个1—2—3过程。当你从第4支点上出发时，是与习俗的角色和规则相融合的——与它们同一，被它们吞没（因而完全任凭它们摆布，是一个真正的顺从者）。然后你开始分化或超越它们，从它们那里获得了一些自由，并转移到下一个更高的阶段（第5支点），这里，你还不得不认同这些社会角色——你可以继续作为一位父亲而迷失在这个角色里。但总的说来，你远离了那个拥有社会中心角色的独特本体，从中分化了出去，尤其显著的是，你开始仔细审视你的社会中心和种族中心的观念的正确性和恰当性，而以前你不会——也不能——哪怕仅仅是怀疑。

简而言之，你从社会中心发展到了世界中心。自恋又一次消失。这是又一次超越。你想知道什么是权利和公正，不仅是对你和你的国家的人民，而是对整个人类。你采取了一种全球的或者以世界为中心的立场（重要的是，你现在已经非常接近灵性和后人本的开放性）。

在从社会中心到世界中心的转移中，自我又一次接纳：我的群体并非宇宙中的唯一的群体，我的部落也不是唯一的部落，我的上帝也不是唯一的上帝，我的思想也不是唯一的思想。通过把中心由私我转移到群体，我从私我中心发展到了种族中心；现在又通过把中心由群体转移到世界，我就从种族中心发展到了世界中心。这是一次非常艰难的转变！但当它成功时（这种情况很少见，因为深度大，广度就小），我们就第一次拥有了真正宇宙的、全球的或者世界中心的态度。

在意识的全部发展和进化中，我们真正第一次拥有了世界中心和全球的观念。在这条通往全球意识的宝贵小径上，有多么漫长的旅程啊！有多少满是障碍的道路啊！

同样重要的是，全部更远、更高的发展都将以这个世界中心的平台作为基地。它是不可逆的转变。一旦你开始用全球的观念看待这个世界，你就再也不能停止这样看下去，你再也不能回到过去。

从而，大精神在进化中第一次通过你的眼睛观看，并看到了一个全球性的世界，一个脱离了以我和我们为中心的世界，一个需要有关注、兴趣、同情和坚定信仰的世界——一种正在展现自己的内在价值的大精神，它通过那些有勇气站在以世界为中心的立场上的人们的声音来宣示自己，并且保卫它，使它免受那些狭隘、浅薄的人们攻击。

差异性和文化多元主义

问：被称作习俗还是后习俗直接与道德态度有关。我的意思是，那正是它被称作后习俗的原因，对吗？习俗的道德规范是社会中心的，而后习俗的道德规范是世界中心的，建立于普世多元主义（pluralism）的原则之上。

肯·威尔伯：是的。

问：这是不是与文化多元主义（Multiculturalism）一样？

肯·威尔伯：噢，这里我们必须很小心。文化多元主义确实强调文化的多样性。但是第 5 支点的这一态度是一种很宝贵、很杰出、很艰难的成就。请看我们为达到这一世界中心的态度所经历的境地！

现在你自己可能真正在观念上从私我中心经过种族中心发展到了世界中心，因此你可以轻易地认识到所有的个人都应给予同样的关注与机会，而不管他的种族、性别和信念如何。站在普世多元主义的立场上，你才真正成了多元文化的和后习俗的。问题是，你用普世的观念对待的人大部分不会分享你的普世主义（universalism）。他们内心深处还是自我中心或种族中心的。所以你是在把普遍的关注延伸到了那些绝不会以同样的好意回报你的人身上。因此典型的文化多元主义者被扔进了一系列的矛盾冲突中。首先，他们自称是非精英主义者（non-elitist）或者是反精英主义者（antielitist）。但是，拥有后习俗的和世界中心的多元主义的能力是一项非常宝贵、非常杰出的成就。我们的调查显示只有4%的美国人真正达到了这个高度发展的阶段。所以文化多元主义是一种自称为并非高级的高级态度。就是说，它开始为自己的本性说谎，而这会把它引入某些非常昏暗的道路。

问：能够举例说明吗？

肯·威尔伯：文化多元主义确实拥有很高尚的动机，从一个无中心的和以世界为中心的观念来公正地对待别人，从这个意义上讲，每个人都是平等的——但它又把这个崇高的立场与达到这一立场其实很少见这个事实弄混了。它忽视了达到那里的过程，即允许它拥有普世多元主义，并将它置于首位的发展过程。于是，它便把发展的结果延伸到了那些还没有达到那个立场，但却十分乐意接受你那美妙的普世多元主义立场并在上面擦皮鞋的人们身上。

因此，文化多元主义者自然而混乱地宣称：我们应该把所有个人和所有文化运动看作完全平等，因为没有什么立场比别的立场好。他们也就无法解释为什么人们应该避开纳粹与三 K 党。

如果我们真的是文化多元主义者，赞同多样性，那么为什么我们会排斥纳粹呢？不是人人平等吗？

当然，答案是否定的，并非所有的立场都是平等的。世界中心强于种族中心，种族中心又强于私我中心，因为它们有着更大的深度。纳粹与三 K 党是建立在种族优越性的特别神话上的种族中心的运动，所以从世界中心的观念出发，我们认为它们是低级的观念。但是，典型的文化多元主义者不赞同这种判断，因为他们糊里糊涂地完全否认道德立场之间的差别，他们认为所有的立场是完全平等的！

那么会发生什么呢？当然，那就是他们变得越来越完全不能容忍那些不同意他们的人。他们知道自己有一个高尚的立场，在一定意义上确实如此，但由于他们不懂得自己是怎样到达那里的，他们仅仅想把自己的观点强行灌输给别人。人人平等！道德观念也完全平等！

于是我们出发了，带着宽容名义下的不宽容，带着同情名义下的吹毛求疵，带着“我们最懂”的思想警察和无知的政治正确性——带着一批努力剥夺别人的精英主义思想的精英分子。如果不是根本上很糟糕，事情也许会热闹。

问：那么这是不是与这个阶段上的病变有关？

肯·威尔伯：我认为是的。一旦你开始变成世界中心了，一旦你开始仔细审视你的文化，可能就会远离它的社会中心和种族中心的观念，独自去闯一条新路——你一旦做了这些，那么你究竟是谁呢?！失去了全部旧有的、令人惬意的角色之后，你又是谁？你如何形成自己的本体？

你想从人生中得到什么？你想成为什么？你究竟是谁？埃里克森称之为“同一性危机”（identity crisis），它或许就是这个支点主要的“不适”和“不健康”。

文化多元主义者就处于巨大的本体危机中。因为他们的正式立场，任何精英主义都是坏的，而他们的真实自我事实上是杰出的，从而他们必须在真实的自我上说谎——他们必须隐瞒、歪曲、欺骗。

于是，他们从以一种非种族中心的方式宣称任何人都应得到公正的评判，发展到认为任何人都完全不应受到评判，所有的道德立场同等重要。当然除了他们的立场，在一个没有什么被看作优等的世界里，它们都是优等的。所以他们便拥有了一个否认自己的优越性的优越立场——他们在自己真实的本体上说谎。他们有一个假自我系统。那就是本体危机。

那就是支点 5 上典型的（精神）失调，一种青春期心灵的病变——仍然受困于支点 5 上的分离这种现代性疾病的变异中，仍然自称已经克服和扭转了它，却仍然深陷其中，从而仍被通入巨大的自我欺骗中。

问：真可怕。它正是奥韦尔（G. Orwell）在小说中描写的含糊的官腔（newspeak）和思想警察。但它看起来很流行。大学几乎要被它劫持了。

肯·威尔伯：是的，今天美国的大学更是专擅于此。其实，它们所做的只是通过助长任何私我中心、种族中心的分裂以及诉苦政治（grievance politics）、自恋政治，来帮助美国重新部落化。所有立场一律平等意味着所有前习俗的和种族中心的浅陋都得到鼓励。可以说，这个国家正面对着自己的本体危机，但我想这是另一个话题了。

支点 6：人首马身者①的身心整合

问：这就把我们带到了最后一个主要的“正统”（orthodox）阶段，或者大部分习俗的研究专家所认为的最高阶段。

肯·威尔伯：对，第 6 个支点。这个阶段的基本结构是洞察力—逻辑（Vision -Logic），你可以在几个图中看到，包括图 5—2 和图 10—1。洞察力—逻辑或者系统（network）—逻辑是一种正在综合和整合着的意识。正式操作意识是在以很多重要而又给人深刻印象的方式进行综合和整合，但它们往往拥有某种一分为二的逻辑，一种非此即彼的逻辑，更像是形式逻辑（Aristotelian logic）。

但是洞察力—逻辑则是把各个部件综合起来，从而发现相互作用的系统。当处于仅仅是客体化（objectifying）或者右手方式的作用之下

① 人首马身是希腊神话中的一个怪物，但在此指身心整合的人。所谓人首马身，并没有一个骑士在驾驭马，而是骑士本身是马，马也是骑士。——译者注

时，总的说来，它会产生客观系统理论（objective systems theory）。但当它是尚未被系统理论控制、非常少见和真正内在转变的基础时，就会维持整合了的人格。当自我的重心认同于洞察力—逻辑，当个人在那个水平上生活时，我们往往就能拥有一种高度整合的人格，一个真正存在于全球观念而不只逞口舌之劳的自我。

所以洞察力—逻辑这一高度完整的能力维持着同样整合了的自我。因此我把这个阶段的自我称作人首马身的，表示心智和身体、心智圈和生物圈在一个相对自主的自我里达到了整合，这种自我不是孤立的自我、原子论的自我（atomistic self）或者自我中心主义的自我，而是一个整合于责任与义务的系统里的自我。

问：你常常引用约翰·布鲁坦（John Broughton）对该阶段的研究，尽管他不太出名。

肯·威尔伯：有几位专家对该阶段进行了很认真的研究——例如洛文格、塞尔曼（Selman）、哈贝马斯、埃里克森以及马斯洛。但我一直喜欢布鲁坦研究成果的概括：在这个阶段上，“心智和身体都整合了的自我的体验”。

这就简单明了地说出了整个事实。首先，这个阶段的自我把心智和身体看作体验来加以认识。就是说，觉性（observing self）开始超越心智和身体，从而把它们作为意识的客体和体验来加以认识。不只是心智在观察世界，而是观察着的自我在观察心智本身和世界。这是非常强有力的超越，我们将看到在更高的阶段里它还会加强。

其次，正因为观察着的自我开始超越心智和身体，它才能够开始整合心智和身体。从而，“人首马身者”形成了。

那么，在这个支点上，我们会发现其他任一支点上都可以发现的1—2—3过程，即最初的融合、分化和整合。在这个情况中，就出现了与正式的心智（支点5）的最初同一。观察着的自我就开始从心智中分化出来，并视之为一个客体。因为它不再完全同一于心智，就可以用意识的其他组件、用身体及其冲动来整合心智。

因此，人首马身——心智和身体都是整合了的自我的体验。

无观念的疯狂

问：你还把人首马身称作存在的水平（existential level）。

肯·威尔伯：好吧，在这个阶段上，至少是在演进中的这一时刻，你真的好像独立自主了。你不再盲目地信仰习俗的角色和社会规则，不再以种族、社会为中心，你已经根深蒂固地转移到了世界中心的空间，在这里……

问：这个阶段也是世界中心的？

肯·威尔伯：形式运算阶段（第5个支点）和在它以上的全部阶段都是以世界为中心的或者全球化的——它们都以后习俗的和普遍的透视法学说（perspectivism）为基础。更高或更深的阶段只是在它进入更深的、真正精神的领域地，揭示越来越多的这种以世界为中心的自由。

刚才我们提及过，在这种人首马身的水平上，在存在水平上，你不再是私我中心和种族中心。你根深蒂固地移入世界中心的空间，这里，正如文化多元主义者所示，你可能在这种新的自由中滑倒或重重地摔上一跤。

问：你把这种新的自由称为“无观念的”。

肯·威尔伯：这是让·吉布瑟（Jean Gebser）的用语。洞察力—逻辑是把所有不同的观念综合起来，因此它不会自动地将某种观念凌驾于其他观念之上，它是“无观念的”。但当你开始考虑所有互不相同的观点时，它就会变得令人非常困惑，没有主见。

于是你可能丧失在洞察力—逻辑这种新的无观念意识中，因为全部观念开始变得互相关联、互相依存；没有什么是绝对根本的；没有一个终极位置你可以把头靠在上面并说：我终于到了！

但是，所有观念是相互关联的这一事实，并不意味着没有任何观念与其他观念相比完全有什么优势，它也不能阻止某些观念一直在变得比其他观念相对要好！以世界为中心好于以种族为中心，而后者又好于以私我为中心，因为每一种观念都比它较浅的前任有更多的深度。

忘记这一点，把焦点只集中在观念的相对性上，这导致一种意志和判断的令人困惑的麻木。“既然互相关联，那么就没有优劣之分，也就没有什么立场比别的立场好。”这就忽略了如下事实：一般会自认为比它的替代者更好——标准的行为表述（performative）矛盾。文化多元主义者偶尔会达到洞察力—逻辑的水平，但通常就会立即陷入他们兜售给纯真的学生们的那种无观念的疯狂。

洞察力—逻辑的无观念空间只是表明大精神是在通过无限奇妙的视角观察世界，而不是说它在这个过程中失明了。这完全是一次进一步的中心缺失，一次进一步的超越，又一次发展中针对私我中心主义的螺旋式上升。

在后人本的边缘上

问：那么，在一定意义上，对于存在的或人首马身的阶段是一个好消息。

肯·威尔伯：对，这个阶段（人首马身的）的实际自我的一个特点正是：不再全盘接受那些习俗的、令人麻木的宽慰——正如克尔恺郭尔（Kierkegaard）所说，自我不再用琐碎事情来获得平静。这种更加真正的或存在的自我出现，就是第 6 支点上的首要任务。

有限的自我将走向死亡——魔法不能拯救它，神话里的上帝也不能，理性的科学亦然，在一定意义上，能够面对这个令人痛心的事实就变成真正的了。这是海德格尔一贯持有的一种观点。

屈服于自己的德性和有限性，在一定意义上就是正在找到自己真实的在世（being-in-the-world），真实的共有中的能动作用（authentic agency-in-communion）。

存在主义者出色地分析了真实的自我，真实的人首马身的自我——包括它的特点，它的存在方式，它在世界中的立场，最重要的是，他们分析了那些破坏这种真实性的普遍谎言和不好的信仰。为了在我们的德性和有限性上撒谎，在某种神话的大国里，在某种理性的规划里，在某些伟大的艺术作品里，我们建造了不朽的象征（symbols）——这是企图战胜时间永恒存在的非分之想，通过这些方式我们投射了面对死亡的无能为力。我们为自身选择的责任撒谎，乐意把自己看作某些外部力量的被动牺牲品。通过把自己向前投射的负罪感向后投射在焦虑中，我们在现在的丰富性上说了谎。通过藏身于群体智能中，迷失在别人中，我们在根本责任上撒了谎。不是作为可靠而真实的自我，而是作为不可靠的、虚假的自我，我们生活着，制造着自我欺骗的计划来使自我对存在的可怕真理视而不见。

就现在而言，我完全同意那些分析。因为，我认为，这种存在的真实性不仅本身很重要，而且它还是不需背负着神话或者对魔法的期待以及自我中心和种族中心的狂热而进入超个人境界的先决条件。

问：可是在这些存在主义的作家的笔下充满了严酷可怖的气息。

肯·威尔伯：对，这就产生了存在主义恐怖、绝望、愤怒、害怕和颤抖、对死亡的厌恶——正因为你失去了所有使人舒适的安慰。

这些都确凿无疑，但由于存在主义者没有认识到比这更高的意识领域，他们就深陷在了存在主义的世界观里，他们的知觉也被束缚在那视野之内。

所以，能够以一种可怕的严肃态度来接受单调的存在主义噩梦，存在主义者看得像是一种荣誉。并且如果你声称在存在主义的愤怒之外，还有一些意识模式，那么你肯定陷入了对死亡的否定，对不朽的设计、不确实以及恶劣的信念之中。任何更高领域的主张都会遭遇冰冷的逼视，并被阴冷地冠以“不可信”的罪名。如果你微笑，你可能就是不可信，因为你已经打破了无休止的灰暗的神圣之环。

问：陷于人首马身，与人首马身及其存在的世界观认同——这就是第6支点的融合状态。

肯·威尔伯：我想是的。当你深陷于存在中时，那就变成了你对所有现实的参照点。你表现的愤怒越多，你就越能作为宇宙疯狂的例证而咬牙切齿，那么你就越真实可信。它也可能会使你把指甲掐入额头，以作为某种警醒。但是无论如何，绝对不能让人看到你的微笑，否则便会泄露你的不可信。

存在主义的水平的全部问题在于：你还没有达到超个人的领域，而你又已经不再存留于个人的领域，因此整个个人的领域开始失去了味道，变得极其没有意义。当然微笑也便基本上失去了缘由。个人的领域究竟有什么好呢？不过是走向死亡罢了。那又何必栖息于其间呢？

这种对意义的关注和它的普遍缺乏，可能就是第6支点上的病变的主要特点，存在主义的治疗亦然。

有趣的是，用任何正统的标准来衡量的话，人首马身者都应该是幸福、充实而欢乐的。无论如何，正如图9—7所示，它是一个整合了的、自主的自我。不管怎么说，这个自我应该总是笑容满面的啊。但它多半是没有笑容的，它极度不快乐。它是完整的、自主的而悲惨的。

它曾经品尝了个人领域所能提供的一切，但它并不满足。世界变得单调乏味，失去了吸引力。再也没有什么体验称得上美好，再也没有什么使人满意，再也没有什么值得追求。不是因为一个人没能得到这些赏赐，而正是因为他堂而皇之地获得了它们，品尝过一切后，又发现一切都是匮乏的。

因此，这个灵魂自然难得一笑，所有的安慰在它那里都变了味。世界恰恰在它的全盛之时失去了意味。盛宴来了又去了，只剩下骷髅俯视着一切在那里冷笑。宴会不管多么盛大都不过是过眼烟云。

那些维系过那么多意义、那么多趣味、那么多热望的事情，都在漫长而孤独的夜晚的某一奇怪时刻烟消云散了。谁还会倾听我欢乐而激动的歌声？谁还能听到我在地狱般的黑夜里无声的呼救？在哪里我可以得到使我能够抵挡一天天刺向我的明枪暗箭的坚毅？而且我又何必再做努力呢？一切都将归于尘埃。不是吗？那么我又到哪里去了呢？是战是降，这并非微不足道，因为我的人生目标还在绝望中，静静地流着血走向死亡。

对于这个灵魂，所有的欲望都已变得空洞、乏味、苍白。在直面存在时，这个灵魂感到十分厌恶。对于这个灵魂来说，个人的领域已经完全了无趣味。也就是说，这个灵魂已经走到了后人本领域的边缘。

第十二章　超意识领域（之一）

问：我们现在可以进入后人本的（transpersonal）阶段了，也就是超意识（superconscious）的领域。在这里我们已经离开人首马身阶段的发展。你将这一阶段描述为觉性自我（observing self）开始意识到心智和肉体，并开始超越它们的过程。

肯·威尔伯：是的，甚至很多传统的研究也证实了这一点，我们给出了几个例子，从布若顿（Broughton）到洛文格（Loevinger）都被涉及。在人首马身时期，觉性自我可以见证并表达心智以及肉体，大体上说，也就意味着它实际上已经开始通过某些重要的方式超越心智及肉体了。随着意识的进一步进展，更大的深度或新的高度，被揭示给觉性自我。觉性自我到底是什么？它到底达到了什么样的深度或高度？

世界上伟大的神秘论者和圣人关于这一问题的答案是：觉性自我是直接与上帝、大精神以及终极的神（the very Divine）相联系的。在你自己的觉识的终极深处，你将与无限相交。

这种觉性自我通常被称为大自我（Self），或者证悟自我、纯觉知自我、纯觉知私我或自觉私我，而这个觉性自我作为一种明晰的见证，则是现实生活中神性的直接显现。终极的“我”就是耶稣基督，是佛陀，是空本身。上述都是世界上伟大的神秘论者及圣人们的惊人的陈述。

心智在何处停止

问：那么这种证悟是后期出现的吗？

肯·威尔伯：确切地说不是，因为意识并不是一种后期出现的事物。这个“自我”或者证悟是从一开始就以意识的基本形式存在的，并存在于全子成长的所有阶段——它存在的形式有理解、知觉、冲动、情绪、象征以及理性——但在成长的过程中，它会变得越来越明显，并表现出超越性的成熟。换句话说，这种证悟，同样的这种意识，简单来说也就是任何全子的深度以及内在。就像我们所说，深度就是意识，它是不断增加的。而随着深度增加，意识就变得更加显而易见。

对于人类来说，到人首马身阶段为止，这种觉性证悟已经表现出少量其对于肉体和心智的识别——它已经包含并超越了它们——所以现在它可以很容易地见证它们，这就是为什么“心智和肉体都是整合自我的体验”。

问：它已经开始超越了。

肯·威尔伯：是的。这并不玄妙，也不怪异。我们已经看到同一性从物质发展到肉体再到心智，每一个过程都涉及对前一种较小维度的偏离或否定。而到了人首马身时期，意识只是延续了这一过程并开始否定心智本身，这就是为什么它正好可以见证心智、领会心智并体验心智的原因。心智已经不仅仅是一个主体，它开始成为一个对象。成为觉性以及这种证悟的对象。

于是神秘的以及沉思的传统在心智停止的地方开始恢复。它们恢复于觉性开始超越心智，并开始超越心灵、高于心灵或优于心灵的阶段，或者说超理性的、超私我的以及后人本的阶段。

沉思的传统是建立在一系列觉知的尝试的基础上的：如果你追寻这种证悟至其本源将会怎样？如果你探究其内在，推进到这种觉知本身根源的越来越深处，又将会怎样？如果你推进到心智之后或超越了心智，进入尚未被私我或个体自我界定的意识深度，又将会怎样？你发现了什么？在这样一个可重复、可繁殖的觉知的尝试中，你发现了什么？

“有一种微妙的本质遍及所有的实在”，是上述问题最著名的答案之一。“它是所有那一切的实在，也是所有那一切的基础。那种本质就是一切。那种本质就是真实。而你，你就是那个本质。”

换句话说，这一觉性自我最终揭示了自己的本源，这就是大精神本身，是空本身。这就是为什么神秘论者主张觉性自我是太阳的光芒，而太阳是所有显明的大宇宙事物赖以生存的发光的深邃的根源和终极领域。你的小自我与大宇宙这个普遍的大自我相交，普遍的大自我即胜过整个显明的世界的至上同一性，一个松开孤立自我的桎梏，将其隐藏在辉煌之中的至上同一性。

因此从物质、身体、心智到大精神，在每一个转变过程中，意识或者觉性都会摆脱一种狭窄的排外的同一性，揭示更深、更高以及更广阔的天地，直至达到大精神本身的终极领域。

后人本的成长以及发展阶段，基本上是跟随这一觉性自我到其终极家园的阶段，这一阶段也就是纯粹的大精神或纯粹的空，是整个展示的场地、途径以及成就。

后人本的阶段

问：那么这些阶段……在后人本的发展过程中存在多个阶段？

肯·威尔伯：对，是这样的。在这一更高阶段，给予关注的勇敢者人数很少，不管是男人还是女人，在过去还是现在，情况都是如此。这些人勇于抵抗体制，顽强地与一般人或普通人作斗争，奋力前往更高更新的意识领域。在这一寻求过程当中，他们与一些小团体或具有相同灵性的僧伽（Sangha）合作，制定出一些惯例、禁令或者范例以揭示更高的世界空间——通过这些惯例、禁令或内部心灵实验可以让其他人复制他们得到的结果，从而核对并验证（或否认）他们的成果。他们将他们心路旅程的地图留给了我们，同时留下的还有一些重要副文，这些副文记录了一些地图上没有的东西。这就像研究巴哈马群岛的地图也就相当于去过那里了。

因此我们汇聚所有这些伟大的沉思传统遗留下来的各种地图或途径，不论它来自东西南北，我们都将其进行比较对照（这也要求我们对其中很多进行实践！这不仅仅是学术性闲谈的直接体现，还是参与观测者的间接努力）。有一些途径比其他的更为完整；有一些则专攻某一特别层面；有一些则将某些层面精确地划分为许多更具体的次层面。

通过这一跨文化的比较，在实践的基础上，我们试图创立一个“主模板”（master template），由此提供给人们一种相当全面及综合的、可用的高层意识示意图。这是一种更高的基本结构，但它在我们身上以潜能的形式存在，等待着实际的显现、成长及发展。

问：那么这些高级地图有多复杂呢？

肯·威尔伯：有一些传统思想非常精密复杂，它们将意识发展的各个阶段及组成精细地分成数百个详细的分支。但基于现在的研究状态，可以比较有把握地说，后人本发展或演变至少有四个主要的阶段。

这四个阶段我们称为心灵阶段、奥妙阶段、原因阶段以及不二阶段（你可在图9—1中看到这些名词；不二阶段就在图所在的那一页，我稍后会作解释）。这些是基本结构，当然每一个阶段都存在不同的世界观，分别被我称作自然神秘体验论、神性神秘体验论、无形神秘体验论以及不二神秘体验论。

问：那么具体来说这些阶段是怎样的呢？

肯·威尔伯：这些基本结构本身是相当不连续的可识别的层面。它们的世界观非常特殊，可以通过重要但简单的识别方法进行区分——每一个结构都有具有不同认识的不同体系，而这些体系又支持不同的自我感觉、道德立场、自我需要等等。

但通常，这种“阶梯”并不是真正的功能所在。真正的功能在于阶梯（私我系统）的攀登者，以及由攀登产生的支点。而这个“我”，正如我们所说，是无所不在的。它可以进行更高层次的高峰体验，仅仅为了回落到它实际的或现有的私我阶段。相反的，对于更高层面的领略也可以瓦解退回早前支点的“我”，这个支点是指仍存在一些偏执的、压抑的或未完成事物的地方。当私我的转化开始放松，这些早前的“症结”便显现出来。

问：所以说自我在后人本阶段的实际成长在任何严格意义上来说都不是线性的。

肯·威尔伯：这个说法不对。高层次的基本结构，就像所有的基本结构一样，是呈阶梯状的，也就类似于同心球或嵌套的层次系统。但这一事实并不意味着经由它们的成长也是阶梯状的，其中存在一些起伏及螺旋形的变化。

虽然如此，自我的重心还是会趋向围绕一个主要的基本结构来发挥作用。它会把自己的重心与这一结构视为一体；这将会成为其“本垒”（home base）——它的主要支点——它会以此为基础组织协调其大多数的感知、道德反应、动机、冲动等等。因此，它的重心会趋向于通过这些高层次的基本结构，转向一个一般化的可辨认的次序。

问：那些传统思想本身总是给出多种阶段。

肯·威尔伯：是的，传统思想对这方面非常了解。他们都有自己的成长及发展阶段；他们知道每个阶段的特征；他们能识别进步，同时也能发现退步。正如奥罗宾多、普罗提诺（Plotinus）以及阿瓦哈萨（Da Avabhasa）所指出，尽管可以通过这些阶段加速发展，但从根本上来说是不可能走任何捷径的。你可以提前产生高峰体验，可以跳到前面，但跳过的这一段你必须补上，对其进行整合并且巩固。否则你就会“头重脚轻”，飘得越来越高，无处降落，与低层结构、心智、肉体以及尘世和感知都脱离联系。

支点 7：心灵水平

问：所以这些后人本阶段的第一阶段就是心灵（psychic）层次。

肯·威尔伯：心灵层次是普通粗放型的实在——它们是感觉运动的、理性的、存在主义的领域——向后人本领域过渡的大转变阶段。超过正常的现象在这一层次较多发生，但我们并不是用这一点来定义这一层次的。这一层次具有决定性的特点与深层结构是觉知不再受个体自我或人首马身的限制。

问：也许你能举例说明一下。

肯·威尔伯：在心灵水平，一个人可能会暂时融解孤立自我的感觉（私我或人首马身）并发现与整个粗放世界、运动感觉世界的同一性——也就是所谓的自然神秘体验论。例如，你正在大自然中散步，你的觉识放松而且广阔，你眼望一座美丽的山峰。突然，看者消失了，只剩下一座山，你就是那座山，它似乎在看它自己，或你似乎是从山的内部在看山。那座山比你的皮肤离你还近。

换一种说法，主观与客观你和“外部”的自然世界之间已经没有了分别。“内部”与“外部”不再对你有意义。你当然还可以清楚地分清你的身体与外界——这可不是神经病的不二论或“成熟形式的复苏”。这是你在第 7 点阶段上的更高的自我——也可以称为生态智力自我（Eco-Noetic Self）。有人称为高灵魂（Over-Soul）或世界灵魂。这是支点 7 的融合阶段，这时你就成了“自然神秘体验论者”。

问：这看上去是非常突然的转折——从个体的人首马身到与整个自然的同一，这似乎不是一个平稳的演化过程。

肯·威尔伯：实际上，这期间的跳跃并不是很大。人们感到很迷惑是因为我们这种同一性是从个人的身心而直接到达了“整个世界”，这看上去的确有些突然。

让我们来看一下实际的情况。在以世界为中心的人首马身中，人类觉识就已经从与物质范围的同一（支点 1）跨越到了与生物范围（支点 2）的同一又到了与心智自我的同一（支点 3）。在心智自我的初期，是一种非常以自我为中心的和自恋的状态，就像前两个支点一样。

但到了支点 4，同一性就从以私我为中心（或在自己范围内）到了以社会为中心（或在集体范围内）。这里觉识已经超越了有限的个体方面。你真正的觉识、真正的同一性是建立在文化角色、集体同一性和共同价值上的。它不再是一种与身体的同一性，而是一种角色的同一性。

人们常常会说，我是一个父亲，我是一个母亲，我是一个丈夫，我是一个妻子，我是干这个工作的，我很珍惜这个目标等，这些已经超越了身体的同一性。它们已经超越了个体身体及感觉而进入了角色、价值及目标的主体间性的范围中。当你说“自我”的时候，大多数情况都不是以自己为中心的，而是以文化和社会为中心的。当你感觉“自我”的时候，你实际是在感觉一个交互主体性或主体间性的范围圈，你是存在于一个文化圈内，你不仅仅是在你的皮肤内。你已经脱离并超越了仅仅是身体领域内的同一性。如果你脱离这个文化圈，你甚至不能想象你自己是谁，而这个文化圈早就超越了你的皮肤的界限。

当你达到第 5 支点及理性支点，你的同一性又一次扩展，这超越了仅仅以种族或社会为中心的同一性。你实际是把自己认同为世界。你不能再以种族为中心对自己进行认同，那样会使你很痛苦。你会为一种以种族为中心的对话而感到尴尬。你已经脱离中心（decentered），超越了。你真实的同一性经由以世界为中心或全球意识扩散，并依靠全人类范围的同一性的美德而存在。

在这个基础上，你再往前走一小步就能体验到你的中心同一性，这种同一性不是与全人类的同一性，而是与所有生物的同一性。这种全球的、以世界为中心的觉识又向前迈进了一小步，逃脱了以人类为中心的偏见，并宣布自己与世界其他生物一样。这时你体验到的是世界灵魂（World Soul）。如果我们考虑到意识的同一性已经发生的扩展，我们就会感到从以世界为中心到世界灵魂是相当适度的一步。它是超越与涵括、展开与包容的进化过程的自然与简单的延续。每一个新情况都是一种脱离中心与超越，并使更多的“外部世界”成为“内部”，成为自己存在的一部分的过程。

分子一天早晨醒来会发现原子就在其中，完全包容在自己的存在之中。细胞一天早晨醒来发现分子就在自己体内，是自己的一部分，完全在自己存在的内部。你可能某天早上醒来发现自然就是你自己的一部分，完全在你存在的内部。你不是自然的一部分，自然是你的一部分。正是因为这个原因，你对待自然就像对待肺和肾一样。一种非常自然的环境伦理从你内心中产生，你眼中的水、树木、木材、鹿、鸟儿和原来再也不一样了。

这可能听起来很怪诞很遥远——直到你有这种体验。你也许可以问问阿波罗宇航员的这种感受。

问：所以说这是一种十分自然的进步。

肯·威尔伯：非常正确。正如我说的，这看上去好像是一种很突然的破裂——从人首马身到整个世界——因为我们倾向于认为人首马身是一种局限在身体范围内的觉识。但觉识唯一局限在身体范围内的阶段就是支点 2。所有超过支点 2 的阶段都不仅仅是一种身体的同一性。

如果把这种后人本觉知定义为从“皮肤包裹着的私我”到美好的世界灵魂的简单的一步转换，那产生的只有痛苦。这绝不是一步的过程——至少也要七步！在你达到世界灵魂的过程中，至少有七个支点，七大范式的转变。

深度生态学和生态女权主义

问：深度生态学者对于较深层次的自我——生态智力自我（Eco-Noetic Self）做了很多论述。

肯·威尔伯：是的，从这个角度来说我是他们的热心读者。他们对现代世界有重要启示：去发现、拥抱整个自然的深度自我，像对待你的同类一样对待自然。但我相信也就是在这个地方他们陷入了很大困境：他们接受了生态智力自我体验、世界灵魂体验，但又把这简化到了右下象限，简化到了“我们都是这张大网的线”——经验整体论，右手整体论，功能适应——完全去掉了内在的东西。这些理论家把大宇宙简化为社会系统的单向逻辑的描摹图——他们把它称之为盖亚——这是一个忽略了六个或七个阶段深刻内部转变的平地描摹图，如果没有这些描摹图，他们甚至不会产生世界体系的想法。

结果，这种生态智力自我的本来真实与高贵的直觉就瓦解成了“我们都是这张大网的线”。但这本身就不是生态智力自我的体验。在自然神秘体验中，你并不是大网中的一根线，你就是整个大网。你所要做的不是一根线——你在逃脱一根线的状态，超越它，成为一个整体。意识到整个系统就明确表明了你不仅仅是一根线，这应该看成是你的正式立场。

所以，用系统术语或“生命网”术语解析这种体验是一种非常差的解析方法。生态男权主义喜欢系统术语；生态女权主义一般鄙视系统论，认为其过于男性化和抽象，取而代之的是生态情感主义和关系术语：它们都是以具有明确位置的单色世界为基础的。

但一旦你犯了平地简化论的错误，你就会认为转变世界的道路就是简单地使每个人都同意单一逻辑的描摹图，而忘记了为达到这一点绘图者必须经历六七个内部阶段，而只有达到这一点以后，你才能对此表示赞同。

问：与多元崇拜（multicults）有些相似。

肯·威尔伯：是的，就像多元崇拜，你忘记了你达到这一高点所经历的所有超越阶段，所以你不仅很古怪地谴责这些超越（实际的道路！），而且你会不可思议地简单地认为这只是“一步”转换：同意我的盖亚描摹图吧，你将会得救的。所以正如不少多元崇拜者，这些人变得非常好战和没有忍耐性，声称这个网的每一根线都同样重要，但又轻视那些不同意他们的线。

请注意，我们需要考虑到内部领域——我们必须考虑到左手象限而不仅仅是右手象限。我们必须考虑语言和文化的背景，解析的方法，意识进化的诸多阶段，道德发展与失去中心的复杂过程，忠实、公正、真诚的正确性假设，深层内部的整个纵向结构，不断扩大的自我同一性及超越的方法——所有这些都在左手象限范围内，没有哪一个是在单一逻辑的右手盖亚描摹图中！

正是这个原因，在任何深层生态学、生态女权主义或是生态哲学的书中你都找不到关于这些方面的严肃讨论。但少了这些方面你永远不会到达新的世界，因为你不知道如何使人们乘上小船并向前行进。

问：所以生态智力自我的体验可能是非常真实的，但没有被充分地展现与解析。

肯·威尔伯：我想是这样的。通过更充分的解析，我们就能够挽救这种生态智力自我及它所有存在共同体的深刻的直觉。这种解析是以整个四个象限为基础，而不是把所有象限简化为右下象限或“盖亚”。如果我们把简化论的“新范式”描摹图当成转换的中心方面，那我们的注意力就会从左手象限移开，而正是在那里真正的转换才能够发生。像这样，而右手象限在大多数情况下都会完全破坏真正的超越与转换，并且鼓励各种碎片在它们自己的适应水平上再实验，不管它们是多浅显。任何以自我为中心的人都能够拿出一张以盖亚为中心的描摹图。

问：这就是说，要记住左手道路。

肯·威尔伯：是的，非常正确。我们不想身陷平地的整体性描摹图。我们可以看到，整体性平地描摹图是一种基本的启蒙运动范式。这是微妙的简化论，它使整个左手象限都瓦解成了右手象限。这就使我、我们都变成了相互交错的它。这使所有内部的深度都变成了外部的广度，使所有价值观都坍塌为功能适合，使对话降低为自言自语。它是由许许多多的它编织成的整体性大网，它们都有着明确的位置！这绝对是平地。

在所有的这些道路中甚至更多，大多数的生态理论家完全忠实于启蒙主义的行为事项。我知道他们说自己有一个非常激进的新范式，但实际上它已经有两三个世纪的历史了。以前它就没有产生什么效果，现在也不会。当时它就没有促成转变，现在也不会。生态理论家已经承诺这些“生态—整体”方式促成转变几个世纪了，但他们从没履行诺言。这已经成了历史上最长的转变前奏曲。

他们现在也还是这样。也许他们有生态理智自我的真正的直觉——我相信他们中的一些人是这样的。但他们倾向于把它瓦解在平地和单向逻辑的右手象限的术语中，这并没有促进世界的转变，而是激发了在意识中的倒退与破碎。这样经常会使前习俗方式产生，进而偷偷摸摸地主张以自我为中心意识。而他们的描摹图根本不让他们找到位置，因为他们的映像根本没有这些。

九分图与基本框架

问：当我们讨论平地和盖亚宗教时（见本书第三部分），我想再来讨论这个问题。我们正在讨论生态智力自我，你说这是意识发展到心灵阶段的一种形式。其他的又是什么呢？

肯·威尔伯：所有心灵阶段发展的一个共同特点就是都是一脚踩在粗犷的、普通的个人领域，另一脚踩在后人本的领域。所以，不论各种心灵现象如何，它们都享有某种特定的深层结构，这涉及超越粗放型现实的初始阶段和对于普通身体、心智和文化的超越。

这些超越性现象包括静修的初始阶段，萨满教的洞察与旅行，拙火（kundalini）能量的提升（对于微妙途径、能量、本质的整个心灵剖析的展现），对神敬畏而又向往的强烈感情，自然而然的心灵的醒悟，走出过去的心理创伤获得新生，甚至是走出出生创伤获得新生，与自然的各个方面达成同一性，包括植物、动物，直到整个自然（宇宙意识、自然神秘体验论和世界灵魂）。

问：你怎么知道这些现象真实存在？

肯·威尔伯：当觉性自我开始超越人首马身，更深或更高的意识领域就开始形成了，一个新的世界观和世界空间开始成为焦点。前面列举的那些在这个新的心灵世界空间中都是可以被直接感知到的对象，这一切在心灵世界空间的真实性就像石头在感觉运动世界空间以及概念在头脑世界空间一样。

如果认知觉醒并发展到心灵这一层次，你就会感知到这些新事物，就像你感知一块石头或头脑中的意象。它们就是这样明显地存在着，你不用费很多时间去辨别它们是真的还是假的。

当然，如果你的心灵认知还没有觉醒，你就对这一切视而不见，就像一块石头看不见头脑中的意象。而且你会对那些有能力看到的人颇有微词。

问：所以心灵阶段实际上就是一个广阔空间，一个世界空间，其中可能发生许多种不同的现象。

肯·威尔伯：是的，所有的世界空间都是这样。我所勾画出来的意识基本结构，从低级到高级，只是一种丰富而复杂的真实的框架，而更重要的工作是要使之丰富——不论对高级阶段还是对低级阶段都一样。

例如，就霍华德·加德纳的关于多元智力的著作来看，他认为发展涉及的不仅仅是一种能力，而是许多相对独立的能力（从音乐的、艺术的、数学的到体育的能力等等），我认为这是非常正确的。我们也同样可以绘出这些发展能力的深度，它们与意识发展的基本结构是一致的，但它们仍然是相对独立的才能，好像以它们自己的逻辑展现。这一切都不可否认，事实上，我非常支持这样的方法。

如果你看看图9—1，你就会发现这些基本结构沿它们现有的发展向外画出一道曲线。举例来说，虽然感觉运动认知被标在阶段1上，但这不意味它的发展就停留在阶段2上。相反，感觉运动的领域也同样包括在高层次的发展中，在那里，会发生某些极其高级的感觉运动技能。这就是被广泛公认的“体育运动的灵性方面”。就像迈克尔·墨菲所记录的，许多伟大的运动员和舞蹈家都进入了深奥的心灵空间，这使他们有惊人的表现。

问：不同人格类型怎样放到意识层次图中去的呢？

肯·威尔伯：大多数人格类型都能够也实际发生在各个层次（极限除外）。最简单也最通俗的分法就是外向型与内向型，它们不是意识的层次，而是可以发生在所有层次上的类型。所以你可能在第4阶段，但你可能是内向型或是外向型。

问：九分图又如何呢？

肯·威尔伯：也是一样。九分图把人格分成9种基本类型，它们是9种类型而不是意识的层次。所以我们现在得到的是9个基本层次，而在这每一个层次上都有9个类型——你可以明白多维度、全谱系模型是什么样。

当人格开始生长发展的时候，在前3个支点过程中，它会根据自己的主要防御机制和其主要的天生的力量落脚于这9种中的一种。这些类型持续并主导意识一直到第7支点，或者说超个人领域的开始。在这里它们转变成它们相应的智慧与本质。

问：这究竟意味着什么？

肯·威尔伯：这种思想的基础是从泛神主义到佛教密宗经典的中心概念，如果你把低层次的状态甚至污染了的状态带入清晰的觉识，那这种状态就会转变成相应的智能。如果你把激情带入觉识，你就会发现同情。如果你把愤怒带入觉识，你就会发现明晰等等。这种传统对于转变进行了很多论述，你可以明白其主要观点，我觉得它们是非常正确的。在更高层次的发展阶段，这9种类型同样会开始展现相应的本质与智能。

九分图并没有很好地包容奥妙领域，而且完全没有包括因果领域。但它的确融入了超个人初期的智能，而且在右手象限是一个非常有力的工具。九分图本身主要是由奥斯卡·艾科佐（Oscar Ichzo）创建的，海伦·帕莫（Helen Palmer）也为它做了很多工作，唐·瑞索（Don Riso）最近开始把9种性格类型与意识层次图联系起来，我当然很支持这种做法。阿里（Hameed Ali）的“钻石方法”的根源就是九分图和泛神主义，但他加进了自己的显著而有效的工具和观点。

现在九分图在美国很流行并被用于做一种心理学的室内游戏——“想知道你自己么？选一个数吧。”——这是非常不幸的事。

问：所以类型和层次分别覆盖了横向与纵向——它们都是非常重要的。

肯·威尔伯：是的。对于高级层次，我可以举罗杰（Roger Walsh）对萨满教的处理为例。罗杰接受了心灵/奥妙、因果、不二性这几个基本层次，并把它们看成一种垂直结构。然后他加进了一种非常复杂的横向结构并且分析了每一层次上的12种不同情况。从对控制性的放松到情绪感动的激发到聚精会神的能力，这样他就到达了一个分析超个人状态的多维度坐标格，这个坐标格大大促进了我们对于这一领域的理解。

我这里所讲的都是怎样丰富这个基本框架的例子，事实上我们现在把焦点只放在了框架的进化上，但这并不意味着其他方面就不如这方面重要。

支点8：奥妙阶段

问：所以这种发展又超越了心灵水平而到达了奥妙水平？

肯·威尔伯：是的。所谓“奥妙”是指那些比平时粗放的、常见的意识更加微妙的状态。这包括内部的光辉与声音，原型的样式与形态，极端的狂喜流与认知（shabd，nada），广大的爱与慈悲的感情状态，和那些只能被称为大宇宙恐怖、大宇宙邪恶、大宇宙惊恐的微妙的病理状态。和以往一样，根据演进的规律，奥妙发展阶段绝不只是短暂的快乐。

我们把这种类型的神秘体验论总称为神性神秘体验论（deity mysticism），因为它涉及了你自己的原型样式，与上帝和女神的结合，与婆罗门（Brahman）、报身（saguna ）、有余涅槃（savikalpa samadhi）状态[①]的结合等等。这种与神性的结合或融合——与神的结合，不管你称之为什么——就是支点 8 的开始或融合阶段。

这不仅仅是自然神秘体验论，也不仅仅是与粗放的、自然的世界［佛教徒称为“化身”（Nirmanakaya）］相结合——而是与更微妙领域的“报身”（Sambhogakaya）更深层地结合，这是内部的极乐身或称转变身，它超越并包括了粗放自然的领域，但并不限制于此。自然神秘体验论要为神性神秘体验论让路。

问：这些高层水平在他们呈现自身之前就在人身上完全成形了吗？它们是否躺在什么地方以等待其呈现？

肯·威尔伯：并没有完全形成。我们现在能够说的是，这些高层水平的深层结构就像潜能一样存在于人类当中。当这些潜能展开的时候，它们实际的表层结构是由所有四个象限创建塑造的。也就是说，这些表层结构是由意向、行为、文化和社会形态创建塑造的。

一个典型的例子就是当人们体验到内部强烈的光明，一种微妙水平的光明（近似濒死体验）的时候，一个基督徒可能把它看成是基督、天使或圣人，一个佛教徒可能把它看成是报身或是佛的极乐身，一个荣格主义者可能会把它看成是自己的原型体验等等。就像我们所说的，所有的深层必须被解析，而如果没有一整套背景语境来作为解析的工具，那这种解析是不可能进行的。一个人的个人的背景、文化背景和社会组成都会影响这种深层体验的解析，这是不可避免的。

那些高层结构并不是一个深埋在心灵当中的已经完全成形的小藏宝箱，等待什么时候浮出表层。深层结构是既定的，但表层结构并不是，而体验本身就含有解析的成分，没有各种各样的背景是无法进行的——而这些背景并不仅仅存在于心灵当中。

① 短暂的思虑止息状态，不能持久。——译者注

但如果我们拒绝事先给定的这一端，这并不意味着我们一定要落入建构主义的另一极端。这种微妙体验的内部光明的基本现实并不是简单随意地由文化建造的，因为这些体验是跨文化的，而且在很多情况下文化背景会正式否定这种体验，可是它们还是总是发生。

所以，这些体验有解析成分并不意味着它们仅仅是由文化创造的。当你看夕阳的时候，你可能也会对你的体验进行解析——也许是浪漫的，也许是理性的，带着某种文化色彩，但这并不意味着如果你的文化消失了太阳就不存在了。

不，它们是本体论的真实存在，它们真实存在着。它们有真实的所指事物对象。但这些对象并不存在于感觉运动的世界空间里，不存在于理性世界空间里，也不存在于存在世界空间里。你也可以找到它们不存在于这些空间里的证据！它们存在于微妙世界空间中，在那里你可以找到它们存在的充足证据。

荣格和原型

问：你提到这个微妙水平是一种原型水平，但我知道你这里的原型并不是指荣格的原型。

肯·威尔伯：你说得很对。这是一个非常复杂的话题，因为时间关系无法说清楚。但我或许可以说，在大多数情况下，荣格的原型是藏在人类觉识中奇妙神秘领域内的基本的、集体继承的意象或形态。而这不能与心灵和微妙领地中的发展相混淆。

问：荣格的原型是……

肯·威尔伯：典型的荣格原型是指心灵中的基本的、继承的意象或形态。这些基本的、原始的意象代表了全部人类所拥有的共同的、典型的体验，例如，对于出生、母亲、父亲、阴影、智慧老人、骗子、私我、阿妮玛和阿妮姆斯（男性身上的女性成分和女性身上的男性成分）等等的体验。

也就是说，历史上人们已经无数次地与这种典型的情景遭遇，并把这些基本的意象深深植入人类的集体心灵。你会在全世界范围内发现这些基本的、原始的意象，它们尤其大量存在于这个世界的伟大神话中。

既然这些神秘意象的初始形态都深留于个人的心灵当中，所以当你遇到一种意象比如你母亲形象的时候，你遇到的不仅仅是你自己母亲的形象，而是百万年以来形成的母亲原型，它深植于你的心灵。所以当你与你母亲互动的时候，你不仅是在与你母亲互动，你是在与世界大母亲互动，与大母神互动。所以这个原型意象在影响着你，当然这种影响不可与你母亲对你的影响同日而语。

所以，对于经典的荣格分析来说，你要分析与解析的不仅仅是自己个体的意识——你自己生命中发生的事件，你自己的父亲母亲，你的阴影等等——你还必须分析与解析在集体水平上的原型材料。

例如，也许你激活了有毁坏性母亲的原型，它可能和你实际的母亲没有任何关系，也许在大多数情况下你的母亲都是充满爱心的，而你却害怕被这种关系淹没，陷于情感的封闭之中，被这种亲密分裂。也许你不是在你的实际的母亲的控制之中，而是在原型的控制之中。这尤其会在梦中显现出来：你也许会梦见一只大黑蜘蛛想吞噬你。

所以，当你要分析集体原型水平的时候，你可能想要做的就是研究世界伟大的神话。因为它们是早期的、典型的（所以也就是原型的）冲突，一般都关系到与母亲的冲突。换句话说，这会为你解析这些原始意象提供一个语境，这样你才能够更真诚、忠实地接近这些意象并更清晰地解析它们。你能够在它们对觉识的窒息的控制中把自己分开，并更小心地把它们在你生命中结合。我想这对这一切来说是非常真实的。

问：所以荣格的原型是人类总体基本的、集体的、典型的遭遇的储藏所。

肯·威尔伯：大概是这样的。到现在为止，我还基本上同意荣格的原型，我与荣格的大多数观点几乎保持完全一致，从这一点上说，我把自己看成是荣格主义者。

但是，有一点很重要：集体的并不一定就是后人本的。正如我所说，大多数荣格的原型只是藏在奇妙的神秘的结构中的古老的意象。它们在支点 2、3、4 水平上推动觉识，但并不是转变的或后人本的。很重要的一点是如何处理与这些原型的关系，我们要区分并且整合（超越与包容）它们，但它们本身并不是后人本的、真正的灵性的觉识的源头。实际上，在大多数情况下，它们在觉识中是倒行的力量，弱化高层次发展——这正是必须要克服的，而不是要接纳的。

这里的要点是，某些东西是集体的并不意味着它是后人本的。存在着集体的前个人结构（奇妙的与神话的），集体的个人结构（理智的与存在的），还有集体的后人本结构（心灵的与微妙的）。集体的只是意味着结构是普遍存在的，例如感觉、知觉的能力，冲动与动感情等等。这并不一定是后人本的，只不过是集体的或共同的。我们都天生就有十个脚趾头，但我要是感觉到我的脚趾头，这并不是一种超个人体验。

问：像简·勃伦（Jean Bolen）写的《每个女人中的女神》（*Goddesses in Everywoman*）和《每个男人中的上帝》（*Gods in Everyman*）这样的畅销书呢？它们完全是以神话主题和原型作为基础的，它们是灵性的，对吗？

肯·威尔伯：这要看你的"灵性的"是什么意思，如果你指"超越个人的"，那答案是否定的。我不认为这些书是后人本的，我之所以喜欢它们是因为我偶尔看到一些后人本的闪光之处。这些书对人类继承了的上帝与女神的原型有很精彩的展现，从稳重耐心的赫斯提（女灶神）到性感好色的阿佛洛狄忒（爱与美的女神），再到充满力量与独立的阿耳忒弥斯（月神和狩猎女神）。但这些上帝和女神并不是觉识的超个人模式或真正神秘的光辉，而只是每个男人和女人都能够获得的常见的自我意象与自我角色的集合，这些自我角色（支点 3）与自我意象（支点 4）代表了所有男人和女人共同与典型的潜能。

从这方面讲，这些神秘角色是非常有用的：作为一个女人，也许你没有意识到自己的力量与独立性。也许你需要更多地发觉自身内部的阿耳忒弥斯。通过阅读阿耳忒弥斯的神话与故事，你会更容易地在你的心灵中接近这个原型水平，这样能够发掘出你生命中的潜能。这真是太棒了。

但这不是超越个人的，这只是一个神话的成员角色，一个面具

(persona)，一种私我关系。这不是超私我的，集体的典型并不就是超越个人的。这个国家存在着很广泛的灵性贫血，其中就包括与你内部的阿耳忒弥斯私我（Artemis ego）取得联系这样平淡的事也被称为超越个人的或灵性的。这实际上是非常悲哀的。

问：在荣格原型中是否有一些是超个人或超理性的呢？

肯·威尔伯：大多数的荣格原型、神话原型，都是前个人或至少是前理性的（奇妙的与神话的）。有少数是个人的（私我、角色），还有少数是很模糊的后人本的（智慧老人、自我、曼荼罗）。但这些“超个人”的原型与我们实际知道的后人本领域相比是贫瘠的。

我们用一个例子来说明。在藏传佛教大手印（Mahamudra）的传统中，勾画出了真实的后人本成长的18个阶段。这是对于高层后人本觉知进化阶段的非常详细的描述。而这其中没有任何一个阶段出现在经典的神话中。在宙斯（Zeus）、赫克托耳（Hector）、小红帽中你是找不到这些阶段的。

原因是这18层静修的展开实际上描述的是非常罕见的、不典型的、不寻常的后人本的成长，从心灵领域到微妙领域，再到因果领域——它们既非描述也非来源于典型、普通与日常的经验，在古老奇妙的神话结构中找不到它们，所以它们根本就不可能在世界的典型神话中出现。赫拉（Hera，宙斯神的妻子）、得墨忒耳（Demeter）、戈尔迪洛克（Goldilock）、阿耳忒弥斯、珀耳塞福涅（Persephone，希腊神话中冥王哈得斯之妻）、汉塞尔（Hansel）、格雷特尔（Gretel）等从来就没有想达到这些层次。所以在罗伯特·布莱（Robert Bly）、詹姆斯·希尔曼（James Hillman）、爱德华·爱丁格（Edward Edinger）、玛丽-路易斯·凡·弗朗兹（Marie-Louise von Franz）、沃尔特·欧德利克（Walter Odajnyk），或者任何荣格信仰复兴运动者的著作中，你都不会发现这些高层阶段。

问：这给宗教研究带来很大困惑，因为长期以来我们只知道荣格，如果你同时对心理学与灵性研究感兴趣，那你一定是个荣格主义者。

肯·威尔伯：大概是这样的。荣格的神话原型是非常充分的，而且非常重要。但荣格一直没有能够仔细区分原型中的前个人、个人和后人本的成分，又因为这三种成分都是集体继承的，所以一直存在着把集体的（“原型的”）与后人本的、灵性的、神秘的相混淆。

所以，在今天，荣格倾向于代表一种在心理学中的退步运动。意识只被简单地分成两大领域：个人的与集体的。这种倾向随之就把任何集体的称为灵性的、神秘的、后人本的。而其实大多数只是前个人的、前理性的、前习俗的、倒退的。

所以我们现在有一些受人欢迎的理论家，厌倦了后习俗与以世界为中心的理性视角，进而推举一种倒退的以私我为中心的，生命—冲动的，多形式的，幻想—情感的复兴——换句话说，他们在推举支点 2 的自己。他们把这个支点 2 的自己称为“灵魂”，他们想让我们从这个支点生活，这是非常悲哀的。我们正是在以那些方法寻找大精神，那些方法并不是要超越私我，而是要在一开始就阻止其形成。

问：那么“真正”的原型是什么呢？

肯·威尔伯：不论从西方的新柏拉图派的（Neoplatonic）传统来看，还是从东方的吠檀多哲学（Vedanta）、大乘佛教（Mahayana）、三身（Trikaya）传统来看，真正的原型是微妙的萌芽形式，一切的显示都是建立其上的。在静修觉识的深层状态中，你会开始明白整个大宇宙产生于空无，产生于出缠（nirguna）[①]、梵天（Brahman）、“法身”（Dharmakaya），这些最初产生于空无的形式是所有次要形式赖以存在的基础。

这些最初的形式才是真正的原型，这里的原型的意思是“原始样式”或“最初模型”。这是一道亮光，它的次要一些的光亮都是昏暗的影子；这是一种极乐，它的次要一些的快乐形式只是蹩脚的仿制品；这是一种意识，它的次要一些的认知只是一些反射；这是一种原始的声音，它的其他次要的声音只是一些回声。这些才是真正的原型。

当我们在普罗提诺（Plotinus）、阿桑格（Asanga）、商羯罗

---

① 无自然形态之意。——译者注

(Shankara)、基阿布(Garab Dorje)、阿昆纳维古塔(Abhinavigupta)那里发现这样的论述的时候，我们完全可以肯定这不是理论性的预感或是玄学的假设，这些都是来源于微妙的直接体验，当然这些体验在个体背景下进行了解析，但根源产生于这个深奥的本体现实，这个微妙世界空间。

如果你想知道这些人在实际谈论什么，你必须开始练静修，守戒律，读大乘经，你必须亲身进行实践。这些原型，这些真实原型，是一种静修体验，如果你不亲身进行这种实验你是不会理解这些原型的。它们不是存在于神话世界空间的意象，也不是理性世界空间的哲学概念，它们是存在于微妙世界空间中的静修现象。

这种实验能够揭示原型的资料，然后你就可以对它们的意义进行解析。到现在为止，最能够让人们接受的解析就是：你正在注视着这个整个外显世界的基本形式与基础，你直接地看到了神(Divine)的面容。正像爱默生说的，请来访者脱下鞋子，因为上帝在里面呢。

第十三章　超意识领域（之二）

问： 你谈到面对这些原型的时候，你看到了神的面容、神的最初形式。但大多数现代研究者否认这种看法，认为这“只不过是形而上学”的最强体现，其中没有什么可以被证实。

肯·威尔伯： 首先，你必须亲自进行这个实验并研究这些资料。然后，你才能够对其进行解析。如果你不进行这种实验——静修、守戒、读经——那你就没有进行解析的资源。如果你试图对带有某种神话神秘世界观的人讲直角三角形的直边的平方和等于斜边的平方，你不会得到什么好的效果，你所说的在经验世界中看不到。它没有明确的位置。但你是正确的，你正在你的内在觉识中进行实验，而且你的结论可以被任何进行这种内部实验的人检验。这是一种非常公开的、可重复的、共同的知识，也是那些认为无法获得明确知识者的知识：这个结论存在于理性世界空间，并随时能够被懂得这种实验的人检验。

就所有这些觉识的内部实验来说，静修是最古老的、最能够被验证的、最能够被重复的。如果你感到怀疑，那是一种非常健康的态度，我们请你自己去发现，和我们一同进行这种内部的实验，获取资料，并帮助我们解析它。但如果你不去进行这种实验，请不要嘲笑那些去做的人。

到现在为止，那些获取资料的人的最普遍的解析就是：你正和神面面相对。

支点 9：原因（The Causal）阶段

问： 你提到这些微妙和原型形态都是从空产生，从因果关系产生，这也就是下一个阶段，支点 9。

肯·威尔伯：对于一种特定类型的静修来说，当你追求的是一个面对纯粹的空之中的终极源头的觉体、觉性（observing Self）、证悟者（Witness）的时候，那么在意识中就不会产生任何客体了。这是一种截然分开的、可以确认的觉识状态——也就是非外显的入定（absorption）或安止（cessation），也就是人们所知道的经典的涅槃、智慧三摩地（nirvikalpa samadhi）、等持三摩地（jnana samadhi）、希伯来文之第 16 个字母（ayin）、无分别（nirvikalpa）、灭（nirodh）。这是一种因果状态，一种分离状态，这种状态经常被比喻成深度无梦睡眠，但这种状态并非一种空白，而是一种绝对的完满。它让人体验到的是无限地沉浸在完满的存在中，完满得以至于任何外部显现都没法一开始就包容它。因为它永远不能被看成是客体，纯粹的自我（self）就是纯粹的空（emptiness）。

问：你说的这一切都非常抽象，你能否再说得实在一些？

肯·威尔伯：你此时此刻感觉到自己了，是吗？

问：我想是的。

肯·威尔伯：如果我问“你是谁?”，你就会开始描述自己——是一个父亲、母亲、丈夫、妻子或朋友；你也可以说你是一个律师、职员、教师或经理，你喜欢什么、不喜欢什么，你喜欢哪种食物，你有哪些愿望与动机等等。

问：是的，我会列出这些我知道有关自己的东西。

肯·威尔伯：你会列出“这些你知道有关自己的东西”？

问：是的。

肯·威尔伯：你所知道的所有这些有关自己的东西都是你觉识中的客体，它们是处于你觉识前列的意象、想法、欲望、概念、感情等等，它们都是你觉识中的客体。

问：是的。

肯·威尔伯：这些在你觉识当中的客体都不是觉性。所有这些你知道的关于你的东西都不是真正的自己。这些东西都不是可以预言的观者

(Seer)，而只是能被看到的东西。当你“描述自己”时所描述的东西根本就不是你真实的自己。它们只不过是一些客体，或内部的或外部的，它们并不是这些客体的真正观者。所以当你用这些客体来描述自己的时候，你最终列出的只是一系列错误的理解，一系列谎言，一系列其实你根本不是的东西。

谁是真正的观者？这个觉性是谁或者说是什么？

罗摩纳上师（Ramana Maharshi）把这称为证悟者“我—我”（I-I），这是对个体我或自己的觉察，但它本身无形无象。那么什么是“我—我”呢？什么是因果关系的证悟者？什么是纯粹的觉性？

这个深层内在自己就在那边注视着整个世界，也同样注视着你的内在思想。这个观者看到了自我，看到了身体，看到了这个自然世界。所有那些都处于观者的“前部”，但观者本身并不能被看到。如果你能看到什么，那只是些客体。观者并非这些客体，证悟者亦然。

所以你继续追问“我是谁?”这个本身不能被看见的观者到底是谁或是什么？你只是“倒推”（push back）进入到了觉识，并且你否定对于你能看到的或看到的客体的认同。

自我、观者或者证悟者不是任何特别的思想——我可以把这种思想看成一个客体。观者并不是一种特别的感觉——我意识到那是一个客体。觉性并不是身体，不是心智，也不是私我——我可以把这一切都看成是客体。那么，什么东西正在看着这些客体？在你当中的什么东西在看着这些客体——看着自然以及景象，看着身体以及它的感觉，看着心智以及它的思想？是什么东西在看着这一切？

现在就试着感觉你自己——找到一种成为你自己的好的感觉——并且注意自我只是觉识中的另一个客体。它甚至不是一个真正的主体，一个真正的自我，它只是觉识中的另一个客体。这个小小的自我和它的思想在你面前游荡，就好像云飘过天空。看到这一切的真正的你是什么呢？是谁，或者是什么看到了你的小小的客观的自我？

当你倒推进入这个纯粹主观性，纯粹的观者，你不会把它看成一个客体——你不能把它看成一个客体，这是因为它根本就不是一个客体！

你什么也看不到。但是，只要你平静地静止在这个观照的觉识中——注视着身体、心智以及自然飘浮——你可能会开始注意到你实际感受到的是自由的感觉，一种解脱的感觉，一种不被你所看到的客体束缚的感觉。你什么也看不到，你只是静止在广阔的自由当中。

在你面前白云飘荡过去，你的思想飘荡过去，你的身体的感觉飘荡过去，而你并不是它们。你是这些客体来来往往的广阔的自由空间。你是一块空地，你是空，你是一个广大的空间，所有的客体在其中来来往往。白云、感觉、思想来来往往，但你并不是它们。你是浩瀚的自由感，你是无垠的空，你是无边的空地，正是由此外显才得以发生，停留片刻，随之飘走。

所以，这时你开始发觉在你内部见证一切客体的“观者”其本身就是一个广袤的空。它并不是一个什么东西，一个什么客体，也不是你可以看到或者抓到的任何事物。它是一种广袤的大自由感，因为它本身就不是什么可以进入这个客观的，由时间、客体、紧张与张力组成的世界的任何东西。这一纯粹的证悟者就是纯粹的空，所有个体的主观与客观在其中产生并停留片刻，随之离去。

所以，这个纯粹的证悟者并不是可以被看见的！任何想看见它或把它当成一个客体来理解的企图都好像是要把时间抓在手里不放。这个证悟者并不在这来来往往的川流当中，它是能使这种川流产生的广阔的自由空间。所以你不能抓住它或者说，啊，我看见它了。相反，它是不能被看到的观者。当你静止在这种注视当中的时候，你所感到的一切就是广阔的空、自由与无边的广袤——这是一个透明的空旷地，所有微小的主观与客观都由此产生。这些主观与客观当然是可以被看见的，但对它们的见证是不可见的。对它们的见证是从它们当中的完全解脱，是不被它们的混乱、欲望、恐惧、希望束缚的完全自由。

当然，我们倾向于找到我们与这些微小个体主观与客观的同一性——这正是问题的所在。我们把观者认同为这些可以看到的微小事物，这就是束缚与不自由的开始，我们实际上就是广阔的自由，但我们认同于不自由的、有限的主观与客观，所有这些都可以被看到，也都在受苦，而我们并不是其中的任何一个。

帕坦加利（Patanjali）对于束缚进行了经典的描述，认为是“用看的工具对观者的确认”——也就是用微小的主观与客观，而不是用使主客观得以产生的空地或虚无。

所以当你静止于纯粹的证悟的时候，我们并不把这个证悟当成客体，你所能看到的东西都不是它，而且所有主观与客观中都没有它，它彻底从这一切中解脱出来。静止于纯粹的证悟，你所有的是背景的缺席或是空，这是“要被体验的”，而不是一个客体。它是摆脱了对微小的主客观认同束缚的广阔的自由与解放，这些主客观进入了时间流并且在这种痛苦的时间急流中壮大。

所以，当你静止于这个纯粹的观者，这个纯粹的证悟者，你就是无形的。谁也看不到你，看不到你的任何部分，因为你并不是一个客体。你的身体可以被看到，你的精神可以被看到，自然可以被看到，但你不是这其中的任何客体。你是觉识纯粹的源泉，而不是从觉识中产生的任何东西。所以你和觉识是在一起的。

万物产生于觉识，它们停留片刻便离开。它们在空间中发生，在时间中移动。但证悟者并不来去匆匆，它不是在空间中产生，也不是在时间中移动，它就是它，永恒不变。它不是存在于那里的客体，所以也不进入时间流、空间流与生死的变迁。那些都是体验，都是客体——它们来去匆匆。但你并不来去匆匆，你根本没有加入那个流。你意识到了一切，但你并未身陷其中。这个证悟者意识到了时间与空间——所以它自己就能从中解脱出来。它是没有时间与空间的，它是纯粹的空无，时间与空间就是在这其间行进的。

所以这种纯粹的观者是先于生命与死亡，先于时间与混乱，先于空间与运动，先于外显世界的，它甚至先于宇宙大爆炸本身。这并不意味这种纯粹的自我存在于宇宙大爆炸前的某段时间，它是存在于时间之前的。但它从来没有加入那个时间流。它意识到了时间，所以能从时间中解脱出来——它完全是没有时间性的。因为它没有时间性，所以它是永恒的——这并不是在时间上无限延续，而是根本不受时间束缚。

它从来没有出生，所以它永远不会死。它从来没有进入这个暂时的流。这种广阔的自由就是伟大的非生（Unborn），所以佛说："这里有一个非出生的、非制作的、非创造的，如果不是因为有这个非出生的、非制作的、非创造的也就不会有从出生的、制造的、创造中的解脱。"静止在这种广阔的自由也就是静止于这种伟大的非生，这种广阔的空。

因为它是未生的，所以它是不死的。它不是用你身体创造的，也不会因为你身体的消亡而消亡。并不是它超越了身体的死亡，而是它一开始就没有进入这个时间流。它并不是在你身体死后继续生存，而是在你身体之前就一直生存。它不是在时间中的永存，它先于时间流本身。

空间、时间、客体——所有这些都只是在行进着。但你是证悟者、观者，它本身是纯粹的空、自由、开放。整个的行进都经过这个伟大的空，从未触摸你，从未引诱你，从未伤害你，从未安慰你。

这是因为有这种广阔虚无、伟大非生，你才能够真正获得解放，从出生和创造之中，从空间、时间和客体的苦难之中，从被称为轮回的尘世当中。

问：我对你刚才说的有了一个大概的体会。

肯·威尔伯：大多数人都能很快地感知到这个证悟者，但要在自由中生存是另一回事。

问：证悟者是怎样与从未显现的自我相联系的呢？

肯·威尔伯：证悟者本身就是自我。它本身就是纯粹的空。如果你是瑜伽练习者，你实际可以进一步探询这种根源，探询这个观者的纯粹主观性，然后所有的客观与主观都将停止产生。那就是无分别或休止——这实际是一种瑜伽状态，一种分离状态（事实上是支点 9 的融合阶段）。这是纯粹的无形神秘体验论——所有客体，包括被感知为一种有形态的上帝，都消失于休止。所以神性神秘体验论要让路于无形神秘体验论。

因为所有可能的客体还没有产生，所以这是一个纯粹空无的非外显的状态。在这个状态中你所实际"看"到的是无限的虚无，这也就意味着它太过圆满以至于无法被包容在任何主观、客观或你所见所听之中。

这是纯粹的意识，纯粹的觉识，前于任何形式的外显——前于主观与客观，前于现象，前于全子，前于世间万物。它是完全非时间，非空间，非客体的。所以它从根本上完全超脱于时间与空间的限制，而且从根本上超脱那些碎片所带着的固有的磨难。

我们并不一定要以这种特别的瑜伽方式来追寻证悟者，瑜伽方式可以做到，而且它清楚地指出了这个观者本身的非外显根源。这也就是为什么许多伟大传统，例如瑜伽佛教（Yogachara Buddhism）直接把空等于意识。我们不用卷入这些讨论的具体细节，但你能得到的基本点——证悟者本身，纯粹意识本身，并不是一个事物、过程、特征或实体，它是最终不可限制的——它是最终的纯粹空。

问：它为什么称为“原因”？

肯·威尔伯：因为它是所有初级领域的支撑基础，原因基础，创造基础。记住我们所看到的一切，正像怀特海所说的：“形而上学的根本原理就是创造走向新生。”创造是宇宙的根本基础的一部分，新的全子总会以某种方式奇迹地产生。我指的是从空中产生，但你可以把这种创造基础称为你想称的那些东西。有人把它称为上帝、女神、道（Tao）、婆罗门（Brahman）、法身（Dharmakaya）、无限（Keter）、本觉（Rigpa）、公理（Maat）[①] 或者理（Li）。更加科学性的解释倾向于把它称为宇宙的“自我超越”的能力，例如，詹希（Jantsch）就是这样做的。这些解释都很好，最关键的一点是有东西产生。这真是太奇妙了，不论你管它叫什么。

空、创造力、全子——这些都恰恰是我们在第一章开始论述的。这些全子以主观或客观的形式产生，单数或复数——也就是四个象限——并且遵循 20 条原则，这 20 条原则是外显在产生时所展现出来的模式，是空无、佛身、神性的潜在模式。带着这 20 条原则，我们开始了全子回到本原的进化运动。

这种模式代表了走向更深的深度，更伟大的意识与延展，这种延展

① 埃及文化中的正义、真理、秩序之神。——译者注

最终形成在无限空无中的它自己无限的基础（ground）。但这个空自己并不是一个产生物，它本身就是创造的基础，先于时间，一直存在，但最终在某些全子中它变得对自己透明，这些全子领会了这种空、大精神和“无基础之基础”（groundless Ground）。

同样是这个空，像意识一样，一直呈现在每一个全子的内部深层。这个深层不断抛掉它的次一级形态，直到抛掉全部形式——它的深度达到无限，它的时间达到永恒，它的内部空间是所有空间，它的行动者就是神本身：基础、道路、空的成就。

不二阶段

问：那么这种因果的非外显就是绝对的终点了吗？这就是时间、进化与历史的终点吗？最后的欧米伽点（Omega Point）吗？

肯·威尔伯：许多传统都把这种休止状态视为最高状态，所有发展与进化的最终点，的确是这样的。这种最终状态也就等于完全的觉醒，最终的解脱，纯粹的涅槃。

但是根据不二传统，这还不是“最后的篇章”。因为在某种程度上，当你探询证悟者，并静止于证悟者，那种你“就在这儿”已经成为证悟者的感觉会突然完全消失，这个证悟者变成了你所看到的一切。因果让位于不二，无形神秘体验论让位于不二神秘体验论。“有就是无，无就是有。”

再专业一点说，你已经不再与证悟者达成同一性，而是把它与所有外显结合——换句话说，支点 9 的第二三阶段，已经不再是一个单独的支点或层次，而是所有层次，所有状态，所有情况的现实或真如（Suchness）。

这是空的第二个也是最深刻的意义——它不是一个孤立的状态，而是所有状态的现实，所有情况的真如。你已经从因果到达了不二。

问：所以空有两种意义？

肯·威尔伯：是的，这可能很让人迷惑。一方面，它是一个独立的，可以确认的觉识状态——也就是非外显的入定与休止——经典的涅槃、报身、希伯来文的第 16 个字母（ayin）、等持三摩地（jnana samadhi）、灭（nirodh）、无分别（nirvikalpa）。这是因果状态、独立状态。

另一方面，空并不是众多状态中的特别一种，而是所有状态的现实、真如、情况。不是与其他状态分离的一种状态，而是所有状态的现实与条件，不论是高是低，神圣还是污秽，普通还是特别。

问：我们已经讨论了分离状态，现在该讨论不二性了。

肯·威尔伯：是的，这种不二性的真如体验与我们以前讨论过的自然统一体验是相似的，只不过这种统一被体验时需要的不仅仅是那边的粗放的形式，而且还需要这边的微妙形式。用佛教术语来说，这不仅仅是化身（Nirmanakaya）——粗放或自然神秘体验论，也不仅仅是报身（Sambhogakaya）——微妙或神性神秘体验论，也不是法身（Dharmakaya）——因果或无形神秘体验论，而是自我身（Svabhavikakaya）——这三者的结合。它超越了自然神秘体验论、神性神秘体验论、无形神秘体验论——而是每一种的现实或真如，所以把每一种都结合进它的怀抱之中。它包含了整个意识层次图——超越了全部，包含了全部。

问：这听起来很专业，也许我们有更直接的方法来谈论不二神秘体验论。

肯·威尔伯：一般而言，成为任何一种观者、证悟者或自性的感受会全部消失。你不是在看天空，你就是天空本身，你可以品尝天空，它并不是在远处。就像禅宗所说的，你可以一口饮进海洋，一口吞进宇宙——这正是因为觉识不能够再被分为这里向外看的主观和那边所见的客观。这里只存在着纯粹的看。意识与它的展现是不能够被分开的。

万物每时每刻都在继续产生——整个大宇宙都在继续分分秒秒地产生——但没有人在看着这种展示，而只有展示，是一种清晰的、自然的、完美的姿态。证悟者的纯粹空无与每一种可以被看到的形态共存，这就是“不二性”的基本意义之一。

问：你能说得再详细一些吗？

肯·威尔伯：你可能已经进入了证悟者的状态——也就是说，你简单地静止在了纯粹观察性觉识中——你不是可以被看到的客体——不是自然，不是身体，不是思想——只是静止于纯粹见证的觉识中。你可以从那个见证的觉识中获得某种“感觉”——一种自由、超脱、极度宽广的感觉。

当你安住于这种状态，并把这个证悟者当成一个广阔空间来“感觉”的时候，如果你看一座山，你可能会开始注意到这种对证悟者的感觉和对山的感觉是同一种感觉。当你“感受”你的纯粹自我和“感受”这座山的时候，它们是完全同样的感受。

换句话说，真实的世界并不给你两次—— 一个在那边，一个在这边。这个“两次”与“二元性”是同样的意思。相反，这个真实的世界只给你一次，非常直接地——这是一种感受，一种味道，在这一种味道中它是非常完满的，不能被分割成观者与所见（the seen），主观与客观，碎片与碎片。它是单数的，它的复数是未知的。你可以品味这座山，它和你自己是一个味道。它并不是那边的东西被反射到这边——二元性并不存在于真实体验的直接性当中。真实体验，在你把它分裂之前，是不包含二元性的——真实体验，现实本身，是“不二性的”。你就是你，山就是山，但你和山是同一种体验的两面，而这种体验是这一时刻的唯一现实。

如果你放松并沉浸于这种样式的现存体验，你分离状态的自我感觉就会展开，你将不再站在生命的后方，你也不会再有什么体验，你突然就变成了所有体验。你将不是“在这里”看着“那边”——这里与那边是一体，所以你也不再被困在这儿。

突然间，你再也不在身体与精神当中。突然间，身体与精神都陨落了。突然间，风不再吹在你身上，而是穿过你，在你内部。你不是在看那座山，你就是山。山比你的皮肤离你还近，你就是山，而没有你——只有分分秒秒自然产生的整个发光的展现。分裂的自己再也找不到了。

整个“重量”的感觉都消失了，因为你已不在大宇宙中，大宇宙在你当中。你就是纯粹的空。整个宇宙就是一个透明的、发着微光的神，一种原始的纯净。但神并不在什么其他地方，它就是所有的微光。它是自视的，它有单一的味道，它不在任何其他地方。

问：主观与客观是不二的吗？

肯·威尔伯：你知道有一个禅语问道："一只手拍是什么响声？"一般来说，我们当然需要两只手才能拍响——这是典型体验的结构。我们感到自己作为一种主观"在这儿"，而世界作为一种客观"在那儿"。我们有体验的两只手，主观与客观。一个典型的感受是这两只手的撞击产生声响。作为那边的客观撞击了作为主观的我，然后我就有了一种体验——这两只手一起拍，体验就产生了。

所以体验的典型结构就像脸上遭受一击，普通的自己成了被击碎的自己——他完全被"那边"的宇宙击碎了。普通的自己是一系列伤痕，是这两只手的经验相互碰撞的结果。这种伤痕被称作"苦"（duhkha），这是苦难。正像克里希纳姆提（Krishnamurti）曾经说过的，在主观与客观之间是整个人类的神秘。

但当你进入不二状态时，突然间你所有的不再是两只手，突然间，主观与客观成了一只手。突然间，在你之外没有什么能碰撞你，使你受伤，使你痛苦。突然间，你没有了体验，你就是所有的体验，你一下子得到解脱进入所有空间：你和整个大宇宙就是一只手、一种体验、一种展现、一个伟大完美的姿态。在你自身之外你没什么能够渴望、寻求、掌握的——你的灵魂扩展到世界的每一个角落，以无限的快乐拥抱一切。你是完全地圆满，完全地饱和，完满与饱和得使大宇宙的边都爆破了，使你失去了日期、时间与位置，被无限关爱的海洋所洗涤。你完全超脱而进入了全部（all），作为全部——你是自视的光芒四射的大宇宙，你是一味的宇宙，这种味道是绝对没有界限的。

那么什么是一只手拍的声音？一味的味道是什么？当你的外界没有什么能够碰你，伤你，推你，拉你——一只手拍出的是什么声音？

看到山上的阳光了吗？感觉到凉爽的微风了吗？还有什么不明显的吗？谁还没有开悟？正如一个禅师说的："当我听到铃铛响的时候，没有我，也没有铃铛，只有铃声。”这里没有两次性（twiceness），也没有二重性（twoness），只是直接的体验！没有内部外部，没有主观与客观——只有直接的觉识本身，一只手拍的响声。

所以你不是在这里，在透明窗户的一边，看着那边的大宇宙。透明玻璃已经被粉碎，你的身体精神陨落了，你永远逃脱了那种束缚。你不再在“脸的后面”看着大宇宙——你就是大宇宙。你就是它的全部。这正是你为什么能吞进整个大宇宙，而一切都纹丝未动。一只手拍的声音就是宇宙大爆炸的声音，就是超新星爆炸的声音，就是布谷鸟叫的声音，就是晴朗天气中瀑布的声音，就是整个外显宇宙的声音——你就是这个声音。

这也就是为什么你的原相（Original Face）不在这里。它只是这种微微发亮展现的空与透明。如果大宇宙产生了，你就是它，如果什么也没有产生，你就是它，在两种情况下，你都是它。在两种情况下，你都不在这里。窗户已经被打碎，主观与客观的鸿沟已经消失。任何地方都没有两次性与二重性——整个世界从来都没有给你两次，而永远只是一次——而且你就是它。你就是那个一味。

这并不是某种你能够致使发生的状态，这种不二状态，一味的状态，是在你把它分裂之前的各种体验的本质。这种一味并不是你通过努力而引发的状态，而是所有体验在你没有对它们做什么之前的实际情况。这种未事先计划的状态是前于努力，前于把握，前于避免的。它是你在未对其做任何事之前的真实世界，包括你努力要“把它看成是不二的”。

所以你要是想把你的觉识或体验看成是不二的，你不用对觉识或体验做什么特别的事情，它本来就是不二的，它的本质就是不二的——先于把握，先于努力，先于事先计划。如果努力产生了，那很好；如果努力没有产生，那也很好。在两种情况下，有的只是直接的一味，先于努力或不努力等等。

所以这根本就不是一个很难进入的状态，而是一个你根本就不能避免的状态，一直都是这样的。你无时无刻不体验到这种一味，它是整个大宇宙中唯一的恒量，是所有现实中唯一的现实。在一千万亿年中，从来没有一秒中你没有意识到这种味道，从来没有一秒中它不直接在你的原相中。

当然关于这一点，关于世界的一味，一只手拍的原始声音，我们的原相，我们经常对自己说谎，对它们不忠实。不二传统的目标，并不是要制造这种状态，因为那是不可能的，其目的只是把它指出给你看，让你不能忽视它，不再对你自己说谎，隐瞒你究竟是谁。

问：所以这就是不二状态——这是否包括身体与精神的二元，左手与右手的二元？

肯·威尔伯：是的，原始的状态先于，但并不异于这个二元形态的世界。所以在原始状态中并没有主观与客观，没有内部与外部，没有左与右。所有这些二元都继续产生，但它们都是相对的真实，不是绝对或原始真实本身。原始的真实是铃声。相对的真实是“我”与“铃”，精神与身体，主观与客观。它们有某种相对的现实，但它们并不是最后的结论。

所以这些相对二元主义中所固有的困境不能在相对平面上得到解决，你不可能对“铃”或者“我”做什么而使它们成为一体，而只能放松沉浸在先前的铃声中，直接的体验本身中。在这一点上困境不会产生，它不是被解决了，而是被融解了——不是通过从客观中减少主观，也不是从主观中减少客观，而是通过承认这个原始的基础，主观与客观都是这个基础的部分反映。

这也就是为什么困境与生俱来就存在于这些二元主义中——在身体与心智之间，心智与大脑之间，意识与形式之间，心智与自然之间，主观与客观之间，左手象限与右手象限之间——它们不能在相对的平面上得到解决——这也就是为什么这个问题从来没被传统哲学解决。这个问题在原始状态中没有被解决，而是被融解了，否则这个问题就会使二元主义保持原样，带着某种传统的或相对的现实，在它们自己的领域内是真实的，但却不绝对。

纯粹当下的直接性

问：是否有哪些正统或主流哲学家承认这种不二性？

肯·威尔伯： 我经常非常兴奋地发现詹姆斯与罗素在这个关键问题上能够达成一致，他们都认为主观与客观的不二性占据直接觉识的首要位置。我觉得这非常有趣，因为如果你发现有什么东西这两个人都同意，它可能也就直接来自上帝，所以我想我们就可以带着一定信心去拥抱不二性。

罗素在他的伟大著作《西方哲学史》中的最后一章中谈到了这个问题，其中他讨论了詹姆斯的“彻底经验主义”（radical empiricism）。现在我们必须小心这个术语，因为这里的“经验主义”并不仅指感官的体验，它意味着体验本身，在任何领域内。它意味着直接的领会，直接的体验，直接的觉识。詹姆斯开始论证这种纯不二的直接性是现实的“基本东西”，也就是说，不论主观与客观，精神与身体，内部与外部，都是衍生物或处于次级水平。他们都晚于处于首位的直接性，而这种直接性实际上才是最终的现实。

罗素认为詹姆斯是第一个发展这种不二性立场的“主流的”或者说“被人接受了的”哲学家，罗素给予詹姆斯这种地位是非常正确的。当然，实际上许多神秘体验论和沉思的智者已经这样说了几千年了，但是，詹姆斯却把它带进了主流哲学……使朝这个方向发展中的罗素对它的真实性更加信服。

詹姆斯在他的一篇题为《“意识”是存在的吗?》（Does Consciousness Exist?）的文章中介绍过这种不二性概念，他得出的答案是意识是不存在的，这曾经使许多人迷惑。他的观点其实是，如果你仔细地考虑意识，它并不是一个东西、客体、实体。如果你仔细考虑就会发现，意识就是某种可能在任何情况下的直接发生——例如，我们看一座山峰，你作为主体并不是把山看成一个客体，你和山是直接真实体验中的一体。所以在这个意义上，作为主观实体的意识是不存在的——它并不是某种独立的东西，带着某种独立的体验。这里只有体验直接性中的一味。

所以，纯粹的体验并没有分裂成内部和外部，它不存在什么两次性与二重性。詹姆斯把这种思想典型地表述为：“我相信体验没有这种内部的双重性（duplicity）。”注意“duplicity”这个词同时具有“二重性”和“口是心非”之意。体验具有二重性是一个最基本的假象，是最原始的不忠实，是无知与欺骗的开始，是自我挫折的开始，是轮回的开始，是处于永恒的中心处的谎言的开始。实际上，每一种体验，和所有的体验，都是以一味的状态到来的——它到来时并没有破碎或分裂成主观与客观。这种分裂，这种双重性，是谎言，是最本质的谎言，是最原始的不忠实——是“小我”与破碎自己的开始，这个自己以其自身受苦的形式隐藏在原相后面。

难怪伟大的禅学家铃木大拙（D. T. Suzuki）说詹姆斯的彻底经验主义（或不二经验主义）就像是西方进入了“无心”（no mind）或空。这样说可能过于强烈了，但你可以知道他的意思。

罗素并不是很了解这样一个事实，那就是一些伟大的沉思哲学家—智者已经解决了或融解了主观/客观二元性，从普罗提诺、奥古斯丁、埃克哈特（Eckhart）、谢林、叔本华到爱默生。尽管对这些有误解，罗素还是非常清晰地介绍了詹姆斯的重大成就：

> 这篇文章（《“意识”是存在的吗?》）的宗旨是要否定一种理论，即“主客观的关系是根本的”。直到现在，哲学家还都很自然地认为有一种被称作“认识”的情况，其中一个实体是认识者或主观，去明白那个被认识的东西或称客体（“两只手”的体验）。认识者被当成一个心智或灵魂，客体被看成是一个物质客体，一个永恒的本质，另一个心智，或者是在他自己的意识中能被认识者认同的东西。几乎在被接受哲学中的所有一切都被束缚在主观与客观的二元主义中。如果这种对于主观与客观的划分不被接受为是基本的，那么心与物的划分和传统的“真实”的概念都需要被彻底重新考虑。

为使其更委婉一些，罗素接着又说：“就我而言，我相信詹姆斯在这个问题上是正确的，仅凭这一点，他就是一个出色的哲学家。”

问：所以说这两个人都隐约地明白了不二性。

肯·威尔伯：我想是的，隐约地明白不二性并不困难。大多数人都"可以被说服"，就像我们刚才所做的那样，至少人们会有点体会。我想这也就是詹姆斯亲自对罗素所做的，也是罗素自己所说的。就在他说完"我相信詹姆斯在这个问题上是正确的"之后，他又说："直到他说服我相信他的信条之前，我还和他的想法不一样。"我想詹姆斯明白地把它指点给了罗素！看见山了吗？你的心在哪里？心和山……不二性！

问：所以他们都察觉到了一种禅的意味？一种不二的意味？

肯·威尔伯：是的，一种不二的微光、意味、线索——这并不难领会。但对于不二传统，这才刚刚开始。当你静止于这种未事先计划的纯粹直接与自由的状态中的时候，奇怪的事情就开始发生了。你以前所认同的所有主观倾向——所有那些使观者与被看到物之间产生鸿沟的小我与主观——它们都开始在不二的自由空间中燃烧。它们都尖叫着浮到表面并死亡，这是一个非常有趣的时期。

当你静止于这种一味的原始自由的时候，你不再是以这些主观倾向行动，所以这些倾向基本上都死于无聊，这仍然是一种死亡，这种死亡在这种自由中所发出的尖厉声是非常强烈的。你并不一定要做什么，只需挺住——或任其发展——它们都是不相关的。所有这些都是由原始自由的广阔空间自然完成的。但你仍然被活活燃烧着，这是你不微笑时所能达到的最大快乐。

从根本上说，什么类型的体验产生并不重要——简单的、自然的、不二的，未事先计划的状态前于体验，前于二元性，所以它非常高兴地拥抱所有产生的一切。但是奇怪的事情产生了，你不得不与这种"无法努力的努力"共处一段时间，并不断使这些小的死亡死去，这也是真正的实践能够被看得见的地方。

詹姆斯和罗素都没有这样做，这一点在他们的哲学中清晰地表现出来。罗素宣布他完全同意主观与客观是原始觉识的衍生物。然后在他的生命中又迅速转过身去对衍生的主观，衍生的自我和狭小理性精神进行认同，并且在这个谎言与二重性的基础上构建他的分析哲学。那又有什么好处呢？他对不二状态要把他引向何方并没有什么线索。

即使是詹姆斯也没有深刻地穿透这种原始状态，他的彻底经验主义非常快地就退化成了感觉现象主义，随之就崩溃成了右手经验主义和实用主义——一种极度令人失望的发展，美国式的发展。虽然这并不能贬损他前几步的伟大。

开悟

问：你说不二性在它本身的层次上并不排斥二元主义。

肯·威尔伯：是的，认为排斥是完全错误的。这些二元主义——在主观与客观之间，在内部与外部之间，在左与右之间——将继续产生，也应该继续产生。这些二元性正是外显的机制。大精神——现实的纯粹直接真如——以单数或复数的形式，外显为主观与客观——换句话说，大精神外显为整个四个象限。我们不应该让这四个象限简单地消失——它们是大精神外显的光芒。

但我们应该看穿它们，看到它们的本源（Source），它们的真如（Suchness）。而浮光掠影般的一瞥是做不到这一点的。这种一味已经渗透进了所有的层次，所有的象限，所有的外显。正是因为这是世界上最简单的东西，所以它是最坚硬的。这种无法努力的努力需要巨大的毅力，巨大的实践，巨大的真诚，巨大的忠实。人们需要在行走状态下追寻它，在做梦的状态下追寻它，在无梦状态下探求它。就是在这样的情况下，我们开始了不二流派的实践。

问：在这些流派中“开悟”是否有着不同的意义？

肯·威尔伯：在某种意义上是的，关于“开悟”状态有两个不同的流派，分别与我们前面讨论的“空”的两种意义相对应。

第一个把入定（absorption）的因果的或者非外显的状态［无分别（nirvikalpa）、灭（nirodh）］作为它的范式，这是一个非常明显的、分离的、可以确认的状态。所以如果你把开悟等同于那种休止状态，那你就能够清楚地说某个人是否“大彻大悟了”。

一般说来，在上座部（Theravadin）佛教传统中和数论（Samkhya）瑜伽流派中，一旦进入这种非外显入定状态中，你的内心中游荡的痛苦和无知的根源就能被燃烧掉一部分。你进入这种状态的次数越多，燃烧掉的也就越多。经过一定数量的这种进入之后——经常是四次——你已经烧光了一切，再没有什么可以烧了，之后你就可以随意进入这种状态，永远停留在那里。你可以永远进入涅槃，对你来说轮回已经停止了。整个有形态的世界都停止产生。

但不二传统并没有把这种状态作为目标。它们能掌握这些状态，并经常使用这种状态，但更重要的是，这些流派——如吠陀、印度教、大乘佛教和金刚乘佛教——更有兴趣指出不二状态的真如，它不是觉识的独立状态，而是所有状态的基础和空。所以它们并没有兴趣找出一个与有形世界（或轮回）分离的空，而是追求有形有色的空。对它们来说，涅槃与轮回、空与色并不是分离的，色就是空，空就是色。

而这就改变了一切。在因果传统中，你可以非常肯定地说一个人处于那种分离状态。它是非常明显的，不会错的。也就是说，你有非常清晰的尺度去衡量开悟。

但是在不二传统中，在你的训练初期你就很快进入了不二状况。大师很简单地就会指出你的觉识的一部分已经出于不二。

问：具体是怎样做的呢?

肯·威尔伯：这与我们谈论证悟者时非常相似。我好像是在“说服你”使你对它有了一种隐约的感觉，甚至更深一步对你与山的不二的一味。不二传统有大量的“指出式的教诲”。它们直接指出在你的觉识中已经发生了什么。每一种体验都已经是不二的了，不论你意识到与否。所以你并不需要改变你的意识状态去发现不二性，你所处的任何意识状态都可以，因为不二性完全呈现在每一种状态中。

所以改变意识状态并不是不二传统的关键，识别才是关键。识别那些一直以来就是那样的东西。改变状态是无用的，只能分散注意力。

所以你经常会得到一直以来就是那样的不二传统的开始味道与指引。就像我说的，我觉得这就恰恰是詹姆斯对罗素所做的。仔细地观察直接觉识，你就会发现主观与客观实际是一体，而且已经是一体，你需要做的只是识别它。你不用设计一种特别的状态去看到这些，一味已经是所有状态的本质，你在任何状态中都能做到这一点。

问：就是简单地指出来。

肯·威尔伯：是的。你看过报纸上那些愚蠢的猜图游戏吧，例如“这张海洋的地图中有15个美国总统，你能够找到他们吗?”

问：喜剧之父萨达克思（Guido Sarducci）有一个“在比萨饼中找教皇”的笑话。

肯·威尔伯：用这个笑话我们会陷入麻烦的。我们最好还是用总统吧，他们已经习惯被人嘲弄。

这些之所以有趣是你正看着所有的脸，你的意识中已经具有了所需要的一切。你就看着这些答案——这些总统的脸——但你却不能识别它们。这时如果有人走过来指给你看，你就会恍然大悟，你会说——我的确一直就在看着答案。

对于一味的不二状况也是一样。你此时此刻就在看着它，不二状况的每一点都完全在你的觉识中。在你觉识中的不仅仅是大部分，而是全部。你只是不能够识别它。这时如果有人走过来指给你看，你就会恍然大悟，你会说——我的确一直就在看着答案。

问：这种情况也产生在训练中吗?

肯·威尔伯：是的。有时候就在开始，有时要经过一段时间，但这种转换是非常重要的。

但是我们讨论的中心点就是它，因为这种不二的状况是所有状态的本质或真如——因为所有的形式都是在这个空中产生——整个有形世界将继续产生，你将继续与这些形式相关联。你将不再逃离它，回避它，延缓它，而是完全进入它。

既然所有的形式都继续产生，你就永远不会到达末端并且说：“现在，我完全开悟了。”在这些传统中，开悟是一个新形式产生的连续的过程，你与这些空无的形式相关联。你一直伴随着这些新形式的产生。在这个意义上，你“开悟”了，在另一个意义上，开悟正在进行着，因为新的形式一直都在产生。你从来没有处于一个不能再发展的分离状态中。你永远能在有形世界中学到新的东西，所以你的整个状态都在自我发展。

所以你可能有突破性的开悟体验——例如开悟——但这些只是一个无限过程的开始，在这个过程中各种形式不断产生。所以在不二意义上来说，你从来没有“完全”开悟，你可以说你“完全开化”了。它没有意义。

问：有些不二传统，尤其是密宗的经典，是相当疯狂的。

肯·威尔伯：是的，一些的确是这样。它们不害怕轮回，而且不断驾驭它。它们并不抛弃污染了的状态，它们带着激情进入这些状态，玩弄它们，夸大它们，根本不关心这些状态是低是高，因为上帝只有一个。

换句话说，所有的体验都有相同的一味，没有哪一种体验离一味更近或者更远。你不能够制造一种方式去更接近上帝，因为上帝只有一个——这是不二传统的基本秘密。

与此同时，所有的这一切都发生在一个非常强大的框架中，你不能去扮演达摩进行流浪并把它称为不二。实际上，在大多数传统中，你首先要先领会前三个阶段的后人本发展（心灵、奥妙和原因），然后你才能够谈论不二状态。“疯狂的智能”产生于非常严格的伦理氛围。

但非常重要的一点是，在不二传统中，你许下一个誓言，一个神圣的誓言，它是你整个训练的基础，这个誓言就使你永远不会消失在休止之中——你不会安于涅槃，你不会消失于寂灭，你不会放弃整个世界把自己隐藏在无分别之中。

相反，你会乘坐着轮回的浪花前行，直到被浪花所带走的一切发现它只是空无的外显。你的誓言是尽快穿越休止而进入不二，所以你能够帮助万物在它们出生的存在的迷雾中认清未生时的样子。

所以这些不二传统并不需要抛弃情感、思想、欲望、意向。它们的任务只是发现一切形式的空，而不是除掉所有色和形式。所以色和形式继续产生，而你学会在色和形式产生的浪花中冲浪。开悟确实是非常原始的，但是它永远继续进行着，而且它永远改变着它的色和形式，因为新的色和形式总在产生，它们和你在一起。

所以不二传统的召唤就是：以空性等候、拥抱一切色和形。解放孕育在空之中而非色之中，但空包含着所有色，就像一面镜子照着所有的客体。所以色和形式继续产生，并且就像一只手拍响的声音，你就是所有的色和形式。你就是整个展现。你和宇宙是一味。你的本来面目就是纯粹的空，所以每当你面对镜子，你出乎意料地看到了整个大宇宙。

第三编　平　地

第十四章　上行和下行

问： 下面我们将要审视一下在西方普遍存在的灵性的失落，也就是你所说的“平地”（flatland）。

肯·威尔伯： 好的。由于有一个非常特定的历史原因，我们现代西方人倾向于否定刚才讨论过的所有后人本阶段存在的真实性。我曾经竭尽所能，力图清晰地展示排斥灵性事物这一现象后面的历史根源。

问： 在谈论这个问题之前，你是否能就迄今为止整个论争情况为我们做一个尽可能简短的概述，也就是进行“全景”式的简要概括？

肯·威尔伯： 好的（不过，如果你不喜欢概述的话，完全可以略过这一部分不读。我们的叙述即将在下一部分展开）。

简短的总结

肯·威尔伯： 我们是从“空”、“创造力”和“全子”，或者“大精神”、“创造力”、“全子”开始的。换句话说，全子从“空”中创造性地诞生。

全子从诞生之后就开始进化。这种进化，或者说运行中的大精神，不论在何处显现都有共同的特定的特征。我将这些共同特征归纳为 20 条原则，其中一些原则我们已经讨论过了。它们是显现的模式。

举例来说，我们看到所有全子都有四种功能——代理和共享，自我超越和自我退化（dissolution）。在自我超越的驱力的作用之下，新的全子产生了。它们是分层次地产生的，它们超越并且包容原来的全子。细胞超越并包容了分子，而分子又超越并包容原子，等等。

与此相似，大宇宙的自我超越驱力产生了深度越来越大的全子。我们发现，全子的深度越大，它的意识的程度也就越高。

当然，更大的深度也意味着可能会有更多的事情向不好的方向转化。例如，狗会得癌症，但原子却不会。事物发展的辩证法随处可见——辩证法并不是什么温情脉脉的东西！

全子不仅分内部和外部，它们还以个体和集体的形式存在。这指的是每个全子都有四个方面，我们称之为“四象限”，即心理的、行为的、文化的、社会的。如图 5—2 所示。

于是，我们由四象限的发展引发开去，直到它们以人的形式出现。此时人类自身也开始对这些象限进行反省、思索，并注意到自己原本也植根（embedded）于此。在这一努力获取有关自身所处状态的知识的过程中，人类对知识、真理的种种寻求由此而生。

既然在这四个象限中每一个象限针对的都是全子的不同侧面，那么每一个象限都带有不同类型的真理，对合理性的要求也各不相同。而人类经过漫长痛苦的摸索之后，也慢慢学会了检验这些象限合理性的方法，即以每个象限实际存在为知识基础的方法。我们将其视为真理、真实、公正和功能适当（具有可行性的方法）。

因为那两个客观的、外部的维度，即右边的象限，都可以用客观的“它—语言”来描述，所以我们将四象限归纳为最主要的三大区域，即“我”、“我们”、“它”。细究起来，也可以是自我（self）、道德（morals）、科学（science），或者艺术（自我及自我表现）、伦理、客观现实，或者美、善、真。在精神领域中则是：佛、僧、法，即终极的我、终极的我们、终极的它。

我们还可以进一步简化这三大区域。左边的维度（我和我们）只能通过自省和诠释来达到，而右边的维度则依靠感官和实证来证实自己——这就是左右不同维度的不同途径。也就是说，右边的方面是全子的外部，所以它们能够以经验为基础来认识。然而心理的象限、文化的象限，即左边的象限，则涉及的是内在深度，它只能通过诠释来理解。在最广泛的意义上，诠释意味着发自内心的心领神会的共鸣（resonance），与来自外部的客观的审视形成对照。表象可以看得见，深层次的东西却只能通过诠释。这就是达到左右不同维度的不同路径。

但这些途径都只是论说全子这四个方面的方法而已。关键的一点是不要把这四个象限相混淆。是的，这是概括性的说法，但我们并没有将它们等同起来。这四个象限带着四种不同类型的真理，形成了任何一个全子的基本层面，把其中之一简化到其他几个里面去不但不能解释它，反而会完全毁灭它。

因此，我们追随全子发展过程时所持的态度极为小心谨慎，我们关注的不仅仅是它们的外部形态，例如原子、分子、细胞、组织系统、盖亚等等，还要考察其相互关联的内部状态，例如感觉、意象、概念、规律，直至偶然发生的微妙状况。简而言之，我们发现这种内部进化经历了从前个人（prepersonal）到个人，再到超越个人的进程。

我们还看到这一内部演变涉及的因素有三个：梯子、攀登者、观念。梯子，或者基础结构，或者意识的重叠式的（nested）层次系统；攀登者，或者在每一阶段都找到支点的自我（这一过程分三步走：分化/交融/整合）；以及不断变化的世界观（上古的、魔幻的、神话的、理性的，等等），每一种世界观都衍生出不同的自我同一性、需求和道德感。

从而我们看到自我同一性、需求和道德感从以物理为中心逐渐向以生物为中心、以自我为中心、以种族为中心、以世界为中心转化，为所有较高级的、真正灵性的发展提供了机会。我们还看到了在上述任一阶段发生的"事故"都显示了该事故发生阶段的病理特征［像精神错乱、边缘障碍、神经官能症、行为脚本（script）等］。

最后，我们具体地考察了四个较高的阶段和支点，即后人本阶段——它们是心灵的、奥妙的（subtle）、原因的（causal）和不二性的。我们发现它们中的每一个都有自己的世界观，于是也就有了自己的神秘体验论，它们分别是自然神秘体验论（nature mysticism）、神性神秘体验论（deity mysticism）、无形神秘体验论（formless mysticism）和不二神秘体验论（nondual mysticism）。

这些高级阶段十分罕见、超然不群，很不容易达到。过去只有寥寥可数的一些人，例如孤独的萨满教信徒、僻静山洞的瑜伽修行者、真正寻求智慧的僧人和修士等才能够达到。这些深层或高层的状态从来没有成为普通人或群体的意识形态。假如我们来看一看一般人的意识形态的发展，就会发现如图 5—2 所示，它终止于人首马身、想象逻辑，以及和全球的或者以世界为中心的道德观建立的行星联盟（planetary federation）——而这对于绝大多数人来说还是一种无法实现的梦想。

如果这些高级的或后人本的阶段进入我们未来的群体发展之中，将会在所有的四个象限，即心理的、行为的、文化的、社会的各方面显现出来。我们正期待着这一未来进化的可能形式，虽然就个体而言，我们有的人已经在以自己的方式追求着这些高级的状态。

然而，最重要的一点是在较高级的、后人本的阶段上，贯穿于整个发展过程的大精神对自身状况有着越来越深的认识。从前意识到自我意识再到超意识，它在各个阶段上展露着越来越多的自我，也包容了越来越多的内涵。大精神在自然中沉睡，在心智中醒来，最后在后人本领域中认识到自身之为大精神——同样的大精神也在大地、道路以及开花结果的整个序列中展现出来。

伴随着大精神的惊人的自我认识，形式继续产生和演变，但秘密呈现出来了：在一味的（one taste）宇宙中，它们都是空的形式，无限透明，无上神圣。没有尽头，没有结构，没有最后的终结，只有空和无尽的优雅。明快的剧情在狂喜的关注里清楚地展开，以无始无终的姿态在畅快淋漓的释放中放射光华，在完全的开放里心醉神迷，以无限的圆满超越无限的圆满，这是神奇的、自我解放的舞蹈，没有人在任何地方旁观或者为它唱赞歌。

伟大的层次系统

问：西方普遍存在着灵性的失落。你为什么不给我们讲讲这个呢？

肯·威尔伯：稍等一下。我们继续关注左上部分，关注个人的“意识层次图”体系——这左右各有 9 个意识的基本层次。如果你看图 14—1，将会看到本质上相同的基本体系，即在普罗提诺和奥罗宾多的学说里都曾出现过的伟大的层次系统。请看，对这两个人而言，这个层次系统实际上并不是一个阶梯式的东西，而是一系列嵌套着的、叠合的维度。

正如洛夫乔伊（Lovejoy）所说，真正有趣的事情是：这个伟大的层次体系在它存在的绝大部分时间里，不管在东方还是在西方，对大多数人来说都是占统治地位的官方哲学。甚至在最早的猎捕文明中，我们也能找到一个在简化形式里由土地、人和天空（或天堂）构成的层次系统。例如，曲扬·仲巴仁波切（Chögyam Trungpa）在其著作《香巴拉：勇士修行的神圣道路》（*Shambhala*：*The Sacred Path of the Warrior*）中，很有说服力地表述了这一观点。这个基本的层次系统后来被发挥表述为物质、身体、心智、灵魂和精神（在很多情况下它被复杂化了，衍生出更多的分支）。但关键在于类似这一伟大的等级系统的东西在人类历史的大多数时间中，对绝大多数的人类而言，已经成为文化背景的一部分了。

普罗提诺	奥罗宾多
绝对唯一（上帝）	satchitananda/超心智（上帝）
心灵（直觉的心智）[微妙的]	直觉的心智/超越性心智
灵魂/世界灵魂 [超自然的]	受启迪的世界心智
有创造力的理性 [想象逻辑的]	高级的心智/心智网络
逻辑能力	有逻辑性的心智
概念和意见	具体化的心智 [具体运算认知]
意象	较低级的心智 [前运算认知]
快乐/痛苦（感情）	重要感情的；冲动
感知	感知
知觉	知觉
生长功能	生长力
物质	物质（物理的）

图 14—1　依据普罗提诺和奥罗宾多所作的伟大的层次体系

这种情况一直持续到西方的启蒙运动。所有的实在——包括伟大的层次系统——都被人们依据启蒙运动的基本范式，用经验主义的（empirical）和单向逻辑的术语长篇大论地来表达。人们将意识、道德、价值和意义置于显微镜下进行单向逻辑的注视，从而得到对它们的理解，这种努力有着良好的意图，却带来了深刻的困惑。

你想后果会是什么样呢？内部深度完全从视野里消失了，单向逻辑的注视发现不了内在深度，所以人们随即宣告内部深度是不存在的、虚幻的、衍生的或者附带的现象——各种彬彬有礼的词汇被使用，其目的都是为了说明它“实际上不是真实的”。所有“我的”、“我们的”都被压减到“它的”——至于是原子论或者整体论，就看你的先入之见了——但这一切充其量都只有工具性的价值而已。

互相交织混杂的它者中无所谓更好、更有深度、更高级或更有价值：只有平坦划一的、无限暗淡的表面在客观系统中迅速移动，没有丝毫头绪来找到价值、深度、特质、善、美和意义。

问：我们只有“平地”。

肯·威尔伯：我们只有“平地”。我们可以把它看作好事，也可以看作坏事。现代性的好事情是三大区域被分化为艺术、科学和道德，糟糕的是它们还没有整合为一体，这使得迅速扩张的科学侵入并统治“我”和“我们”的领域。

这样启蒙运动的负面就是它将左边的所有维度都压缩到了右边相关联的维度，并且认为对外部经验世界进行简单的描述就是所有值得了解的知识——对自然的映照，再现的范式。这就忽略了描述者自身——意识，内部的世界，左边的维度——其结果不是别的，只能是一个单调乏味的世界里平静暗淡的表面。

继“启蒙运动之父”约翰·洛克之后，规模宏大的现代表述游戏在继续进行：用经验主义的方式来描述整个大宇宙。还有——这正是我们所讨论的——有一个世纪左右，人们陷入了这场游戏，将整个大宇宙转变成客观的它者。启蒙运动者一朝醒来，大为恐慌地发现正生活在一个彻头彻尾不适合自己的宇宙里面——一个绝对丧失价值、意义、意识和特质的物质宇宙。在描述外部关联的过程中，它消解了所有的内在深度，抽去了内部的精华，让这些精华在单向逻辑注视的烈日下干燥枯萎。

于是，慢慢地，在疑惑迷茫的气氛里，启蒙运动失血的尸体被推进了停尸房——后现代的背叛开始了。后现代、后启蒙运动、后经验主义，什么都加上了“后”字：有些事情已经铸成了大错。

问： 大宇宙的瓦解。

肯·威尔伯： 是的。单向逻辑的实际行为以横扫千军之势彻底瓦解了存在、意识和深度的内在维度。换句话说，它完全摧毁了意识的伟大的层次系统。不管是前个人、个人或超个人——用单向逻辑的凝视是找不到意识的。所以它肯定没有存在，它肯定不是“真实的”。

以上是为什么只在现代西方我们无法找到通向伟大的层次系统途径的根本原因。

此岸对彼岸

问： 这段瓦解的历史非常有吸引力。你的历史性研究从柏拉图开始，对几个长期存在的、关于西方传统的神话提出了挑战。

肯·威尔伯： 这样说吧，如果你看看图 14—1，显而易见的有两个主要方向可以进入这一伟大的层次体系：你可以从物质上升到精神，也可以自精神下降到物质。往上是非常超然的，往下是无处不在的（immanent）。上行是专注于理想世界的（otherworldly），而下行是关注现实世界的（thisworldly）。

问： 你开始介绍“上行”灵性和“下行”灵性。

肯·威尔伯： 是的。大部分人认为柏拉图是上升型的或者“关注理想世界”的哲学家，他将这个显现的世界，这个地球和地球上的一切，都看成是另外一个真实世界永久形式的苍白的影子或者复制品。

问： 生态哲学家将西方对现世的“仇恨”情绪追溯到柏拉图。

肯·威尔伯： 是的，那些假说是无稽之谈。正如阿瑟·洛夫乔伊指出的，实际上柏拉图描述了两种运动——我们称之为“上行”和“下行”。——这两种运动其实在柏拉图哲学中是同等重要，没有高低优劣的。

第一种上行的运动，是从“多”（Many）到“一”（One）的运动，我们从中看见在飞逝的、虚无缥缈的显现形式后面存在着一个源头，一个没有基础的基础，即绝对（the Absolute），我们通过上升而理解了这绝对的至善。

问：在这一意义上我们是“上行”的。

肯·威尔伯：是的。但另一种运动在柏拉图哲学中是同样重要的，也就是说，凭借这一运动，“一”放空自身，进入“一切”的创造之中，将自身赋予各种存在形式，这样一切创造物本身都成为大精神的完美显现。所以柏拉图把现实世界、地球称为“可见可感的上帝”（a visible，sensible God）。

问：这就是从“一”到“多”的“下行”。

肯·威尔伯：没错，正是如此。西方大部分关于理想世界的哲学都源于柏拉图，这是千真万确的事情。但正如洛夫乔伊煞费苦心所表达的，实际上柏拉图也给了西方描述现世繁华、颂扬可见可感上帝的一切表述方式。这整个世界被视为至善的、终极的显现或化身，并且被高度赞美和颂扬。世界的多样性（diversity）越丰富，灵性的神圣与美好的程度也就越高。

西方大部分关注现实世界的哲学确实在柏拉图那里都有它们的源头。听听洛夫乔伊是怎么说的吧，因为这一点很重要：“关于柏拉图的历史影响问题，最明显的（以及不那么明显的）事实是，他不仅把特征形式、表达方式和逻辑论证赋予了欧洲的彼岸世界，还将这三者同时赋予了完全相反的另一倾向，即生机勃勃的此岸世界。”

正如洛夫乔伊所总结，这两种趋势——“上行”和“下行”，关注理想世界的和关注现实世界的，超越的和固有的——在柏拉图那里得到了统一和整合——可以这么说，那正是柏拉图最后采取的姿态。

在此后的历史中接踵而来的是这两条线索（strands）被野蛮地撕裂开了，在单纯拥护“上行”和单纯拥护“下行”的人之间产生了强烈的分歧，这两种实际上应当统一整合的趋势最后悲剧性地割裂了，在支持“上行”者与支持“下行”者之间形成了对抗，他们相互冲突的历史也在我追溯的范围之内。

问：带着将两者统一的目的追溯。

肯·威尔伯：是的，确实如此。怀特海有一个著名的观点——从根本上说西方传统是为柏拉图哲学作的一系列注脚——也许他是对的，但这些注脚被割裂了。人们乐意选取他们所喜欢的那“一半”柏拉图——关注理想世界的或者是关注现世的——却很少将它们作为整体接纳。

我们用不着无可奈何地满足于那些被割裂的、柏拉图哲学的注脚。上行和下行两种趋势曾经在柏拉图处统一，毫无疑问，它在普罗提诺那里也融为了一体。

问：但在普罗提诺之后好像就开始“分离”了。

肯·威尔伯：从某种意义上来讲，是这样的。大家公认普罗提诺用一种更容易为人理解的方式进一步充实完善了柏拉图哲学的精髓。从普罗提诺学说中我们看到了存在的伟大的层次体系，这在图 14—1 里已经被表现出来了。我们在这一重叠式的层次系统中发现了两种基本运动，即上行和下行，或者用普罗提诺的话说，叫回流和外流。大精神不断地向外流溢，将自身投注到世界中去，直至整个世界和世界上所有的居民都成为大精神完美的体现。与此相似，世界也不停地向大精神回归或回流，于是世界本身本质上也是有灵性的，是看得见、摸得着的上帝。

根据普罗提诺的说法，伟大的层次系统中每一个较高级的维度都超越并包容了较低的维度，就这样，万事万物毫无例外地、完美无瑕地在大精神、在“一”之上叠套（nested），于是上行和下行、回流和外流、超越与固有就天衣无缝地弥合交融在一起了。

问：你指出这一点在普罗提诺对诺斯替教[①]徒（the Gnostics）的抨击中表现得极为明显。

肯·威尔伯：对，你说得对。大部分诺斯替教徒只主张上行，并且实际上将任何形式的下行都与邪恶画上了等号，所以这个显现在眼前的世界——现实世界——被认为是不真实的、虚无缥缈的、堕落的和有罪

---

① 初期基督教的一派，尊重某种灵的直觉，含有东亚和西亚的哲学，曾经被视为邪教。——译者注

的，只有避“多”趋“一”，才能找到救赎的方法。

如果普罗提诺——高举柏拉图思想火炬的普罗提诺——当真只关注理想世界的话，你会觉得他该加入诺斯替教派，为那种单纯追求上行的程序高唱颂歌，还应该抨击一切现世性的努力。恰恰相反，普罗提诺之所以对诺斯替教徒、对单纯追求上行者发起了强有力的抨击，也正是因为他们不能就上行趋势与同等重要的下行趋势达成平衡。

换句话说，诺斯替教徒们已经找到了不确定的“一”，但他们没有继续推进，到达不二的认识，没有认识到“一”与“多”并非截然不同的两者，空和色是不二的，关注现实的今世与关注理想世界是一味的，以及上行和下行两种趋势需要在不二的心灵中交相融合。

所以普罗提诺令人惊奇地、极具说服力地对诺斯替教进行口诛笔伐，他在一些有史以来最美丽的充满灵性的散文作品中，提醒诺斯替教徒整个可见的世界都是大精神的体现，也应该将它当作大精神来热爱；如果诺斯替教徒真是像他们自己宣扬的那么热爱大精神，那就该热爱大精神的孩子，但他们却对之表现出蔑视之情。实际上，普罗提诺谴责诺斯替教徒滥用“灵性的孩子”这一概念。

问：你在书中引用了那段抨击的话，能不能为我们念一念？

肯·威尔伯：普罗提诺说：

> 不要以为，如果一个人蔑视这个世界以及世界上所有美好的事物，他就变善变好了。他们（诺斯替教徒们）没有权利声称自己敬重上界的神灵（gods）。我们爱一个人就会热爱他的一切；我们将感受到的对父母的深厚感情扩展到孩子。每一个灵魂都是大精神的儿女。怎么能将现实世界与灵性的世界分离开呢？那些人鄙弃与灵性世界紧密相关的事物，证明他们除了会列数几个名字之外，对灵性的世界一无所知……
>
> 让它（每一个灵魂）在静静的回忆中，将欺妄（非真实）和一切蛊惑不安灵魂的东西从身上驱逐出去，使得自己有资格细细凝视思考大灵魂（Great Soul）。为此让天地万物安静下来，让它周围的一切平和安宁。让地球安详宁静，让海洋、空气和天堂静静期待。

让它观察大灵魂如何无处不在地流入静止的世界，将自己倾注进去，渗透它，照亮它。像明亮的阳光照亮乌云并给它镶上金边一样，当大灵魂进入天堂时同时也将生命和亘古不变的美丽赋予了它，把它从睡梦中唤醒。大灵魂把世界建立在无始无终运动的基础之上，又用智能充盈其中，就这样，世界变成了一个生机盎然的神圣的存在……

它（大灵魂/大精神）将自己赋予广大世界中的每一处，将自身的存在赐给每一部分，不论那是伟大的还是渺小的，虽然这些部分依据空间和位置方式被划分，虽然有的相互对立，还有的相互依存。但是大灵魂没有分裂，也没有割裂自身来赋予每一个个体生命。大灵魂让万物浑融完整地生存（那就是说，在终极意义上无所谓程度，无所谓层次，只有简单的纯粹的存在）；它无处不在。和它一样广阔的天宇是凭借大灵魂的力量创造出来的，我们神圣的宇宙也是这样。太阳是神圣的，星星也是；还有我们自己，如果有价值的话，也是大灵魂所赐。要相信，你将达于上帝。要知道，你永不会远离……

智慧和慈悲

问：这些话相当清楚地显示了普罗提诺的不二论倾向。上行和下行的整合、智慧（wisdom）与慈悲（compassion）的统一，你将这两者联系到了一起。

肯·威尔伯：是的。在东方和西方我们都看到了这一点。从“多”到“一”上行的途径是智慧之路。智慧看到在种种存在形式和现象后面存在着唯一、至善和不可思议的空，与此相对的所有的存在形式都是虚幻的、飞逝的、无常的。智慧是从“多”到“一”的回归。在东方，般若（Prajna），或者说大智慧（wisdom），就认为“色即是空”（Form is Emptiness）。

在另一方面，下行之路是慈悲之路。它认为“多”实际上是“一”的呈现，所以应该带着善心、慈悲心和怜悯心去平等看待一切的存在形态，事实上慈悲或善良正是现象本身的心理机制。唯一通过同情仁爱的无限存在显现为万象众生，我们也用同样的同情和眷爱拥抱众生。慈悲带着关怀和温柔的好奇触摸着所有的现象。在东方，慈悲（Karuna），或者说是慈悲（compassion），认为“空即是色”（Emptiness is Form）。

所以我们就得到了：智慧认为“多”即是“一”，而慈悲则认为“一”即是“多”。或者按照东方的说法，般若认为“色即是空”，慈悲则认为“空即是色”。

问：智慧和慈悲，也就是人类之爱（Eros）和上帝之爱（Agape）。

肯·威尔伯：是的。上行的人类之爱和下行的上帝之爱，超越性和固有性，向上伸展的爱和向下伸展的爱……

从西方的普罗提诺到东方的龙树（Nagarjuna），我们凭借不二论的宏大体系看到了一种对平衡和整合这两种运动的强调，这才是上述所有过程的历史中心点。智能的上行的超越的趋势（或者是人类之爱，或者是般若），应当与慈悲的下行的固有的趋势（或者是上帝之爱，或者是慈悲）达到平衡；这两者的整合，“一”与“多”、空和色、智慧和慈悲的整合——在一味的、不二性的心灵中融合，那便是真正灵性的源泉、目标和基础。

上帝和女神

问：这也是上帝（God）和女神（Goddess）——就像人类之爱和上帝之爱、智慧和慈悲、上行和下行……

肯·威尔伯：在广泛的意义上来说是这样的。将从事种植的圣母（Great Mother）视为耕作的保护神，将从事农业的上帝视为天宇中的伟大父亲，假如我们暂时把这种地方性的、有特定阶段性的概念搁置一边的话——对于一幅全景图来说这些神话形象不是非常有用——又假如我们代之以对上帝和女神的宽泛理解去审视的话，所出现的协调后的图景大致是这样的：

如果我们希望用这样的术语思考，那么大精神的男性化的一面——

或者说上帝——主要表现为人类之爱、大宇宙上行的超越的趋势，永远不放弃追寻更大更广的完整融合，永远努力打破界限向天宇扩展，不断求索善和天国的荣耀，总是拒绝浅薄，追求深度，摒弃低俗，追求高尚。

大精神的女性化的一面——或者说女神——主要是上帝之爱或是慈悲，是宇宙下行的固有的表现趋势，是具体化的法则，是有实体的化身，是事物相互的关系，是相关的显现的包容，用无比的仁厚平等地泽被每一个存在，不弃绝任何东西，拥抱一切。在人类之爱用超越的智慧追求“一”的至善时，上帝之爱则用善和固有的关切包容了“多”。

问：你将之和密宗（Tantra）相联系。

肯·威尔伯：从总体上看，密宗把不二的终极真实描述为上帝和女神、湿婆（Shiva）和莎克蒂（Shakti）、空和色的两性的契合。上行和下行既非最后，亦非终极，也没有哪个有特权，它们更像是原始的阴和阳，相互衍生，相互依存，无法单独存在，通过在彼此体内消亡领悟到自己真实的存在。它们共同苏醒，在狂喜中相接而成整个宇宙，发现永恒在时间的延展中充盈着爱意。不二的心灵产生并祝福各种创造，为永恒高唱——我们也都要在意识中时时刻刻、无休无止、奇迹般地重复这种契合，以此作为一味的直接体现。这就是不二的看法，将回流和外流、上帝和女神、空和色、智慧和慈悲、人类之爱和上帝之爱、上行和下行——在极乐中完美地融为一体，发出清晰而和谐的声音。

两个不同的上帝

问：这与普罗提诺那种不二的整合的愿景相似。

肯·威尔伯：是的。但是在后来的西方历史中，在关注理想世界支持上行的人和关注现实世界支持下行的人持续不断的激烈矛盾中，这一上行和下行的融合被狠狠地破坏掉了。所以我试图追溯这场随之而来的论争，它已经成为西方人心智里中心的、决定性的冲突。

问：上行者和下行者之间的战争？

肯·威尔伯：是的。它很值得注意。自奥古斯丁开始，一直延续到今天，上行者和下行者经常陷入无情的冲突之中，可以说，使得西方背上了这两个完全不兼容的上帝的沉重的担子。

上行者的上帝是完完全全关注理想世界的——我的天国是不属于现实世界的。它像清教徒似的，经常克己禁欲，将肉体、情欲，尤其是性，看作是罪孽的典型。它总是企图避开“多”找到“一”。它纯粹是超越性的，并且总是对在现实世界中找到幸福持悲观态度。它主张永恒，回避时间，羞愧地将脸庞从现实世界的阴影中躲开。

下行者的上帝恰恰相反。它离开“一”与“多”的交融，它热爱可见可感的上帝，有时还热爱女神。它是纯粹具体化的、纯粹固有的上帝。它多彩多姿，并在对这种多样性的颂扬中发现自己的无上荣光。这个上帝的目标不是更高的唯一性，而是更大的多样性。它赞美感觉、肉体、性和土地。它沉浸在以创造为中心的灵性的愉悦里，将每一次日出、月出都看作可以目睹的神圣的祝福。

问：你在追溯着两种上帝之间的战争史。

肯·威尔伯：对，正是如此。在西方，从奥古斯丁到哥白尼的千年之间，我们几乎只看到上行的理想。事实上由于社会是农业社会的结构，所以也就选择了偏向男性的神性，结果就把中心更多地放在人类之爱而非上帝之爱、放在上行而非下行之上、放在“一”上，甚至摒弃“多”。

就这样，在现实肉体里、在尘世中、在今生今世是找不到真正的救赎和解脱的。它是极为理想化的。不论给了造物什么样的口惠，肉体是罪孽，性是罪孽，尘世是罪孽，躯体也是罪孽，当然，一般说来，罪孽的根源是夏娃——是女人、肉体、情欲、本性、感官之乐：所有这些在最深层的意义上成为禁忌。对纯粹的上行者来说，下行总是意味着邪恶。

问：不论在东方还是西方。

肯·威尔伯：当然。农业社会不论在哪里出现，其内部总是有一种持续不断的倾向，让上行趋势宣告现世的邪恶和虚幻，谴责尘世、肉体、感觉、性（和女人）。当然也存在着例外，但这是所有农业社会结构中一个始终持续着的走势：本质上是关注理想世界的，认为天国不属于今世，强烈地渴望能找到远离尘世轮回的极乐世界。从早期的犹太教到诺斯替教的所有种类，从早期的佛教、基督教的大多数种类到伊斯兰教，你都可以找到这一趋向。

在西方，尤其是从奥古斯丁时代到哥白尼时代，情况确实是这样。在一千年中，上行的理想几乎是完全唯我独尊地统治着欧洲人的意识。上行之路喻示，教会为她的完善和德行做着奉献，还劝谕人们通向救赎的确凿道路之一是不要奢望在尘世中找到你可珍藏的东西——那意味着，在现实世界或在尘世中找不到什么值得珍惜的东西。

对于上帝造物的至善还有许多溢美之词（至善等于上帝之爱、慈悲、下行），但基本意思是在整个人生历程里、在尘世中、在今生今世里，你无法获得解脱或救赎。活着不错，但一旦你死去，即远离尘世后，将会变得更美好。尘世不是能找到真实性的地方，它只是通向真正腾飞的跑道。

问：所有的一切很快就改变了。

肯·威尔伯：是的，一切都改变了。随着文艺复兴和现代性的兴起，所有这些都发生了戏剧性的改变，在启蒙运动和理性时代达到了高潮。在这个时候，描述整个时代的最简单的方式是：上行者淡出，下行者进入。

对纯粹的下行者来说，任何形式的上行都总是遭到蔑视，实际上上行已成为新的罪恶。在下行者的上帝眼里，上行者永远是魔鬼。

所以从现代性开始，任何形式的上行实际上都成了新的罪孽，这也就不足为奇了。现代性的崛起，对上行的弃绝，对纯粹下行世界的接受——这三者共同出现了。

我们在这里追踪着现代西方对后人本维度的抛弃，我们在这里开始真真切切地看到摒弃、抛却或排斥真正灵性、后人本性的起因，我们在这里开始看见对“平地”的颂扬，对下行网络的接受。各种超越的智慧变得黯然无光——各种上行都变得暗淡——它们在现代性的整个脸庞上投下了阴影，而这阴影正是我们这个时代的标志。

下行之网

问：这个“平地”，这个下行网，已经给整个现代和后现代状态打上了烙印。

肯·威尔伯：是的。现代世界中灵魂的救赎——不论其方法是由政治、科学、世俗信仰的复兴、马克思主义、工业化、消费主义、回归部落化主义、性活动、种植学的复兴、科学唯物主义、对世俗女神的接受，还是你们说的生态哲学——这种救赎只能在现世、在现象里、在表现形式里、在存在形式的世界中、在纯粹的固有性里、在下行之网里找到。没有更高的真理，没有上行的趋向，也不存在诸如超越性这样的东西。事实上，任何“更高级的”或“超越的”东西如今都成了恶魔或是大敌，损毁了立足于尘世的、浸润了感觉的上帝和女神。一切现代性和后现代性基本上、几乎完全是在这个下行的网络、平地网络中运动。

问：那么也没有整合上行和下行……

肯·威尔伯：没有，只有下行者在一统天下。他们热烈地追随着自己那同样被割裂的、两重性的、不完整的上帝和被分裂的女神，还有自己偏颇的、有限的、衰弱的灵性。这是一种有着巨大慈悲心却缺少智慧，具备很多美德却缺乏至善，拥有出色存在形式却不空灵，颂扬“多”却遗忘“一”的信仰。它只有上帝之爱却遗失了人类之爱，它是一片平地。

问：在书中，你用这样一句话引进了这个观点：“尽管一直到文艺复兴，上行者始终处于统治地位，但在意识形态领域还是发生了决定性的转变，下行之路被打开了。它冲破了千年的禁锢，挟裹着狂暴的创造力火暴登场，在几个世纪的时间里，影响了整个西方世界——在这一过程中，一个不完整的上帝几乎是永远地代替了另一个。”

肯·威尔伯：是的。有一千年时间，我们经历了只有上行理想的灾难。我们现在陷入了同样有害的、只不过是纯粹下行的网络，它恰恰是西方最本质、最可怕事情的对立面。

它不仅仅是“官方法定”的实在，实际上也具备了“反文化”与“反真实”的各种形式。这种下行的网络地位这么稳固、这么无知无觉、沉淀得又如此深厚，甚至所谓的“新范式”的对抗也只能牢牢地在它手心里进行。它在同样的程度上影响了正统派和先锋派、常规的和变动的、工业家和生态学家。

问：但生态哲学家们宣告只有这种纯粹固有的、下行的大精神或伟大的大精神、尘世的女神——这种以创造为中心的灵性——才能消除生态危机。

肯·威尔伯：恰恰相反，纯粹主张下行的世界观本身就是导致生态危机的主要因素之一。下行的网络破坏着盖亚，而生态哲学家则属于这个网络的主要促进者。

问：那正是下面我想谈的重点。

第十五章 “大宇宙”的崩溃

问： 现代世界以及后现代世界进入了在下行的网格。有一个显而易见的问题，为什么会这样呢?

肯·威尔伯： 进步的辩证逻辑在现代问题上第一次撞车，进化之车碰到了障碍物，于是整辆车倾斜了，开始在路上打滑。三大区域——意识、文化和自然的区分开始踉踉跄跄地进入三者分离的阶段，继之而来便是分崩离析，于是进入了单一世界的平地。

当然，进化具有自我校正（self-correcting）的能力，它处在慢慢调整自己的过程之中。就像股票市场一样，有着一个总体的、明显向上的趋势，但也并不排除短时期内的剧烈波动，有上有下——有增长的时候，也有萧条的时候。自 18 世纪以来，文化的股票市场的诸方面遇到了一场罕见的大萧条，现在刚刚开始克服它。

问： 那么这种崩溃并不是你在其他文化中发现的简化论。

肯·威尔伯： 基本上是这样。在前现代文化中既没有这种区分的好处，也没有这种区分的坏处，这使批评家摸不着头脑。因为其他文化并没有区分这三大区域，他们无法压缩和简化这三者。分化三大区域的特殊过程使得这一特殊的悲剧发生了。现代性的荣耀开始慢慢沦为现代性的灾难，大概可以这样说：现代和后现代世界还是这样：一个破碎的生活世界。自我、道德和科学在那里斗得你死我活，目的不是为了整合，而是为了统治控制，谁都想通过否定其他方面的实在来消除四分五裂的状态。

于是这次进化的伟大跃进带来了第一次的巨大灾难，进步的逻辑有了最初的现代状态，它在崭新的地毯上洒满了鲜血。

现代性的尊严

问：那么在我们开始讨论现代性带来的坏处之前，你能否很快地将现代性的好处回顾一下？

肯·威尔伯：强调这一点是很重要的，因为反现代主义者会两眼只盯住它的坏处，很容易将它的好处忘得一干二净。

后习俗水平既非魔幻水平也非神话水平，而随着向理性、向以世界为中心的道德观的过渡，我们看见了现代解放运动的兴起：奴隶解放、妇女解放、贱民的解放。它注重的不是对我、我的宗族、我的种族、我的神话研究或我的信仰而言是正确的东西，而是不论种族、性别、等级或宗教信条，对整个人类都是公平、正确、合理的东西。

于是，仅仅在一百年的时间里，大约从1788年到1888年，奴隶制被废除并从世界上每个理性的、工业化的社会中根除出去。不论在前习俗的/以私我为中心的还是在习俗的/以种族为中心的道德立场中，奴隶制都是被完全接受的，因为平等的尊严和价值并没有扩展到全人类，它仅仅延伸到你的等级、你的种族或你选择的神灵。但从后传统的道德观来看，奴隶制就是错误的，就是不能容忍的。

一个普遍社会类型消灭了奴隶制，这是历史上破天荒的第一遭！虽然一些较原始的社会形态正好没有奴隶制，但正如格哈德·伦斯基用大量证据所显示的，没有一个普遍社会类型曾经摆脱过它，直到理性的工业化之前。

千真万确，从东方到西方，从北方到南方——白种人、黄种人、红种人，都曾奴役过地位比他们低下的男人和女人，而且从未费心思考过这个问题。有的社会，例如早期的采摘社会，奴隶制相对较少，但甚至畜牧者们也没有完全脱离它——实际上，正是他们发明的奴隶制。

从这个意义上说，美国社会有一个糟糕的地方就是这个国家正好建立在从农业奴隶制到工业非奴隶制这一伟大的转型时期。事实上宪法在很大程度上仍然是农业社会的纲领性文件——奴隶制被视为天经地义，毫发未损，女人不算是公民（这些在文件本身中甚至连一句解释的话都没有！），但随着文化重心从神话的—农业的继续向理性的—工业化的转变，奴隶制被全面废除了，不过余孽犹在。

问：可以说妇女也被解放了。

肯·威尔伯：是的，几乎是由于同样的原因，我们看到了女性主义和妇女运动以横扫整个文化的规模蓬勃兴起，一般我们从 1792 年的沃尔斯通克拉夫特算起，这正好是很多解放运动普遍开始的阶段。

这些运动几乎完全是理性工业化的产物，我们应当将它列为现代性的众多杰出成就之一。先前在三大区域尚未分化时（那时心智圈和生物圈还没有分离），诸如男性身体力量等生物学上的决定性因素在文化上也同样如此，因为这两者还没有被分开，男性的身体力量就意味着男性的文化力量。如果生产方式不需要太多体力付出——就像在种植中一样——那女人就算交了好运，社会也相对“平等”，尽管一旦有压力降临，女人总是受压迫者。

然而随着自我、文化与自然的分化（三大区域的分化），生物性的决定因素开始变得越来越不重要了。生物因素不再决定命运。在生物圈中永远不能得到平等的权利，大鱼在里面吃着小鱼，但在心智圈里能得到平等权利——或者说它一定可以作为一个目标来追求。在历史进程中，在此时，而不是在此之前，自由的女性主义风起云涌，宣告了一个崭新的、新兴的真理——在心智圈里，女人应该得到平等的权利——这条真理的中心存在于后传统的深部和世界中心论的理性上。

问：还有整个民主运动本身。

肯·威尔伯：对，从本质上说是相同的现象。后浪漫主义者赋予神话世界观以神奇的色彩，但实际上截然相反，它在任何情况下都充斥着统治者的等级性。神话中的神是某些特定人群的神——它是社会中心论的和种族中心论的，而不是后传统的世界中心论的。只有在所有人在那个特定的神面前俯首帖耳时它才会是所有人的神。因此唯有通过强制性的归附，如果必要的话，还要用武力征服，它才会以世界为中心，看看阿兹特克、印加人、罗马人、可汗、阿美西斯等建立的神话般的伟大帝国就一清二楚了。这些统治者的等级性中通常有一个首脑：教皇、国王、克莱奥帕特拉（Cleopatra）或可汗高高在上，只有奴役者、各个不同等级的奴役者往下延伸，这些人都以他们神话中上帝或女神的名义征服着，所有人在他们面前都要俯首称臣。

理性时代同时也是革命时代，是一场针对神话的优势等级的革命。它不仅仅是理论上的革命，也是实践上的、政治上的革命。启蒙运动的伟大主题之一是“再不要神话了!”，因为正是神话将人们划分开来，使他们之间充满敌意，以种族为中心相互对抗，以一个精选出来的神的名义对怀疑者进行残酷打击。

于是伏尔泰慷慨激昂的呐喊声响彻了欧洲大陆：“记住那些残酷的行为吧!”记住那些以神的名义加诸民众的残酷行为吧——记住千千万万人为了拯救灵魂在火刑柱上被烈焰焚身；记住宗教法庭将荒诞不经的教义刻在被拷问者的肉体上；记住神话式的等级性与生俱来的政治不平等；记住在耀武扬威的进行曲之下，以慈悲为名义的残忍曾压榨不计其数的灵魂。

在另一方面，一种不论种族、性别、宗教信条、信仰、神话或神灵的后传统的道德姿态向所有人呈现了平等的机会。又一次的，尽管并不是每个人都符合后习俗的或世界中心论的理想，但肇始于现代性的这种理想确实是深深扎根于保护这种意图的、分布甚广的社会组织里。成千上万的男人和女人在“也许我不赞成你说的话，但我至死都会捍卫你说话的权利”的口号下，为了世界中心论的宽容及广泛的多元文化这样一种民主观点而战斗、牺牲。

从大范围看，这也是彻头彻尾的新生事物。早期的希腊民主根本没有这种“博爱”。我们要记住在希腊的“民主”里，三分之一的人是奴隶，妇女和儿童实际上也是奴隶，土地所有制基础根本就无法支持奴隶的解放。像所有的城邦一样，雅典城有它自己特殊的神话里的上帝和女神。所以雅典城传下来的起诉书是这样开头的，“苏格拉底犯了拒绝承认城邦神灵的罪行”，结尾是“罪当处死”。

按照习惯，人们问苏格拉底是否要提议用别的惩罚方式，他要了生命的自由餐。

苏格拉底选择了理性而非神话，他喝下了从毒芹中提炼而来的毒药。1 500年之后，整个世界都追随着他，只不过这一次是城邦强迫上帝喝下了致命的毒药，现代民主从这些神灵的死亡中冉冉升起。

现代性的灾难

问：我觉得，我们认为科学本身的发展也是现代性带来的好处。

肯·威尔伯：对，三大区域的分化使得理性的、以实际经验为基础的科学从炫目的神话教条主义中不受羁绊地脱颖而出。以实际经验为基础的科学——意味着通过假设—推论的程序将理性与实证的可感觉到的事物联系起来——第一次在近乎遍及整个文化的范围内昌盛起来。

关于经验主义科学不存在太多争论，但唯科学主义……唯科学主义可是一个不一样的家伙。现在我们大概可以看看现代性干的坏事了，它没能成功地把三大区域整合起来。意识、道德和科学实际上已不受它们的魔幻的、神话的分裂的影响；每一领域都带着自己的力量、自己的真理和自己通向大宇宙的途径被释放出来，每一个领域都有同样重要的东西急于表达。

然而，到了18世纪末，科学飞快的非凡的发展开始导致整个系统的不平衡。在"它"领域中的进步开始掩盖，甚至进而否定了"我"和"我们"领域的价值和真理。三大区域颓然崩溃成为一大世界：只有科学、经验主义的科学能在终极真实上发号施令，可以说科学成了唯科学主义，那意味着它不仅仅追求自己范围内的真理，还很具侵略性地否定了其他任何的真理的存在！

于是正如我所说的，从18世纪开始，左边的、内部的维度被压缩到了右边相关的经验主义的维度。唯有简单定位的客观"它"才是"真正实在的"！所有的内部维度——在一切全子、人类和其他地方——都被彻底地劫掠一空，机器中的幽灵开始了它忧伤孤独的悲叹，这萦绕的挥之不去的哭声使所有那些更加悲伤的声音甚至都没有力量去吸引人们的注意了。

当只有简单定位的客观的"它"是真正真实的时候，心灵自身就是完全的文档，直到用唯一实在的图像或者表述来充满它之前都是空白一片，而这唯一的实在指的是客观的、感觉的自然界。没有真正的大精神，没有真正的心智，只有经验主义的自然。没有超意识，没有自我意识，错综交织的广大的“它”系统中只有下意识无尽地、无意义地来去匆匆。伟大的层次系统像午后风雨中的纸房子一样倒塌了，在它原先存在的地方我们只发现了定位简单的自然之网。

就这样，欢迎这个现代的、纯然下行的世界的到来。一切适于了解的真理是“它”的、单一自然的、客观和实证过程的真理——不需要任何的上行。平地的下行网络是一切真正隐士的世界，它真的是空空如也。

工具理性：“它”世界

问：看来这是问题的症结所在。科学是怎样侵入其他领域的呢？为什么要侵入其他领域呢？

肯·威尔伯：由伽利略、开普勒、牛顿、哈维、开尔文、克劳修斯、卡诺等所取得的经验科学的非凡成就与工业化引进的巨大变革交相辉映。这两者均属在它者领域内的努力，所以它们在一个恶性循环中相互壮大，将其他所有事情都推到一边。换句话说，有两股非常强大的力量支持“它”领域——经验科学的成就和工业化的力量。

一个社会的技术和经济基础（右下方的部分）决定文化运动和它能够运动的具体形式。这一基础并不是像马克思主义强调的那样完全决定文化上层建筑，但它确实设定了种种的限制和可能性（举例来说，在农业社会基础上废除奴隶制实际上是不可能的，同样也不可能维护妇女权利）。

如今工业基础是生产力发挥作用的基础。当然以前的弓箭也是，锄头也是，犁也是——但蒸汽机呢？内燃机呢？发动机、机器等可以追溯到第一块做大头棒用的石头或第一根做矛用的木棍，它们自身就是生产力发展的结果。在此意义上，与工业化有关的东西没有一样是能和过去彻底划清界限的——任何地方、任何时代的男人和女人都努力尝试各种方式以便能使用器械和工具来保证自己的基本需求，但随着这方面的发展日趋复杂化，机器及工业基础的巨大力量使生产力呼啸着一日千里地发挥作用。

在技术—经济基础内，文化展现出其可能性。在工业基础内，一种高产的、技术性的、起作用的急需的智能也展露出来了，促进了“它”领域的发展。

现在很多批评家——实际上是大部分批评家——逐渐看到了工业化带来的许许多多的问题。它被认为是机械论世界观、有机整体文化崩溃、世界分解割裂、社会凝聚力移位、生态灾难、信仰感情毁灭等等问题的始作俑者。

我认为上述任何一个问题都不是关键所在。我认为它们都是派生出来的。中心问题是这个生产基础施加在意识对领域（it-domain）进行选择的压力。也就是说，工业化力量加上经验科学的成就，想要选择一个世界，在那里只有“它”领域才是真实的，其他一切都由这一选择衍生而来，其他的一切问题也都由这个问题衍生而来。

“它”领域像癌一样扩张—— 一个病态的等级体系——侵入并统治了“我”领域和“我们”领域。文化的道德决策嬗变为科学的技术性的解决方法。科学可以解决一切。“我”和“我们”领域中的全部问题都被转变为“它”领域里的技术问题，这样科学（理论的和技术的）不仅可以解决一切问题，而且还决定了哪些东西是问题——它可以决定什么是真的，什么不是真的。

问：新科学是分析性的、制造分裂的而不是整体的、系统导向性的，但问题并不是由此而产生的。

肯·威尔伯：绝对不在于此。问题在于原子论科学和整体论科学都是“它”主义。这两者对于最初的瓦解都有责任。原子论的“它”，整体论的“它”，在根本上是同样的噩梦。

问：但我们不断地从主张“新范式”的人那儿听到，我们之所以生活在一个断裂的世界里，是因为“旧牛顿学说”的科学是机械论的、分裂论的、原子论的，这些制造分裂的概念侵入了社会并引起了它的破裂；现在社会所需要的是紧跟从量子物理到系统理论的整体论科学，它将会弥合分裂，而你却说原子论和整体论都难辞其咎。

肯·威尔伯：对，是这样的。当科学宣告了它自己的使命是唯一实在的使命，它也就宣告了“它”领域是唯一实在的领域，宣告了单向逻辑的自然、经验主义的世界是唯一实在的世界；人类是这一自然之网不可分离的一部分，所以人类也可以以一种经验主义的客观方式来了解。你想知道意识吗？别跟我说话，将大脑剖开看看！用单向逻辑的方式看着它就是了。

这种看法认为大脑是自然界的一部分，只有自然界是实在的，所以能够在对大脑的实证的研究中找到意识——这种向单向逻辑表面的简化令人不寒而栗。

问：但大脑确实是自然界的一部分。

肯·威尔伯：没错，大脑是自然界的一部分，但是心智并不是大脑的一部分。心智或者说意识是内部的维度，与它相对立的外部事物是客观的大脑。思维是属于“我”领域的，而大脑是属于“它”领域的。所以正如我们以前讨论过的，像经验主义自然界中的其他任何事物一样，人们能够通过单向逻辑的注视、经验的分析性的调查研究认识大脑，但心智只能通过反省、交流和诠释达成了解。你可以注视一个大脑，但是你只能够和一个心灵对话，后者需要的不仅是观察还有诠释。

因此，当全子的各个方面都被简化到经验主义表面巨大的单向逻辑网络中去后，它内部的大部分维度都被消除殆尽。植物、鲸鱼、狼、黑猩猩，它们的内部维度在单向逻辑注视的灼热火焰中挥发一空。它们都是客观之网中的线条，没有生活世界，没有文化。这样的话，如果你将大宇宙体系简化到经验主义自然界的巨网中去，你也就把自然界的内部维度非自然化了。你只拥有经验主义的、单向逻辑的非自然的自然界以及宇宙崩溃后的空空躯壳：一切“我的”、“我们的”都被压缩成为错综交织的“它的”，压缩到简单定位的巨网中去。

当然，意识的定位并不简单。它存在于自身内部空间的不同层面上，它必须从内部了解，通过诠释到达；只有真诚引导的成熟的理解才能分享。既然上述这些定位都不简单，那么如果你试图用追踪所见客观足迹的方法去抓这头藏在内部的野兽，你就会连野兽本身也一并失去。

然后，你会主要在物质范畴的基础上，简单地建构你的下行论层次系统——量值的顺序取代了重要性的顺序，然后你得到的唯一“序列”是主要建立在大小的基础上的：原子是比它大的分子的一部分，分子是比它大的细胞的一部分，细胞是比它大的组织的一部分，组织是比它大的生物圈的一部分——那就是你的整体论体系的图景。

在这点上，你已经完全陷入了怀特海所谓的“单向定位的谬误”。也就是说，如果事物不能简单地在物质空间里定位的话，它就不是“真正真实的”。你能界定盖亚，所以它是存在的。你能够界定生物圈，所以它也是存在的。

但你不能用同样的方式简单地界定意识、价值、意义和道德，你不能用手指头点着它们。在感觉的巨网中，不论何时它们都是看不见摸不着的。它们成了漫步在机器中、被嘲笑的幽灵，成了有机系统中微弱的幻影。它们仅仅是个人的趣味和主观的狂想。内在维度在一个与其格格不入、能用手触摸的宇宙中实在是微不足道。

具有讽刺意味的事情当然是这个你可以把手指头搁上去的宇宙是一个无意义的宇宙，所以尽管对大宇宙（Kosmos）的奥妙精微处来说，意识、价值和意义是本质性的东西，但它们在物质宇宙（cosmos）中却无处可寻。即，它们与生俱来就存在于大宇宙的左边维度中，而不是在右边的表面里。这样如果你只专注于感觉到的表面，那就肯定会把大宇宙的价值、意识、意义、深度剥离得干干净净。

实际上伟大的层次系统就是这样有史以来第一次被抛弃了，只因为你无法触摸它。机器中的幽灵是个不折不扣的幽灵，因为它刚刚毁灭了自己的生命。

原教旨启蒙运动范式

问：那么这就是像福柯那样的理论家尖锐抨击 18 世纪兴起的“人的科学”的原因了？

肯·威尔伯：是的，正是这样。福柯用一个贴切的词组漂亮地概括出这种单向逻辑的疯狂状态。他说，男人和女人，成了“信息的客体而不是交流中的主体”。就是说，对人和对其他全子一样，只从经验主义的、客观的维度去研究，于是人也就被打入了纯粹“它”的交织的巨网中，丧失了深度、意念和人格。在实验室技术员的冷酷世界里，一切都只是菜板上任人宰割的肉而已。

而后与唯科学主义相联系，又有“人的科学”的兴起，这是一种将人类简单降到信息客体的科学，也叫做“非人化的人本主义”。

问：为什么福柯将它称为“人的时代”呢？

肯·威尔伯：因为“人”作为一个科学研究的对象来说是被“发明”出来的。人类成为单向逻辑的理性观点的对象，这是前所未有的事情（因为以前这三大区域从未分化瓦解过）。福柯用他特有的俏皮话说人以前从来没有存在过，是被发明出来的。福柯还盼望着“人的终结”。所以他用一个醒目的比喻总括了《万物规律》（*The Order of Things*）一书：“我们当然可以打赌，人类就像画在海边沙滩上的一张脸，可以轻轻就被抹掉。”

后现代主义者追求的目标是：客观化的终结，非人化人本主义的终结，“人”——人类纯粹客观化融入单向逻辑表面过程的终结。将所有主体简化为交错连锁巨网中的客体——这实际上是冒充知识的力量，是单向逻辑注视的专制，是平地理性的讽刺，这也是福柯的主要目标之一。

所以如果你看看现代性崛起时期的主要理论家和批评家——例如黑格尔、韦伯、哈贝马斯、泰勒、福柯——一个出奇连贯的图景浮现出来了。他们都倾向于同意现代性的某些基本特征：一个分离的主体审视着全然它者的世界，所谓知识也只是这整个世界的经验主义的、客观的表现和描述（表现的范式是反映自然界）。因而主体和主体间的领域都简化为经验主义的研究——我和我们都被打入错综复杂的它者里——人也因而成为“信息的客体而不是交流的主体”。三大区域简化为一大因素，产生了非人化的人本主义和不合格的思想体系，而这一体系仍然有着一统现代、后现代世界的趋势。

就像马尔库塞所说的，世界及它的居民已变成“一维”的了，欢迎到启蒙运动的原教旨范式、现代下行之网中来。

没有大精神，没有心智，只有自然

问：那么这就是你说的“一个不完整的上帝代替了另一个”的意思。

肯·威尔伯：从统治西方意识形态至少1 000年的只关注上行的理想里，产生了几乎是一味追求下行的世界，直到今天它一直控制着现代性和后现代性。没有超乎逻辑的大精神，没有对话的心智，只有单向逻辑的自然。表面的自然，单一的自然，感觉和物质形式的世界——这就是现代和后现代世界的“上帝”和“女神”。

至于这个可怜的有限的自然界，可以依靠经验和观察得到的自然界，这无言的孤独的景象，现在只有它们是真实的了。有人叫它大精神，也有人说它无知无识。有人叫它女神，也有人骂它野性十足。有人将它抬举到终极神圣的地位，又有人将它贬抑为无生命的物质。但只有这个有限的自然界总是天长地久的、唯一的真实。真正的大精神远逝了，真正的心智也远逝了，在它们的位置上取而代之的是单向逻辑的自然和它的功能适宜，还有从孤独的沉思和单向逻辑的凝视中所强求的光荣。

断裂的、二元的、上行的世界让路给断裂的、二元的、下行的世界。在下行的网络中，我们的现代和后现代在疑惑中游荡；与根源、基础和目标隔绝——或许我们可以这么说，我们在等待一个丢失的、逃逸的上帝的回归，然而却会愤怒地否定他的准则；我们在哭泣着寻求女神的回归，但她真的回来了我们又会纵使相逢不相识。我们被两个梦想粗暴地来回撕扯，一个已经逝去，永远无法追及，一个似乎前景光明远大，但还没有出世，仍然在诞生的苦痛深渊里挣扎；我们失落在恐惧里，失落在这两者之间，向一个有限的世界热烈地寻求无限的救赎，在完全不可能的事情的尘封的废墟上生存。

反讽：现代性的尴尬

问：好处与坏处并存。

肯·威尔伯：是的，这严厉地嘲弄了现代性，而且绝对是巨大的嘲弄。三大区域的分化带来了巨大的成就——包括解放运动方面，民主方面，知识需求方面——但与此同时也漫不经心地导致了大宇宙的崩溃，从而进入了一个平地，以及无价值的外部和无意义的表面的暗淡的世界。

这一点很具讽刺意味。解放了人性的理性进入了毁灭、非人化、压缩人性的过程，一切现代性和后现代性都在这个嘲讽的轨道上打转。后现代主义甚至还嘲弄他们的神，这未免有些可笑。但嘲弄意味着设定的目标与实际结果之间存在很大的不一致——可以这么说，嘲弄是某种形式的谎言，它容许虚假的自我讽刺性地伪装为实际的自我。

几乎关于现代性和后现代性的一切都具备一种讽刺意味，事实上这一点被每一位关注这一时期的理论家评论过。举例来说，早期的福柯主要研究的就是启蒙运动的讽刺意味。讽刺的存在如此广泛——现代性又如此具有讽刺性——克尔恺郭尔的论文做的就是这个题目（“反讽的概念”），如他所表述的，反讽是处在两种世界观夹缝中的结果，一种世界观已走向死亡，另一种挣扎着诞生，夹在中间的陷入了充满讽刺意味的状态。

我们已经看出，现代性的主要讽刺性之一是它使三大区域变异，这带来了解放和自由的巨大发展，也纵容了一场分崩离析，其结果是进入了平面的无意义的表面世界——已经发展起来的自由也变得平淡了！

问：很有讽刺意味。

肯·威尔伯：难道你不这样认为吗？正是在现代性往深度发展、增长的同时，它也会狭窄浅薄到其他大部分文明无法想象的地步。矫揉造作和现代性共同出现了。尽管理性比魔术或神话有更多的内在的深度——因此也就有了更真实的大精神——然而神话的、原教旨主义的信仰审视理性的现代性之后，发现它除了浅薄之外一无所有——在某种意义上它们是对的：三大区域瓦解而成纯粹的经验主义自然，那就是一种削平、一种浅薄、一种迷信，没有哪个神话信仰者会俯身屈就的。

崩溃后的现代性蹩脚、造作、令人啼笑皆非。一度最高级的、最文明的、最进步的社会像一个被唾弃的拾垃圾女人，终日在本体论的地下室里翻找，想找到失去的神灵。但即使找到的话，它也不会接受的。

正是现代性的深度允许它自己去完全否定深度，于是自此之后，在一切现代性和后现代性中，意识的主要任务就是劲头十足地、极具侵略性地去否定自身的存在。

问：所以现代世界里不存在大精神，只有反讽。

肯·威尔伯：是的，正是如此。反讽是平地的特点，是现代性的思想倾向，是一个无法讲述有关宇宙实际深度真理的世界的苦涩余味，所以它只能说一套做一套——也就是说，它是一个根本不能对任何事情作出承诺保证的世界。

工业化网络的声音

问：你刚刚说过现代生态危机主要是下行的网络造成的后果。

肯·威尔伯：每个人都可以说他在放眼全世界进行思考，但很少有人能够实际采取一种以世界为中心的、后习俗的立场。我们看到，真正按照世界中心论的、全宇宙的视野来生活需要五个或六个主要的转变和超越的内在阶段。

但假如整个左边的维度都被忽视，其价值也被抹杀——假如我们对内部维度置之不理，只把注意力放在盖亚或系统自然的“全世界”的客观图像上——就会忽略引导人们到达全球性的或以世界为中心状态的实际途径。我们就会拥有目标而失去通向目标的途径。我们所拥有的图景将会是否定和谴责超越性的，而超越性恰恰是真正的通途。

这所有的忽略，所有的无知，其导致的直接后果是启蒙运动原教旨范式的微妙的简化。我们看到理性已经分化了三大区域，但工业化使它们分崩离析成为单一性质的一大世界，简单定位的经验主义的一大世界。

换句话说，这一单一性质的自然实际上是纯粹的工业本体论。“只有依据观察经验得到的自然界才是真实的”这一提法正是现代的下行之网，这张网如果说是什么的话，首先就是工业本体论之网，是工业化使平地世界成为现实，是工业化将较为简单的客观世界当成基本的真实，是工业化侵入并主宰着内部维度并将它们打入可观察的表面的巨网，成为其中发挥作用的线条。“只有自然界是真实的，”这是工业化之网的声音。

问：那就是你不曾在其他文化中找到这种崩溃的原因。

肯·威尔伯：自然界像魔幻中所表现的，是前分化的或以自我为中心的；要么像在神话学中表现的，为了彼岸世界而失去了自己的价值。或者在普罗提诺和莲花生式人物那里，自然界是大精神的一种表现，是大精神的一种具体化——大精神超越并包容了自然界。

然而，在历史上从来没有将分化后的自然简单等同于终极真实的事情！也从来没有将超逻辑的大精神和对话的心灵如此粗暴地简化到单向逻辑的自然中去！但伴随着现代工业本体论而来的后果是，自然界即终极真实，只有自然界是真实的。

问：所以在那个意义上，自然是工业化的产物。

肯·威尔伯：毫无疑问。正如我们所说的，“只有自然界是真实的”——这是工业之网中回荡的声音。然后就大精神来说，你会去做两件事当中的一件：彻底否定大精神，或宣告自然就是大精神。启蒙运动哲学家选择了前者，而浪漫主义的反叛和回归自然实践了后者。两者都完完全全地裹在这张单一性质的下行之网里，陷在这种蔓延的工业本体论里。

问：普罗提诺在坟墓里也会辗转不安的。

肯·威尔伯：我们只能想象了。让我再重复一遍，对柏拉图或普罗提诺——或爱默生、埃克哈特、楚戈耶（Tsogyal）女士来说——自然是一种大精神的表达。事实上就普罗提诺而言，心智和自然都是大精神的表达。大精神在一种一味的整合中超越并包含了心智和自然。或者与佛教类似：大精神的“真身”[1] 使得心智的“报身”[2] 得以提升，而后

① Dharmakaya，佛教三身教义中佛的真身或者本性。——译者注
② Sambhogakaya，佛教三身教义中的福乐身，作为神受崇拜。——译者注

者又使肉体、存在形式和自然的"化身"[①] 得以提升。

承认只有化身？承认只有自然？宇宙就这样崩溃进入了经验主义的平地，这就是工业本体论带来的明显的后果。工业本体论开始侵犯、占有并统治其他领域——于是，唯一的真实就是自然。

这样说来，只有在下行的现代性觉醒的时候，才会出现一个马克思、一个费尔巴哈、一个孔德。与此类似，只有在现代性觉醒的时候，才会有得到充分发展的自然浪漫主义者和生态哲学家。他们都在路的同一边，在同样的平地上运作，并且在感觉的、自然的下行世界中找到了他们被工业化网络秘密树立起来的神灵。

问：所以这意味着生态—浪漫主义运动不是对工业的反抗而是对工业的一个产物的反抗。

肯·威尔伯：对，你说得对。相信可凭观察经验得到的自然就是终极的真实——那是工业本体论。生态—浪漫主义者用一种最忠诚、最高贵的方式拒绝工业，但保留了本体论。换句话说，他们拒绝了表面性的问题却举双手拥抱深层次的灾难。他们已经悄悄地被工业本体论占有并成为它最热烈的支持者之一，就像一个受虐待的被绑架者爱上了绑架者一样。

对盖亚的信仰，对自然的崇拜只是工业化信仰、工业化灵性的主要形式之一，它使得工业化范式得以长久地维持下去。

问：但是魔幻的—采摘的社会结构也崇拜自然。

肯·威尔伯：不，它不崇拜。它只是没有从自然中分化出去，那是个完全不同的结构。那个魔幻的大自然是万物有灵，带着以私我为中心的冲动和混沌未分的情感的。而现代生态—浪漫主义者热爱的自然必须是分化后的自然。实际上在现代浪漫主义者心里，并不觉得云朵飘移是因为云朵想追逐他们，火山爆发是因为火山在对他们发怒（除非他们严重倒退快要成为精神病患者了）。

---

① Nirmanakaya，或者"应身"，佛教三身教义中的佛陀能够变化为种种形象的称谓。——译者注

不，生态—浪漫主义者所崇拜的现代自然是一个完全分化的自然，在他们眼里那个自然是至高无上的真实。换句话说，他们崇拜由三大区域分化而显露出来的自然。他们认为这个自然才是唯一的真实。即，他们从三大区域到一大世界的现代崩溃过程中造了一个神出来，造了一个单一性质的神。单一自然，只有单一自然是真实的，它是他们的上帝和女神。

我们已经说过，从三大区域到一大世界的崩溃在很大程度上是工业化的结果。这一崩溃是由工业化的力量一手操办的。

用另一种方式表达就是被生态浪漫主义者崇拜的自然是工业化的平地的自然，是同样的单一自然。崇拜盖亚是工业化的一个结果、一个行动，而这种崇拜又使经验主义的—工业化的范式得以长久地持续下去，它使那一大要素长久地持续，使宇宙的崩溃长久地持续，它使将真实唯一地、主要地放在单一自然中的现代下行之网长久地持续下去——只有右边维度的表面是真实的，只有简单界定的世界是真实的。

这种现代的下行之网正在破坏着盖亚，因为它破坏了内部维度的主要内容，而原本可以在那儿找到相互和谐和主体之间的智能。对盖亚的信仰只是现代下行之网自我复制的方式之一罢了。也许我们可以说，这是下行之网的狡猾之处，现代下行之网正在毁灭盖亚，对盖亚的信仰只是它的基本战略部署之一。

问：有点讽刺味道啊。

肯·威尔伯：啊，你知道的。现代性，反讽。

最重要的一点是下行之网破坏了三大区域中的任何一个——破坏了心智、文化与自然——因为它使得它们之间分离、缺乏融合的状态永久化了，于是被撕裂的碎片不停流血，直至死亡。不仅仅是盖亚或自然，还有意识和文化，都被它们的破碎和简化给破坏殆尽。

难道不是吗？随之而来的生态危机在很大程度上是三大区域继续分离的后果。我们无法结合自然、文化和意识，也无法结合自然、道德和心智。我们在这个有点疯狂的现代性中被彻底地分裂。

只有三大区域的相融，而不是任何一个领域的独自称雄，这才是我们的救赎方法——如果它确实存在的话。但只要我们继续在这个平地的下行之网中生活下去，这种交融就总是被有力地抑制。生态浪漫主义的解决方法即回归自然根本就不是办法，只能使下行之网、工业之网长久维持下去。

问：他们无疑是反超越性的。

肯·威尔伯：是的，既然所有纯粹下行者相信任何形式的超越性或上行都是邪恶，那么他们自然会认为超越性会破坏盖亚。他们对此的呼声很高啊。超越性会葬送盖亚！超越性是一切邪恶的开始！

其实是现代工业之网通过他们的嘴巴在说话。他们已经被工业本体论拥有了。他们是下行之灾手中的傀儡。他们以为超越性在毁灭盖亚，然而超越性是连接、融合并进而拯救破裂的唯一方法。他们混淆了超越性和抑制作用；混淆了分化和分离；将控制者的等级和现实化的等级混为一谈。没有超越性！离自然近些再近些——准确地说这是问题的起因而非解决办法。

如今现代和后现代的世界正是在这个下行的网中运动——或者说挣扎。这一下行之网决定了我们的目标，我们的渴望，我们的消费，我们的解救方法。它在很大程度上支配了主流文化和非主流文化。正统派和先锋派一样在为它高唱颂歌。它支撑了现代性的提倡者，也将现代性的反对者塞入了未知的褶缝中。它整个躲在自我的攻击之后，也拥护着生态运动。它将一切上行都扔得远远的，贴在每一个人的耳边窃窃私语：我在这儿支持着你呢。

现代性将自己的脑袋往这个下行之网的铁栅栏上撞，还把溅出来的血命名为知识。它为那些自己弄出来的创伤的剧痛而痛哭，又管那剧痛叫真实性。它给这个平面化的网络以致命的拥抱，却又把这种生死予夺的大权叫做“感情”。它最希望的是证明自己对这一无情的下行所做的奉献，却称这种奴役为解救。下行之网坚定不移的爪子陷入了每一个运动的事物。

还有，我们最后可以讽刺的是那些被爪子抓得最深的人也是颂歌唱得最响的人。

第十六章 私我和生态

问：后启蒙主义和后现代主义的反叛开始于 18 世纪至 19 世纪之间。

肯·威尔伯：对。启蒙运动基本范式中的深刻矛盾很快就孕育出一系列震撼世界的发展变化，将现代性积极方面的后果与其丑陋的缺陷放在了对立的地位上。现代性的尊严与现代性的灾难轰然相撞，我们大家仍然生活在这一战争硝烟弥漫的废墟上。这是一场可称为私我对抗生态的战争。

私我对抗生态

问：在理性启蒙运动（你简称为"私我阵营"）和自然浪漫主义（你把它叫做"生态阵营"）之间为种种分歧引起的斗争中，你坚持两者都被现代下行之网彻底捕获了。

肯·威尔伯：是的。尤其是在工业化的猛烈袭击之下，纯粹下行的世界观带着复仇哗啦啦地坍塌。错综复杂的巨网笼罩在现代和后现代的心智之上，而我们依然在网中生存、运动、思索、感受。

十分自然，理性启蒙运动和自然浪漫主义的共同之处是以这纯粹的工业本体论作为终极的参照点。它再不是在不二的心灵（Heart）中整合上行和下行，而是彻底地抛弃上行。姑且不论这两者的众多差异，它们在对平地、对一个定位简单和可以触摸的世界的接纳中结合了。

两者的区别在于：启蒙运动用理性的、勤勉的分析思考抵达平地，而浪漫主义者通过感觉、情绪和感情到达平地。我们可以在感觉中与平地、自然、形式的世界融为一体，而这种与现象世界、下行的世界的

“一体感”被认为是救赎之法。自然浪漫主义者无意控制平地，他们只想与它合为一体。

平地双生子

问：既然私我阵营和生态阵营都被平地捕获，那又何必为它们的争执操心呢？

肯·威尔伯：因为它们都坚持自己正在攻克三大区域解体中的痼疾，然而实际上两者对这一灾难都负有责任。

所以，如果我们想要逃脱平地的话，我们不愿意做的一件事情就是陷入这些阵营中的某一个里面去。避免陷阱的最好方式是追溯它们的历史——可以这么说，它们的历史记录。它们有点像沉溺在相互破坏的狂舞之中的邪恶的孪生兄弟，彼此在对方眼中都是敌人，每一方都许诺要变革世界，然而每一方又实际上在阻止这一行为。这当然很有讽刺性。

问：那它们之间的区别是什么？它们在很多问题上意见十分不同。

肯·威尔伯：是啊，在纯粹下行的网络中，它们是沿着截然相反的方向运动的。

理性私我阵营——基本的启蒙主义阵营，从笛卡儿、洛克到费希特——普遍来说，都有一个控制、分析思考甚至制伏自然界的欲望。自然界中的生命是孤立的、贫乏的、低级的、短暂的——不管怎么说，是不属于道德范畴的，无从分辨是非的——所以可以理解，他们感到理性私我的职责便是将自身从这张野蛮的、不道德的网里解脱出来。私我的使命是脱离自然之网。因此这一理性私我经常自称为解脱后的自我、无牵无挂的自我、独立自主的自我等等。

生态浪漫主义的反叛发现这让人难以忍受，主要是因为它在私我和自然界之间制造了巨大的二重性或者说是两者间的鸿沟。自由放任的生态浪漫主义反叛的创始者们——例如卢梭（Rousseau）、赫尔德（Herder）、施莱格尔兄弟（the Schlegels）、席勒（Schiller）、诺瓦利斯（Novalis）、柯尔律治（Coleridge）、华兹华斯（Wordsworth）、惠特曼（Whitman）等——用各种方式想将自己感受到的私我与世界之间的某种整体感、和谐感、统一感呈现出来。他们对此的热切心情甚于对其他的一切。他们尤其希望看到自我和自然在宇宙大生命的洪流中相融合，并非只是远远地呈现，而是和谐地进入自然的巨网中，进入一切行动、一切知识都为之调整的终极实在之中。简而言之，他们希望通过找到与自然的一体感进而找到与他们自身的一体感。

但请注意，这是同一个自然。这是与私我阵营的单向逻辑相同的自然，只不过现在是带着完全不同的意图到达的——不是为了控制它、计算它或支配它，只是与它成为一体，同时在他们自己身上找到“完整感”（wholeness）。

问：他们都被自然的声音奴役了。

肯·威尔伯：是的，正因为如此，查尔斯·泰勒（Charles Taylor）在其巨著《自我之源》（*Sources of the Self*）中提出，启蒙运动和自然的浪漫主义都建立在关于自然的相同的现代主义的概念之上，即，自然是经验主义进程中一个巨大的连锁的序列或系统，而这一进程本身就是终极或基础的实在。大精神不再成其为大精神，心智不再成其为心智；别无其他，唯有自然之声。

问：那么我们一方面有私我启蒙运动，另一方面有生态浪漫主义的反叛。

肯·威尔伯：在最广泛的意义上来说，是这样的。随着大宇宙的崩溃瓦解，从四处飞散的碎片中走出了两个一瘸一拐的幸存者，就在那个地方那个时候开始了一场两个阵营之间的激烈的斗争，彼此都极端厌恶对方，都相信自己有解决现代性分离的良方妙药，又都被同样的下行之网禁锢住，而这张网事实上正是问题的根源——但它从未被严肃地质疑过。

私我的真实

问：那么这场战争……

肯·威尔伯：问题在于私我阵营和生态阵营都掌握着不可否认的事实，他们都曾抓住过大宇宙崩溃后残留下来的真理的断片——他们各自的真理都是非常重要和关键，可以理解，任何一方都不愿意放弃。

问：就从私我阵营的重要真理开始吧。

肯·威尔伯：私我阵营，尤其当他们开始逐渐脱离经验主义，向着康德和费希特发展的时候——他们想脱离自然的原因主要是依据这一事实，即在感觉到的自然中不存在自觉的道德价值。这并不是说自然是反道德的，只是说它是非道德范畴的，或者说缺乏自觉的道德仲裁。

我们看到了人类最初是以生物为中心、以私我为中心的，迷失在自己的冲动之中，无法扮演其他的角色。当以私我为中心让位给以社会为中心时，人开始把对自己的礼遇用来对待自身所处群体中的其他成员。伴随着以世界为中心的道德观，人们试图用同等的尊重或至少是同等的机会去对待所有的人——深入发展到世界灵魂（World Soul）的境界后，这种礼遇泽被一切有感觉的存在，即使他们不能回应。

理性私我阵营在其鼎盛时期代表了一种后习俗的、世界中心论的道德观，一种广泛的多元文化论，而且我们也见到了，这正是启蒙运动民主化运动一部分高尚之处所在。他们还非常正确地指出：在感觉到的自然界中没有以世界为中心的道德观存在。

当然，自然界中有很多利他的、无私的事情，但那只是一种实用方法与遗传内含物罢了。事实上，自觉的、道德中心论的道德姿态只存在于人类，这一以世界为中心的姿态只能由高度发展的人类中相对较少的一部分人达到（深度越深，广度就越小）。

要达到这较高的、相对较少的、普遍关怀的姿态，我必须超越自身以生物为中心的自然冲动（性和生存），超越以私我为中心的愿望和以种族为中心的倾向——代之以坚持普遍关怀的、相对来说以世界为中心的道德意识，以此立身处世。这种从较浅薄的状态中摆脱出来的自由感觉让人心醉神迷，因为它带我进入了一个更高、更深或更真的自我。

当然，我是在概括康德的说法，而且这也确实是康德有魅力的地方之一。只有通过超越我以私我为中心的冲动、我的自然渴求以及我们老一套的或者说以种族为中心的视角——康德将这一切叫做“他律”——只有超越这些较为肤浅的状态，采取更深刻的或更高的视角，以世界为中心的立场，我才会发现自己最高的志向和最真的自我。

只有在那时我才能做到普遍的关怀和慈悲，那是从缺乏信仰的浅薄中逃离的自由。只有通过上行，只有超越这些低级的序列，我才能超越较为基本的本能，寻觅到更博爱更宽容的姿态。

康德在他的整个时代中，一马当先地超越了冲动、客体我（meness）和无知占统治地位的纯粹下行的世界、平地世界，主张世界中心论认识中的道德自由。这恰恰是现代上行和超越性觉知的主要趋势的真正发端，它试图挣脱经验主义自然的下行之网，因为在那儿无法找到自觉的道德。

康德被休谟的完全无心的经验主义伤害了——或者至少突如其来地从那独断论的睡梦中醒来——康德对此予以回应，很多人认为他提出了西方有史以来最优秀复杂的哲学。不论我们的判断如何，也不论用任何标准去衡量，康德的超越性的理想主义都确实令人肃然起敬，几乎所有的现代超越性的潮流，都可以将其继承的精神遗产的很大一部分追溯到康德，还有费希特、谢林、荷尔德林（Hölderlin）、黑格尔、叔本华、尼采、布拉德利（Bradley）、胡塞尔（Husserl）、海德格尔……也许我们可以说，康德是第一个与洞窟人和穴居人[①]进行高贵而英勇斗争的重要的现代人。

这便有了私我的永恒不变的真理。唯有在大宇宙的超越性的潮流中，才能发现更高尚更广博的姿态，允许普遍意义上的宽容和慈悲欣欣向荣。只有有了更高级的人类之爱，更广泛的对上帝之爱才能初步发挥作用。

私我的难题

问：但你曾说过，私我阵营，包括康德在内，有一些很严重的局限性。

肯·威尔伯：在所有这一切中存在着一个很大的难题。假定康德所

① 在这里是指愚昧、顽固的人，典故大概出自柏拉图著名的寓言。——译者注

说的一切都是真理，假定在构架感觉自然的范畴里无从发现这一以世界为中心的道德姿态，它只有在实际的或伦理的心智中才能寻觅到；假定从这个意义上自然必然会被超越，但接下来你如何整合心智和自然呢？你怎么能够不但超越自然而且包容自然呢？心智和自然之间的裂痕该怎么处理呢？因为这裂痕也在我自身的存在之中——我的心智和我的身体也是分裂的。心智从外部自然和内部自然那儿被分裂出去了。那该如何是好？是道德分离所付出的代价吗？

对此康德没有作出最终的回答，尽管他想通过美学来弥补道德知识和自然知识之间的裂痕。注意：他试图整合三大领域——美学、道德、科学——这依然飞散的三者。尽管他尝试过，但还是没能重新将它们拉拢到一起。

我们看到现代性的巨大进展就是分化了三大领域，康德令人信服地做到了这一点——他的三大批判分别针对科学、伦理和艺术。但我们也发现现代性的巨大失败正是它面对整合三大领域所表现出来的无能为力。批评家（例如黑格尔）很快就富有挑战性地指出，康德也不例外，难以避免这一失败。

所以，在康德霍然醒来的时候——也就是现代性觉醒的时候，我们面临着巨大的难题：对于心智、道德和自然三者，如何将它们统一起来呢？并不是再度统一！因为它们一开始就没有统一或整合过（因为它们原先从未分化过），这种分化完全是新的，它们的分离也是如此——就像崭新的地毯上溅满的鲜血。

这就是工业荒原的噩梦所在，它是一个人类从来没有看到过的噩梦，是一个康德发现并有过巨大影响的噩梦，但他没能将我们从梦中唤醒。

私我和压抑

问：那么除了私我的真实之外，还存在着心智和自然之间的鸿沟。

肯·威尔伯：是啊，由此我们发现了关于私我阵营最主要的，我认为是非常准确的批评。假定他们引进了超越的这一尺度，但和以前一样，超越很容易走得太远而流于压抑。

理性私我想提升到自然和自身肉体冲动之上，以获得在自然中无法寻觅到的更广泛的慈悲心，但经常适得其反地压抑这些自然冲动：压抑了自己的生物性；压抑了自己的生命冲动；压抑了自己的生命的根本。私我倾向于将外部自然与内部自然（本我）统统压抑下去；毫无疑问，这种压抑作用与一个叫西格蒙德·弗洛伊德的人的出现有关，他恰好在此时（而绝不是在此之前）来临，来医治现代性的分裂。

很容易理解，这许多的双重性将浪漫主义者弄得焦头烂额。私我好像在到处推行分裂、双重性和分崩离析，而浪漫主义者相反，最想得到的莫过于一种完整、和谐和统一。

私我乐呵呵地继续用客观和单向逻辑的方式描绘着世界，当然，在这一过程中，它使得世界从神的世界中幡然醒悟。分离的、不受约束的私我只是用有表征性的知识描绘着这个经验主义自然的世界。如果私我真的在此过程中使自然得以醒悟，那就太好了！正是通过使自然醒悟，私我使得自己获得了自由！世界的醒悟么——正合我意，私我说，正合我意。

但生态阵营却忧心忡忡，指出这种醒悟会很快丧失其本质，压抑、分离、枯竭，这就是崇尚理性的，私我给我们带来的恶果！一个醒悟了的世界。作为对这一拙劣的醒悟的直接反应，生态阵营挺身而起，将重新使世界进入迷幻的使命揽到了自己身上。

为重新进入魔幻世界所做的狂暴的、神奇的、惊人的、非凡的努力终于拉开了帷幕。

世界的再度魔幻化

问：于是生态阵营用对理性私我的批判打响了头一炮。

肯·威尔伯：对，基本上是对的。大部分浪漫主义者的批评可归结为对私我的压抑倾向的极端不满。理性的私我——它者宇宙中伟大的统治者——实际上在封闭漠视其前个人的根本时也遗忘了它超越个人的精神启示。它摒弃了，或假装摒弃了潜意识的冲动以及超意识的灵感。在它获得巨大成就的同时，独立自主的私我在通向理性天堂的高速公路上一路冲撞，尸横满地。

浪漫主义反叛尤其在这一压抑作用上投入了很多的注意力。

问：这批评有其真实性。

肯·威尔伯：是的，这批评中有很多真理的成分，那也正是浪漫主义阵营立足攻击的地方。他们发现在道德和自然，或者说心智与自然，心智与肉体之间那些压抑的裂痕——都是同样的裂痕——他们觉得这一裂痕让人无法忍受。可以理解，他们想要的是完整和统一。所以康德和费希特无休无止地谈论自我从自然和自然基本直觉中脱离并且独立，而浪漫主义者则滔滔不绝地说着在某种充满生机与表现力的统一体中，在生命与爱交汇的伟大河流中与自然融为一体。

愈合道德与自然之间裂痕的有利之处和必要性——这是浪漫主义者想宣布的伟大真理，它和康德关于超越的必要性的观点一样，在自己的道路上艰难跋涉着。

问：但这就需要点拨了。

肯·威尔伯：是的，在这一历史时刻，我们完全停滞住了，彻底的哲学的停滞，私我和生态阵营之间出现了严酷的僵局。你怎么才有可能调和这两者呢？你怎么才能把超越自然之上的必要性和与自然合而为一的必要性调和起来呢？

现在这依然是个重要的问题，是不是？如何调和私我和生态？在今天的世界上这依然是关键性的困境，对吗？

我们刚刚看到私我阵营一方没有满意答案，但几乎众口一词，认为生态浪漫主义的解决方式声名狼藉，无法让人信服，而他们“一条生命河流”的“解决方案”也为私我阵营所激烈抨击。私我阵营质问，你怎么能够与自然统一，与自然融为一体，只依据自然的脉动行动，又仍然保持我们大家努力斗争试图保护的、以世界为中心的、后习俗的道德观呢？

浪漫主义者的回答根本站不住脚，它主要集中在用两种极为不同的、完全矛盾的方式定义“自然”上，他们只是为了迎合自己的目的在这两个定义之间摇摆不定。

回归自然

问： 浪漫主义者有两个对自然的定义？

肯·威尔伯： 是的。首先他们用真正的下行的方式，坚持自然是唯一的真实，包罗万象的真实。当然，这是个现代的下行之网，浪漫主义者吞下了钩和线，还有钓丝上的坠子。然而他们又坚持文化令人神伤地背离了这一自然，从自然中分裂出来，与生命的河流失去了联系，它正在葬送自然。

问： 生态哲学家仍然坚持这个观点。

肯·威尔伯： 是啊，但是看看隐藏在这种表述之后的两种非常不同的、矛盾的关于自然的定义。首先，自然被认为是唯一的真实，所有的有机体，包括人，都是其中的一部分。在这个意义上，自然绝对是包罗万象的，在它之外别无他物。它是终极的、包容一切的真实。

但是其次，文明被认为是背离了这个自然。文明在某种程度上将自己从自然中割离出去，实际上文明在葬送自然。所以现在我们有了两个自然：一个是你不能背离的自然，对抗一个你可以背离的自然。很清楚，它们不可能是同样的东西。它们滑入了两种自然。

那么，这一个用大写的“N”的、包罗万象的大写的自然（Nature）与那个因为正被文明葬送而区别于文明的小写的自然（nature），这两者的关系究竟是什么样的呢？

问： 大写的自然被认为是包容和融合了文明和小写的自然。

肯·威尔伯： 对。那么大写自然和小写自然的关系又是什么呢？看，这就是整个问题之所在。

整个浪漫主义运动失败之后，内部矛盾烟消云散。浪漫主义者尝试说出来的最了不起的一点是：有一个大写“N”的大写自然（Nature）是大精神，因为包容一切的大精神确实超越并包含了文明和小自然。这就很好了，这就够真实的了。

但是由于浪漫主义者被交给了纯粹下行之网，他们简单地将大自然与小自然等同起来。他们将大精神与感觉到的自然等同起来。他们在烟雾中上行，在无比的私我陶醉中，以私我为中心地、绚烂地爆发出来——因为你与自然越近，你就越以私我为中心，在找寻大自然的过程中，浪漫主义者回头向小自然走去，在私我的黑洞中消失，而同时宣告要为终极的神圣呐喊——但可惜的是，事实表明那只是神圣的私我主义。

生态和回归自然

问：那么大宇宙的崩溃与从大自然到小自然的崩溃是一样的吗？没有大精神，没有心智，只有自然。

肯·威尔伯：是的，你说得对。现在，如果你是私我，并且否定任何的灵性的实在，那么好，毫无疑问，你会简单地用一种客观的方式描绘这经验主义的自然。你是一个快乐的、无知的、画图的傻瓜。

但如果你心地温柔，如果你向灵性的体验敞开——而且你仍然悄悄地被工业本体论把持——那么你会简单化地将灵性和自然等同起来。你的灵性直觉也许是非常真实的，你的诠释却在工业网络的轨道上进行。那儿唯一的实在——经验主义的自然——也就一定是终极的灵性的实在了。

所以，即使你有世界灵魂的直接体验，或者不二性的体验——哇！它从自然而来的那一刻起就被诠释。在前意识中起着作用的工业网络，赶在你之前参与了诠释，不知不觉中，你就被平地的意识形态攫取了。你对乏味枯燥的幻影又是拥抱又是亲吻，为它黯然神伤，变得郁郁寡欢，索然无味，将虚幻的东西叫做上帝，叫做女神。其实这也是个定位简单的单调世界，你能用手指触摸的世界，又是一个你渴望与之合而为一的世界，你的上帝是一个绿色的上帝。

大写的自然（Nature）或大精神（或世界灵魂）能够将分化的心智和自然真正统一起来，然而你并没有走上通向它们的历程，你只是简单地推崇“回归自然”。不是奔向大写的自然，而是回归小写的自然（nature）。

问： 你指出这种回归是大部分浪漫主义运动的特征，一直延及今天的生态哲学家。

肯·威尔伯： 在大部分情况下是这样的。下面看看这一回归运动怎样在历史上变得举足轻重，怎样成为现代和后现代世界中具有惊人影响力的潮流：

如果自然或生物圈是唯一的基本的实在——如果它确实就是“灵性”——那么，浪漫主义者宣告，任何离开自然的举动都在扼杀自然。文化离开自然，那么文化一定在扼杀自然。所以如果单一自然是终极真实，那文化就是罪魁祸首。

我们并不是在简单地谈论文化能远离并压抑自然这件事；也不是在讨论心智能压抑肉体冲动——假定那些都是千真万确的。浪漫主义者的反对更加深刻、更加有力。关于文化本身的某些东西肯定在破坏自然，既然自然是唯一的精神的实在，那么关于文化自身的那些东西就是反精神的，实际上文化就是反对自然自由、丰盈的原初天国的罪魁祸首。

这种“灵性的洞察”是当初一切生态浪漫主义运动的核心。然而从任何深远的意义来说，这种洞察都不是真正灵性的；它只是一种完全没有觉察地被工业化网络规范了的诠释。它只是现代下行之网抵御一切超越，抵御一切真正灵性的秘而不宣的方式之一。这是世界观的防御机制，这一世界观希望包住“只有有限的自然才是真实的”这一弥天大谎，所以它一定会提出这个自然就是灵性，一定会说任何背离自然的东西都是邪恶的。

这种“洞察”开始了关于“回归自然”、“高尚的原始”、“失乐园”，关于被万恶的文明破坏的原始的伊甸园等极有影响力的运动。

为了找到更纯粹的真实、更纯真的自我、更真诚的感情、更公平的社会，我们必须在文化的罪孽之前回归，重新发掘罪恶还未发生的过去的历史。一旦我们发现了失落的乐园，一定要回归或作为一项社会性事务将这种原初的、原始的、本来的生活方式纳入现代世界中去，从而使世界成为希望的乐土。

于是浪漫主义的回归运动开始掀起了浪潮。

失乐园

问：从原先的浪漫主义者到现代生态哲学家，你在很多不同的地方追溯这种潮流。

肯·威尔伯：是的，嗯，很容易看出它是怎样开始的。有史以来第一回，现代性分化了三大要素——包括分化心灵和自然。但是因为现代性无法整合它们，三大区域眼看着就要趋于分崩离析，浪漫主义者警惕地对此作出了反应，这种反应我们完全可以理解，事实上，那是非常高贵的。

这种分离让人悚然心惊，于是浪漫主义者做了件显而易见的却是很天真的事情——他们认为问题在于分化本身：我们只是一开始就不该分化三大区域。浪漫主义者没有看到分化是整合前的必要的序曲，他们的解决方法是简单地回归分化之前的时光。不是在分崩离析之前，而是在分化本身以前！治疗橡树问题的唯一办法是回头变成一颗橡籽！

那样唯一的方法是回到过去的好时光，那时候文明与自然未曾分化；回到人类的橡籽状态；回到人类犯下反抗自然的大罪之前。由此，历史被想象成为由一系列可怕的错误组成，它们引导着人类越走越远，远离那心灵与自然仍是“一体”的鸿蒙未开的时代。但他们忽略了一个事实，即这种原始的“本来的状态”之所以不存在现代性的灾难，正是因为它也同样没有现代性的尊严。对于浪漫主义者而言，橡树严重地侵犯了橡籽，人类的责任就是重新发现并回到橡籽的状态。

问：不过真正的解决方法又是什么呢？

肯·威尔伯：大概我们都会同意，典型的或者说习俗的文化并没有浸润很多真正的灵性。疗救方法应当是趋于后习俗而非前习俗；是在大精神上走向后习俗，而不是在自然中走向前习俗。大精神超越并包含了文明和自然，并对两者进行整合统一。

但如果你崇尚回归到前习俗状态，回归橡籽状态，回归自然原初的、“本来的”状态，那么你就没有整合那些分化，只是在它们出现之前就将之压制到一点，这样只会毁了它们。你推崇神奇的非分离或神话的沉思，虚伪地享用着现代性的尊严和自由，然而同时又在没完没了、嘀嘀咕咕地说这一切是多么腐朽。

这不是超逻辑的大精神；当然也不是前途堪忧的对话性的文明；它是纯粹的、简单的、单向逻辑的自然——用我偷偷摸摸的二元论，我已宣布它是大精神或大自然。我要从文明的原罪中摆脱出来。我要回归失去的乐园。我会在自己身上找到高贵的原始。当现代性的分化不再将我的私我从实在中分离开去，不再用这样的负担苦苦纠缠我，我就会发现当初的伊甸园。

远离对话的沉沉重负，远离诠释的种种困难，远离道德的要求，我会在单向逻辑的注视里、在静默的自然中找到真正的自我，这会让我因从现代性中得到释放而激动不已。我将会掌握言之凿凿的对现代性的控诉：只要现代性听我的话，回归到无知无觉的自然中去就好了！我就可以找到将会成为乐土的失去的乐园。

在从精神圈到生物圈的倒退中，你将自己从尊严和需要中释放出来，确实得以从现代性的灾难中脱身，你用倒退治疗了压抑。

问：但你能够在自然中得到强烈的灵性体验，这是很普通的事情。我想那正是自然浪漫主义者所谓大精神所指的意思。

肯·威尔伯：是的，你确实能得到，但这些灵性感觉的源泉并非自然本身。你也许会凝视日落长达数小时，然后突然消失在世界灵魂中，感觉自身与整个自然同一，这很不错，很好。但自然并不是这种直觉的源泉，虫子、老鼠、狐狸和鼬从未几小时地注视日落，为它的美丽感到惊奇，并在那一刻的释放中超越自我——即使在很多情况下它们的感觉比我们要灵敏得多，即使它们可以比我们更清楚地看到自然！不，自然并不是这种大美的源泉！自然是它的目的地。源泉是超越性的大精神，自然是它华美的表达。

当你置身自然之中，放松你的私我的执著，伫立、伫立，心地清明而开放——自然是很引人入胜的，它会让你做到这一点——在那种清明之中，世界灵魂的力量和壮丽将会奔涌而来，你会被这一切的神奇美丽震撼得目瞪口呆——这是一种在瞬间足以使你震惊、让你迷失自我的美丽——它赋予落日以新的光彩，使自然在展现美丽的过程中无限生动。

但如果你用一种完全下行的模式来诠释这一灵性体验——如果工业化网络追随着你——你就会将这样的大精神简单地归为自然本身，你会将结果误认为原因，会看不到自己正是通过从以感觉—生物为中心、以私我为中心、以社会为中心、以世界为中心到世界灵魂这样的过程在发展，这是一个不断超越和包含前者的一系列的发展过程。

这样一来，你为世界灵魂的美丽所震慑，又错误地将这种美简化为感觉上的自然的层次，你就会推崇简单地回归自然——而不是从自然、文化向大精神发展——即便是坐在你身边的黄鼬也并没有看到你在自然中看到的东西——想知道为什么会那样吗？

因为你现在认为世界灵魂或者说大精神只是一种简单的感觉的冲击——是自然本身——接下去你会觉得文化遮蔽并歪曲了你“真正自我”可能栖身的单一自然，而实际上文化是朝自觉理解作为真正大我的大精神的进化之路上必不可少的一个部分。文化不在通向真正大我的道路上，它成了一种与你生物性的“真正自我”相对抗的罪恶。

简而言之，你不会主张向支点 7 和生态—理智的自我前进，只会建议向支点 2 和以生物为中心的、以生态为中心的或者生态学上的自我回归。

于是你将开始热烈地吟唱老歌，抱怨现在拙劣的模仿之作，悲叹如今自己在内心的焦灼不安中疾走，严厉地谴责这一切，想到这一代对过去的奇迹一无所知从而犯下了可怕的罪行，不禁潸然泪下。你会对现代性怒火中烧，探求一个无须操心的世界。当自然灾害到处肆虐夺去人们生命时，受害者痛苦的喊叫满足了你善感的灵魂，你暗自幸灾乐祸地冷眼旁观，在内心深处欣赏着纯粹简单的自然对人类恐惧心理的报复：让病毒侵蚀肉体吧，让他们七窍流血吧，难道这不是罪有应得吗？

换句话说，你将会成为一个回归浪漫主义者（retro-Romantic）。

问：你说过这种倒退被转化成为对现代性的批判。

肯·威尔伯：是的，这种态度真正的可怕之处在于它完全看错了现代性种种问题的实际起因。真正的问题是三大区域的分离崩溃、成为单一自然的一大因素——工业本体论。浪漫主义者发现并摒弃了的是工业令人厌恶的地方，而不是工业本体论。所以他们抨击表面问题，却热情地推崇更深层次的痼疾，推崇真正可怕的东西。

因为令人震惊的事实是，生态学上的智慧并不在于如何与自然保持一致性地生活，而在于在如何与自然保持一致地生活这个问题上取得意见一致。

这种智慧是心智圈中主体间的和谐，并不是生物圈中的和谐。任何对生物圈的表述都不可能产生这种智慧。对外部表面和感觉奇迹的描绘中找不到它；它建筑在真诚的相互理解的基础之上，是一条主体间的和谐之路；它有自己的逻辑，自己的发展阶段；在经验主义自然中它是无从寻觅的。

但如果前习俗的生物圈便是你的神灵，那你为了得到救赎就一定要倒退到靠近感觉上的自然。既然现代性分化了这一自然，你必须回到分化之前，必须竭尽全力走向前现代。

问：倒退的倾向。

肯·威尔伯：是的。这样，私我阵营使压抑作用持久化，而生态阵营则为倒退现象摇旗呐喊。压抑和倒退是平地游戏中两个孪生的发动机，是工业本体论里两台配对的机器。

时光倒流器

问：生态—浪漫主义者特别关注关于昔日荣光失落的问题。

肯·威尔伯：是的。自 18 世纪一直延续至今，生态浪漫主义者们一直在设置时光倒流器，以便回到他们最热爱的那个时期，他们觉得那时文明还处于与自然分化程度最小的时候。对失乐园的伟大追寻开始了。

当前我们收缩和紧抓的倾向所疏离的，不是对超时间的大精神，而是对过去某段时间曾经存在过的“精神”的追寻。那种精神在历史上，或史前某段时间曾存在过，但后来被文明犯下的弥天大罪给“扼杀”了。

问：最初的浪漫主义者喜欢希腊。

肯·威尔伯：对。对于早期的浪漫主义者比如席勒来说，古代希腊无疑是回归快车中最让他们喜欢的一站，因为这时心智和自然是一个“统一体”（在很大程度上它们也确实还没有分化）。他们从未想过正是因为这个原因，三分之一的希腊人是奴隶，妇女和儿童可能也算得上，那时几乎没有现代性的灾难，此话不假——但也没什么现代性的尊严。

古代希腊如今已经失去了浪漫主义者的欢心，主要因为希腊以农业为基础，是父权制社会。所以浪漫主义者又将时光倒流器往回调了一个阶段，回到了种植社会，那是现在女权主义者最乐于重温的时代，我们看到，这些社会经常以母亲为中心，由一个伟大的母亲统治着。

让我们巧妙地忽略所有种植社会的实际中心仪式——人祭仪式，为了确保五谷丰登，这一仪式必须与其他程序一起进行。与此类似，我们也轻轻松松地忘掉，根据伦斯基的大量数据来看，这些社会中的44%卷入经常性的战争，真是令人震惊啊，超过50%的处于间断性战争之中（对于热爱和平的伟大的母系社会来说未免太多了些）；61%的人有私有财产所有权；14%有奴隶制；45%的有彩礼。情况绝不像生态男权主义者自己所过于自信地指出来的那样，这些种植社会是“单纯的、原始的”。

问：他们更喜欢采摘社会。

肯·威尔伯：对，到了生态男权主义者（“深度生态学家”），他们再次往后推进了一个阶段，到达了采摘文明，以之为“单纯的、原始的状态”。事实上在生态男权主义者看来，生态女权主义者情有独钟的种植文明并没有以一种单纯的方式真正接近自然，因为这些社会依赖耕作存在，而耕作实际上已构成了对土地的侵犯。打猎和采集，那才是单纯而原始的。

让那些数字靠边去吧，数字显示这些社会的10%存在奴隶制，37%有彩礼，58%陷于经常性的或间断性的战争之中，不，不，这必须是单纯的、原始的状态——因为已经无路可退了！它必须是！所以我打算将有关这些社会的所有不愉快的事情都扔到一边去，它们会成为高贵的原始状态。

当然，虽然从逻辑上说，当务之急是返回类人猿时代，因为没有奴隶制、没有彩礼、没有战争等等。我的意思是，为什么不严肃地对待这种倒退，并且将它做个了断、得出最后结论呢？什么东西越界之后就会铸成大错，如果你把分化与分离混为一谈，就会在这上面寸步难行；你认为一切分化都是错误——认为橡树对橡籽犯下了过错。

就这样，对单纯原始状态的寻求将会一步一步推进，越来越倒退——在对浪漫主义者可以介入自然的原始状态的寻求中，宇宙的深度被一层一层地剥离。你用倒退治疗压抑作用，用消解深度来消除问题所在。

于是它就变得越发地浅薄了。

现代性的伟大战役：费希特对斯宾诺莎

问：所以私我阵营和生态阵营之间出现了历史性的僵持局面。私我想制伏生态，而生态想除掉私我。

肯·威尔伯：对。这种僵持局面的形成在于：你想超越自然、寻觅道德自由和自律，还是要和自然融为一体，找到统一和完整？你是超越性的私我还是内在性的生态？

也就是说，是纯粹的上行还是纯粹的下行？

这是基本的难题，这是棘手的二元性！上行者和下行者之间长达两千年的战争——这么一个战争在很大程度上造就了整个西方传统——它以私我与生态之间的战争这样一种现代形式重新出现了。

这场持续千年的对抗很快在费希特和斯宾诺莎身上找到了最典型的鼓吹者形象。

问：请简单地说说。

肯·威尔伯：简要地说，费希特希图通过将私我绝对化的上行之路来克服私我和生态之间的分裂，只有在纯粹的我、纯粹超越性的自我中才能求得解放。纯粹私我占的比重越大，生态占得越少，就越有利于大众。费希特在供奉上帝的圣坛前行礼时如是说。

当然，生态浪漫主义者在截然不同的另一个上帝的注视下，沿着完全不同的方向前进。他们要将生态、将下行之路绝对化，以此来弥合私我和生态之间的裂痕。生态阵营在被丰富想象阐释过的斯宾诺莎那儿找到了典型的支持者（他们想象通过大写的自然，斯宾诺莎是小写的自然的意思——没事儿，他会好好干的!）。完全沉浸在自然的伟大系统、沉浸在纯粹的生态里，纯粹的自由就在那时栖身。生态越多，私我越少，对大家就越有好处，浪漫主义者一边如是说，一边热切地对着纯粹下行上帝的世俗祭坛顶礼。

问：于是就出现了私我和生态、费希特和斯宾诺莎之间的对峙局面。

肯·威尔伯：对。这并非是细枝末节的问题。它正是在西方试图醒来的过程中、一场长达千年之久的战争的终结。这也是个令人头痛的问题，因为每一个人都凭直觉模模糊糊地感到这两者都是对的。那又将会如何呢？

到处都响起这样的呼吁：我们一定要将费希特和斯宾诺莎，或者康德和斯宾诺莎，要不然就是将康德和歌德的学说结合起来，那都是同一主题上的变奏。它困扰了整个时代，尤其是临近 18 世纪末的时候。

问：谁是赢家？

肯·威尔伯：哦，都一样：你怎么能为了道德自由超越自然，又为了完整与自然合为一体呢？独立与完整的对抗，你想要哪个？脱离自然的自由，还是自然即自由？你怎么可能一举两得？你如何整合上行与下行？这些支离破碎的、对柏拉图学说的注脚！你在哪里能找到救赎的方法？你的上帝又在何方？

问：在这场战争中出现了一个人，显而易见你很喜欢他，也许他化解了这个困境。你在你的著作中提到一封信，它来自某个参加他的演讲的人，由此对此人进行了介绍。我可以读读这封信吗？

肯·威尔伯：请便。

第十七章　下行者的统治

问：“在一片喧闹声、催促声、口哨声以及进不了门的人敲击窗户的砰砰声中，在一个水泄不通的演讲大厅里，那种喧嚣拥挤让人觉得如果再持续下去，几乎就要离席了，正是这种情况下，谢林在对一群瞠目结舌的听众发表着演说。开头几次演讲人们几乎是冒着生命危险在听。不过，我信任谢林，即使拼了老命也有勇气再听一遍。如果有人乐意冒险的话，在讲演过程中会有很多奇思妙想——为了听谢林的妙语，有什么事情是不能做的呢？

“真高兴啊，我又听了谢林的第二次演讲——真是难以言表。当他联系哲学与现实性的关系提及‘现实性’一词时，思想的萌芽在我体内欢跃。我几乎记得这以后他说的每一个字。也许思想从中能得到澄清。这一个词唤起了我所有哲学性的痛苦和磨难——如果她能分享我的快乐的话，我多想对着她倾诉啊！我多么热切地劝自己相信这是正确的做法——哦，如果我能做到就好了！——现在，我把所有的希望都放在谢林身上了。”

肯·威尔伯：是的，这封信来自索伦·克尔恺郭尔（Søren Kierkegaard），写在谢林 1841 年在柏林演讲期间。除了克尔恺郭尔外，听了那些演讲的还有雅各布·伯哈德（Jakob Burkhardt）、迈克尔·巴枯宁（Michael Bakunin）、弗里德里希·恩格斯以及合作者卡尔·马克思。

问：那你能否概括一下他的中心论点，尤其是在整合心智和自然方面？

肯·威尔伯：谢林的开场白是，如果启蒙运动当真成功地分化了心智和自然（或者说心智圈和生物圈），它也就倾向于忘却超越、统一这两者的基础，转而偏向于分离心智和自然——从而导致现代性的灾难。

心智和自然、私我和生态的分离，心智在科学探索中“反映”自然——我们将之称为表征主义范式——当然，这种分离已在进行中。谢林指出，这一表征主义范式在作为外部客体的自然和作为主体映照的自我之间制造了裂痕或者说分裂。——谢林说，这还使得人类反对人类自身——我们早先已经说过了，非人化的人本主义。他说，当表征主义终结在它我（itself）的时候，就会成为一种“灵性的病态”。

在这一点上，他与浪漫主义者达成了一致。事实上，谢林是浪漫主义的主要奠基人之一，但他没有局限于浪漫主义主要是因为他拒绝倒退回自然。也就是说，谢林意识到无法通过向感情直接性的回归，“向人类的童年回归”来克服分离，没有道路可以回归生态自然，谢林清楚这一点。

他坚持我们不得不超越理性，以便发现心智和自然只是一个绝对大精神的不同运动方式，这种大精神在它自身连续的展现阶段上表现着自己，正如谢林的同事黑格尔在不久之后所表述的，大精神不是从“多”分离出来的“一”，而是“一”通过“多”表达的过程——是在自我发展的进程中表达自己的无限行为——或者像我们现在说的，大精神在进化的整个过程中表现自我。

进化：在时间中展现的伟大的层次系统

问：那这种发展的或者说进化的观点并不是达尔文首创的。

肯·威尔伯：远远不是他首创的。早从莱布尼茨开始，具有“存在的巨链”思想的理论家就开始认识到，将存在的巨链作为一个层次系统来理解是最好也不过的了，这个层次系统不是在一段时间显露无遗的，它是在漫长的时间和广袤的空间中展现的——以物质为开端，随后是生命形式中感觉的出现，再以后是感知能力、冲动、意象等等。

如此这般，大约在达尔文之前的一个世纪，在受过教育的圈子里，人们已经广泛接受存在的巨链实际上是在漫长的时间里展开或者说发展的。而且——这一点很关键——既然这链中没有任何“缺口”或空隙（因为大精神丰盈和充实了所有的空间），发现进化过程中任何“缺失”的环节便提上了日程。

问：那是这个术语真正的出处?

肯·威尔伯：对，链中某个缺失的环节。于是兴起了在不同物种间大规模地搜寻“缺失环节”的运动。这一理解变得如此广为人知，如此普通，如此理所当然，以至于声名狼藉的游艺节目演出经理人 P. T. 巴纳姆（P. T. Barnum）大肆做广告，宣扬他的博物馆收藏了“鸭嘴兽”，或者说联结海豹和鸭子的中间环节；他的博物馆有两个灭绝的飞鱼品种，它们毫无疑问地能建立起鸟和鱼的联系；他的博物馆还有鬣蜥，它是联结爬行动物和鱼的环节——还有生机勃勃的大自然的巨链的其他环节。那还发生在达尔文出版《物种起源》20 年前!

问：真是滑稽。

肯·威尔伯：但所有这些找寻缺失环节的努力也很引人入胜。它还是寻找微生物的潜隐的依据，莱布尼茨仅仅依靠巨链便推断出了微生物的存在——微生物必须存在才能填满链中的某些空缺。它也隐藏在其他行星上存在生命的信仰之后，而这也是乔达诺·布鲁诺在巨链的基础上推想出来的。物种之间缺失的环节——所有这些都不是首先依靠经验的或科学的依据得出来的，而是直接建立在对巨链学说的信仰上。

问：一个新柏拉图主义的观点。

肯·威尔伯：是的，这些都以这种或那种方式追溯到普罗提诺。他说，大精神是充盈圆满的，当它将自己倾注到创造活动中的时候，不存在哪个地方是它所没有触及的——它没有留下任何空隙、缺口或丢失的环节。普罗提诺的伟大的层次系统就是这些环节或者说层次彼此联系、包含、嵌套的方式，从物质直到上帝。

现在如果你接受了伟大的层次系统，就像普罗提诺描述的那样（图 14—1）；如果你认识到它是在时间中展现的——在漫长的时间里展现——那你基本上具备了今天对进化主要阶段的一般理解。进化确实是从物质到感觉到感知到冲动到意象再到象征等等一路推进的。

当然，现在进行不下去了，因为我们现代人投入了一张下行之网，在理性之上就再没有更高的阶段了，我们只从经验主义的、自然的方面来阐释整个存在的巨链——那正是我们甚至无法开始理解或解释进化的自我超越驱力的原因！而这种进化已经成了我们现代的上帝！

但中心问题是在当代化了的普罗提诺等同于进化，这在达尔文之前的一个世纪已经被完成且广泛接受了。谢林大约在 1800 年左右写了超验哲学。1840 年左右有了 P. T. 巴纳姆的广告，达尔文的书则大约在 1860 年出版，这已是人们去博物馆看“缺失环节”数十年之后的事情了。

达尔文和华莱士（Wallace）对这一已为人们接受的观点作出了贡献，但并不是因为进化学说，而是关于进化是通过自然选择进行的学说——现在表明，它根本不能解释宏观进化！那也正是华莱士为什么一贯坚持自然选择本身并非“大精神创造活动的方式和类型”的起因，而是其结果，甚至达尔文也极不情愿将大精神从进化的自然中剔除出去。

因此，如果你不得不在柏拉图之后挑出两位对西方思想最具广泛影响力的哲学家，那很可能就是普罗提诺和谢林。只因为：普罗提诺对伟大的层次系统作了最充分的表达，而谢林将伟大的层次系统置于发展的时间中，置于进化过程中阐述。如果说有一种统治着整个现代和后现代思想的观点，那就是进化。

我们正置身于历史性的一点上，伟大的层次系统随着时间发展演化已为人们所理解，而站在这个关键性的分界点上的是谢林。

进化：演化中的大精神

问：我认为对于谢林来说，发展或进化仍然是一种灵性的运动。

肯·威尔伯：对此你无法从别的方面作出理解，谢林自己也知道。大精神正是以进化过程本身在进化进程的每个阶段之中体现。黑格尔不久就指出，绝对（the Absolute）是“成为它自己的过程；只有通过自身的发展它才能变得具体而实在”。

问：在书中有一处引用黑格尔的话，我来读一下：“伴随着它呈现出来的变幻场景，世界历史是大精神实现和发展的过程——只有这种洞察才能够使大精神和世界历史一致起来——已经发生的和每天正在发生的一切，不仅不是‘在没有上帝的情况下’进行的，归根结底都是‘上帝的功劳’。”

肯·威尔伯：是啊，所以禅宗才说：“人能够背离的，一定不是真正的道。”

谢林的观点是自然并非唯一的实在，心智也并非唯一的实在，大精神才是唯一的实在。但为了创造显现出来的世界，大精神要从自身走出，放空自己，让自己显现。大精神通过下行来显现，然而这种显现仍然是大精神本身，是大精神本身的形式或表现。

所以，大精神首先走出自身去创造自然，自然只是客观的大精神，进化到这一点时大精神仍然不是自觉的，于是谢林将这整个自然称作“休眠的大精神”。自然并不像私我阵营所坚持的，是心智没有活性的工具性的背景，它是一个“自我组织的能动的体系”，是“大精神的客观显现”——准确地说，是柏拉图的“可见的、可感的上帝”，但现在逐渐散布开了。

因此，自然绝不是一台稳定的、决定论的机器，对谢林来说，自然是“创造中的上帝”。自然的进程是灵性的进程——为灵性的苏醒孜孜以求——这是客观的大精神努力实现自身（生本能）。

在此谢林接受了生态浪漫主义者的主要论点——自然确实不是机械的呆滞的背景；究其本质，它是灵性的。大精神之所以沉睡（slumbering）是因为它还没有转为自觉，大宇宙还没有开始有意识地反观自身。

伴随着心智的产生，大精神开始变得自觉了。它在众多事物之中，独独将自觉的道德观引进到世界之中，而道德观在自然中是无处可寻的。这些道德观代表了一种意识的进步，意识到了在休眠的自然中究竟可以找到什么。谢林在此处承认了理性私我阵营及其不可埋没的贡献。

大精神开始认识自身。它希图通过象征和概念来了解自己，其结果是宇宙开始思考宇宙——于是产生了理性世界，尤其是自觉道德观的世界。因此，谢林说，自然在哪里成为客观的大精神，心智就能在哪里变成主观的大精神。

但与私我阵营不同的是，谢林坚持认为私我本身只是大精神的自我实现全过程中的一瞬。他拒绝停留在生态或私我派别里。谢林朝着不二性勇猛精进。

然而，他也坦率地承认在这一历史时刻——在心智与自然分化的那一点——世界真的出现了鸿沟，即映照的心灵和被映照的自然之间的鸿沟。但不同于将心灵奉为至高无上的激进的私我阵营，也和想以自然为终极的单纯的生态阵营不一样，谢林看到这两者都是必需的，但在通往超越它们、进而认识到自身终极同一性的大精神的道路上，它们只不过是不完全的环节。

问：我们伴随着现代性暂时性地陷入了心智和自然，私我和生态之间的战争。

肯·威尔伯：是啊，现代性强烈的自我意识充满苦痛挣扎的诞生是大精神苏醒过程中必不可少的一部分。我们现代人必须从火焰中走过，其他任何时代都不必面对这么烈这么旺的火焰。往回走只是在躲避火焰，并不是在改变它。

因此，谢林坚信与其回到分裂产生之前，不如我们勇往直前越过私我也越过生态，这两者都给自己披上了“绝对的”面纱。但这两个“明显的绝对”——他这么称呼它们——在大精神的第三次伟大运动中被综合起来，这是对自然、心智和两者根本统一体的超越。

问：想到了费希特和斯宾诺莎。

肯·威尔伯：正是如此，想到纯粹的自我和纯粹的生态。根据谢林的看法，这个不二的综合同时也是主体和客体在自我认识的永恒过程中的同一，谢林说，大精神直接认识到自己之为大精神，认识到自己是一种直接的神秘的直觉，它不需任何形式作为中介，不论那些形式是关于客观自然的感情还是关于主观心智的思想。

在此我们对无形式、不二性、没有基础的基础，对一味的单纯的空作了清晰而意味深长的一瞥。准确地说，谢林继承埃克哈特、伯麦

(Boehme) 和狄奥尼修斯 (Dionysius) 的余绪，时常提到“冷漠”和“深邃”。“在神圣存在原初基础、原初宇宙原理的终极的黑暗的深邃中，没有分化，唯有单纯的同一性。”我们将它称为终极同一性。

于是，对谢林（和他的朋友兼弟子黑格尔）而言，大精神走出自身创造了客观自然，在主观心智中认识到自我，然后在单纯的、不二性的觉识中重新找回自己，在那儿主体和客体是一种单纯的直觉性，它将自然和心智统一在已然实现的大精神之中。

就这样，大精神客观地认为自己是自然；主观地认为自己是心智；绝对地认为自己是大精神——是源头、顶峰，是所有的人类之爱。

不二性初露端倪

问：这三次波澜壮阔的运动也可以称为潜意识（subconscious)、自我意识（self-conscious）和超意识（superconscious)。

肯·威尔伯：换句话说，前个人、个人和超个人；或者说前理性、理性和超理性；或直话直说，生物圈（biosphere)、心智圈（noosphere）和神智圈（theosphere)。

问：那这一观点是如何恰到好处地融合私我和生态所获得的成果，而不是将这两者强拉硬凑到一起呢？

肯·威尔伯：谢林最关键的深刻见解是：终极同一中以意识形式实现的大精神实际上是始终以进化全过程本身呈现出来的。可以这么说，在每一个阶段，所有的大精神都以自身的展现过程表现出来。但在每一个阶段上大精神都展现更多的自身，实现更多的自身，从而从自然的休眠状态中摆脱出来，在心智中认识到终极的实现乃是大精神自身。但是实现了的大精神正是那个以认识自身全过程表现出来的大精神。

具体地来回答你的问题，谢林能够融合私我和生态——费希特和斯宾诺莎，独立自主和完整——因为他指出，当你认识到你的终极同一就是大精神时，你就在最完全的意义上实现了自主——因为你身外无物——由此你也在最完全的意义上得到了完整与统一——因为你身外无物。在终极同一中充分自主与充分完整是毫无二致的一回事。

所以，男人和女人们不必非得牺牲自身的独立和意志，因为他们的意志最终是要和整个大宇宙结为一体的。整个大宇宙是你最深的自我（self）致力于探索的东西，而你在大宇宙丰盈完整时也就成了大宇宙。充分的自主，充分的完整。

这是私我和生态、上行和下行、超越性和固有性，以及下行到最低状态的大精神与上升回归自身的大精神之间的深刻交融，但伴随着大精神在它自我实现过程中每一阶段上的呈现，大宇宙的每一次律动都有大精神神圣的剧情在上演，当它自己的剧情推进时，会越来越多地发现自己，在物质宇宙每一种姿态里畅快淋漓地舞蹈。从未真正失落，从未被真正寻觅到，它只是自始至终地呈现、呈现，仿佛是来自于光辉灿烂的深邃之处的一道闪光、一次叩首。

永远是已然

问：是什么力量将这种看法从生态浪漫主义的观点中分离出来的呢？

肯·威尔伯：过去和如今一样，纯粹的浪漫主义者不会承认心智和大精神超越自然，因为没有什么可以超越自然。唯有自然存在，心智和大精神从某种角度等同于这个自然，或者是这个自然的总括，要不然就是这个自然之网中的线条。

所以最重要的事情是生态浪漫主义者不明白“你能背离的东西绝不是真正的道”，生态哲学家总是不断地告诉我们我们已然背离了什么，那说明他们只认识到小写的自然（nature），而不是大写的大自然（Nature）。他们还没有领悟真正的道或大精神。

根据理想主义者和随时随处可见的持不二论的哲人们的说法，有一个惊人的、似非而是的秘密，那就是最后的解脱永远是已经被实现的。“最后一步”就是彻底迈出时间之圈，从头开始找到永恒，在每一个开端和行经的每一点永存，不存在任何背离。

黑格尔说：“善、至善在世界中是在内部自我完成的；其结果就是：它不必指望我们，它已经具备完全的现实性了。”

我最后给你引用一下芬德利（Findlay）的话，他是黑格尔的伟大诠释者之一："正是通过对这一点的理解，使得真正的黑格尔信徒与那些勤奋的、学究式的但又被深刻误导的错误的诠释者区别开来；他们还跟在壮丽高潮、终极性降临这些虚幻的事物后面向往不已……黑格尔教导说，当与一群鸽子相伴，简简单单、妥妥帖帖地回归彻底的平凡［下页提到禅宗说的'平常心'（ordinary mind)］；当此时此地的存在伴随着种种限制被正确地对待和接受，就会与随时随处无限的存在达到同一。如果一个人带着正确的精神生活，那住在乡野小镇即置身天堂。"

普罗提诺认识到，龙树也教导过：理想世界永远都是通过正确形式看到的现实世界。实际上"色即是空"，终极同一性最根本的秘密就是唯有上帝存在，就是唯有一味的大宇宙存在，它永远已经充分呈现，永远已经完美地完成，永远已经非常整齐和谐。能够让我们背离这一切的信念是私我欺骗的骄傲自大，是对自身矛盾倾向冒烟的废墟冷眼旁观的、神圣的私我主义那萦回不去的面具。

这种愿景的消逝

问：这种理想主义的愿景（vision）在几十年内就消逝殆尽了。

肯·威尔伯：是的。不管是以马克思主义还是以生态中心主义或资本主义的形式，下行之网活活地吞噬了理想主义，吐出了以盖亚为中心的解救办法——还是那张网，还是在唯一可能的两种选择间摇摆不定：控制自然（私我），或与自然成为一体（生态）。

问：那么这只是为实现理想主义的某些回归而做的努力吗？

肯·威尔伯：实际上并不是，因为进化仍在继续。如今我们拥有的是一个全然不同的技术经济基础，而与当初被提出时毫无二致的理想主义变得不合时宜了。或许我们可以说，一种新的理想主义将会出现，但要是佛爷降临恐怕会大宣佛号的。我想，那就另当别论了。

无论如何，我们不能在谢林或任何理想主义者那里停步不前。假定我给运行中的大精神所作的概括是清楚明了的——我相信一定是——然而没有一个理想主义者真正能够很好地理解四象限，他们对超个人领域实际细节和阶段的把握还是相当不足的。我认为我们可以简单地用两点来概括这些缺陷。

首先是他们没能发展出任何真正沉思默祷的实践——也就是说，没有真正的程序，没有可模仿的榜样，没有实际上的后人本实践。换句话说，没有瑜伽，没有关于沉思静修的准则，没有一套促使人们重复创立后人本洞察力及直觉的试验性的方法。

于是理想主义的宏大体系被误认为是空头理论，或者更多地被认为是没有任何实际所指的、已被康德彻底驳斥的"纯粹表述"的哲学。因为理想主义者缺乏后人本的实践。这些严厉的批评在很多方面是正确的。唉呀，理想主义倾向于退化变成单向逻辑的空头理论，所以它理所当然要承受一切纯粹空头理论的命运——那就是一切只描述世界、却没有为描述者充分提供内部技术的体系的命运。

问：所以首先他们的失败在于没有瑜伽——没有重复后人本心理学洞察力的实践。

肯·威尔伯：对，无法在一个虔诚的群体里重复后人本意识，无法在一个更深层的群体（我们或僧伽）中具体地揭示更深层次的自我（我或佛），表达更深刻的真理（它或法），但是说真的，简而言之，没有瑜伽。

问：第二个主要的失败呢？

肯·威尔伯：尽管很清楚，深入真正后人本领域的深刻直觉是理想主义运动后面的主要，我说的是主要驱动力，但这些直觉和洞察力几乎完全是在想象逻辑之中及通过想象逻辑来进行的，这就使得理智负担了一个无法完成的使命。尤其在黑格尔那里，后人本、超理性的神性完全与想象逻辑或成熟的理智同一起来了，它等于判处理智在无法承受之重下面崩溃。

"真实即理性，理性即真实"——黑格尔通过理性来解释想象逻辑，这是行不通的。想象逻辑只是大精神在人首马身阶段的表现形式。

1796 年黑格尔为荷尔德林写了一首诗，部分章节如下：

灵魂遗忘了自己，

跃出空间和时间，
进入无限的预感。
如今它再度醒来，
思绪又怎能羁绊？
谁想将此与人说，
即便口有如簧舌，
亦感语言之笨拙。

黑格尔还是滞留在语言的贫乏之中，但他作出结论，认为理性能够也应当产生天使的巧舌。

如果黑格尔也再多一些关于更高的后人本阶段发展展现的可靠经验就好了。禅学大师无时无刻不在谈论着空！但是他们有实践、有方法体系——坐禅或沉思静修——这使得他们可以将自身直觉置于经验的、公共的、可证伪者（fallibilist）标准的基础之上。禅宗不是空谈！也不仅仅是在描绘世界！

理想主义者没有这些。他们的洞察力由于不容易被重复，因而也就不是可错的，于是它仅仅被作为“空谈”抛弃。一个宝贵的机遇失去了，毫无疑问，如果西方愿意接受大精神未来的下行，它就不得不再去试图把握这个机会。

问：令人咋舌的是，理想主义者完成了这么多事情。

肯·威尔伯：谁说不是呢？我时常想起一个故事：第二次世界大战以后，让-保尔·萨特（Jean-Paul Sartre）参观了斯大林格勒（现称作伏尔加格勒），在那里曾经发生一场非同寻常的战役，从很多方面看都是战争的转折点。苏军在那儿建立了极为坚固的防线，30万德军在此地毙命。参观完这个地方之后，萨特不断地说：“他们真让人吃惊。他们真让人吃惊！”当然，萨特是非常支持共产主义事业的，所以最后有人问：“你的意思是苏军很让人吃惊？”“不，是德国人，他们走了这么远。”

当我想起理想主义者时，总会想起这句话，他们走了这么远。

下行者的统治

问：但他们也还是失败了。黑格尔之后，每个人的嘴里都在说着一句名言，“回归康德！”

肯·威尔伯：对，它最终的意思是：回归康德以及这个意义上的理性的基础，换句话说，回归单一自然。

理想主义的崩溃实际上使得下行者所向披靡，成为现代性的支撑者和塑造者。就意识和后人本神性而言，在左边的维度获得某些非凡的成果以后，理想主义思潮被工业之网惊醒，通过费尔巴哈和马克思转化为强烈的唯物主义和“自然主义”概念。想躲开现代下行之网几乎是不可能的；理想主义者作了英勇的努力之后，被死硬派们逐出了家园。

于是黑格尔的学生费尔巴哈很快就宣告，任何一种神性、任何形式的上行，都只不过是男人和女人们的人类潜能在一个完全基于想象的“彼岸世界”的折射。根据费尔巴哈，正是这种人类潜能在一个“神圣”圈层上的投射损害了男人们和女人们，并且成为异化的真正起因。

当然，他无知地把古老的、神话的彼岸性和更高的、内部超越个人的潜能混为一谈，但正是这种无知使他接受下行之网并坚持只有自然是真实的。

卡尔·马克思和弗里德里希·恩格斯所关注的事情非常接近。“除了自然和人类之外”，恩格斯写道：“别无其他存在；我们的宗教狂热所创造出来的更高层次的存在只是我们自身本体的千奇百怪的反映。这种热情广泛存在，我们都曾经做过费尔巴哈的追随者。”

整个现代和后现代的世界实际上都是费尔巴哈的追随者。

互联网

问：但是拿互联网，联结了3 000多万人进行信息交换的计算机网络来说，对这样的体系又该作何评论呢？它是纯粹下行的吗？难道它不是全球性的吗？它难道没有指出通向世界性意识的道路吗？

肯·威尔伯：如果纳粹占有网络，那会带来什么？你看到问题所在了吧？互联网只是外部社会结构——右下方的那部分。但贯穿于网络的东西，噢，那涉及属于内部维度的意识、道德和价值，那些一味坚持互联网络是世界性意识的人可从未哪怕是含糊其辞地提及它们。这是平地最糟糕的状态，下行得最厉害，其具有的破坏性也到了极致。

简单地说，网络只是新技术基础的组成部分（属右下方部分），究其本质，对于运用它的意识来说，它本身是中性的。一切右边维度的结构都是中性的、消解了价值的。计算机技术（和信息时代）意味着技术基础足以支撑一种以世界为中心的视角，一种世界意识，但绝对没有给它打包票。我们已经看到，认识进步是道德进步的必要条件而非充分条件，并且认识方法经常抢在意志之前攀登上扩展认识的阶梯。互联网提供了机会，却没有给它作担保。

正由于此，网络自身并不能成事，它也不能简单地等同于世界意识本身。假如 3 000 万处于初级道德水平的人拥有了扩展自我中心道德观的方法，那又有什么好处？假如纳粹把持网络，后果又会如何？

当人们仅仅注意到简单定位的整体论的网络时，所有这一切都被忽略了。你全神贯注于外部之网，却忽略了贯穿这张网的内部维度。平地认为互联网是世界性的，所以操纵运用它的意识也一定是世界性的。其实差远了。

所以还是那句话，平地范式甚至连发现问题都做不到，更不用说解决问题了。

问：在这种情况下，存在的问题是什么呢？

肯·威尔伯：问题是互联网只是一种外部的社会结构，它并不能为自身内部的维度负责任，更不用说对世界性意识了。互联网只是一个单向逻辑的结构，不同种类的内部维度能够通过它被映射出来。但这些内部维度的特质是一个截然不同的问题，它甚至压根儿就没有被网络结构本身处理过。

我在这儿想举互联网实际上引发出来的两个直接问题：它几乎完全被男性所把持；它培养了无政府主义的、以自我为中心的男性力量。网络由男性一手所建，也是为男性所建，并且几乎完全为男性把持占据。——据《新闻周刊》报道说，95%的互联网使用者是男性。事实上，这一了不起的“信息全球意识”就扬言要重新建立自农业社会以来最密集的性别分层。女权主义者在这个问题的控制上茫然无知，相反，她们更愿意争论那些深刻永恒的问题，比如说色情作品是否侵犯了她们的公民权，或国会议员敲诈勒索应该锒铛入狱等等，而就在此时，世界历史上最大的技术革新迎面而来，与她们擦肩而过。

最令人挠头的是，许多信息高速路上的男性是吃数字长大的——净是些以自我为中心的计算机勇士，对主体间的团结和相互认识一无所知。世界性意识面临的情况就是如此。

唉呀，大部分人仍然处在意识的前习俗或习俗状态中，仍然是以自我为中心、以种族为中心的，没有哪一个体系图景、没有哪个互联网络可能自动改变这种状况。也没有一个全球性的整体图景或全球化的互联网络能在自身之中培育出内部变革。事情往往正好相反，它们反而会带来停滞甚至倒退。将以世界为中心的方法提供给远未达到以世界为中心的一个人时，这些方法的使用（滥用）只会使离世界中心论还很遥远的个人滑得更远。纳粹分子也会喜欢互联网的。

对盖亚的信仰

问：但对比如说人口过多、臭氧空洞等等问题又该如何对待？那都是对盖亚、对我们大家的直接威胁——生态浪漫主义者也确实不遗余力地对此进行了抨击。

肯·威尔伯：盖亚的主要问题不是工业化、臭氧空洞、人口过多或资源枯竭。它的主要问题是在心智圈中缺少关于如何对付这些问题的相互理解和一致。如果我们不能基于世界中心论的道德立场考虑世界大众，并达成相互理解和相互和谐的话，也就无法主宰工业。我们得通过内部成长和超越那艰难困苦的历程，才能达到以世界为中心的道德立场。世界地图没用，体系图景没用，生态学的图景也没有用。

然而下行之网彻底抛弃了超越，因此也唾弃了盖亚真正救赎方法的唯一来源。这种对超越的仇恨是下行之网的狡猾之处，下行之网正是这样使它和平地的爱情无法天长地久的，正是这样使经验主义领域对我和我们领域的殖民长久化的，正是这样藏身在冷酷的耻辱的阴影后面，将现代性转手交给对悲伤、怜悯、痛苦情有独钟的人，正是这样使真善美永远成为痛苦的碎片无法愈合，将心智、文明和自然弄得七零八落，彼此不但没有成为可信任的朋友，反而互为心腹大患，满怀恨意，渴望报复。

当然，粗暴乏味的理性私我阵营在试图控制支配自然时导致了对盖亚的掠夺。但现代性最后的反讽是对盖亚的信仰也未能幸免于被同一个下行之网捕获的命运，而正是那张网构成了基本的破坏力量。盖亚的信仰向着扼杀盖亚的网宣誓效忠。

于是现代状态骇人的真相慢慢地露出端倪：平地之网正通过对超越的仇恨而自我复制，被它破坏的东西已认识到这一点了。

第十八章　对上帝的解读

问：关于以上的讨论，我想集中在三个主题上来作一个总结：我们如何诠释灵性直觉（spiritual intuitions）？如何诠释环境伦理？如何诠释未来世界的发展？

危险的预兆

问：首先，你坚持认为很多人实际上都有后人本初级阶段的直觉，即超灵魂（Over-Soul）、世界灵魂（World Soul）或生态—理智自我（Eco-Noetic Self）。但其中大多数并没有很好地诠释这些直觉。

肯·威尔伯：我相信，这些灵性的直觉经常是非常真实、实在的，但并没有得到妥当的诠释和解读。很多人具有灵性直觉，却完全陷入了现代下行之网。这张网使自我、文明和自然四分五裂，灵性直觉撞上了这张分离的巨网，自然也不能幸免。

问：请举例。

肯·威尔伯：也许你体验过大宇宙意识，体验过包容万物的世界灵魂的直觉，但你只是从发现更高的自我这个角度去解释。然后你会想如果自己发现了更高的自我或更高的意识，其他一切问题就会自动迎刃而解。这样，你又在走费希特的老路了——纯粹的自我会所向披靡——你会很容易忽略变革中同样举足轻重的行为的、社会的、文化的因素，你会很容易地陷入自恋倾向——找到真我（True Self），世界上的事情就会变得妥当。

或者，你会走向另一个极端——你有过大宇宙意识或世界灵魂的体验，感觉过与宇宙合为一体，接着你便下了结论，与你合而为一的世界只是经验主义的自然、单一的自然。你是真正感受到了与高山、海洋、众生的一体感。但由于你深陷现代之网，你会忽视让你达到与高山一体化境界的主体性和主体间性的空间，所以你会认为这种“一体感”只与自然有关。

于是你断定，只要我们大家能够与盖亚合一，与单纯的生态合一，我们所有主要的问题就都能得到解决。你提出了一个很好看的关于世界的体系图，却不顾把握这一系统观点所必不可少的先决条件，即人的内在意识的巨大变化。你告诉大家，每个人都是巨网中的一根线条，彼此交织在一起。你在重蹈斯宾诺莎的覆辙，认为只要融入上帝无所不在的自然体系之中，我们就会得到拯救。你忽视了一个事实，只有通过内在超越的艰苦历程，你才可能与上帝无所不在的自然体系融为一体。

这一现代分裂牢牢地盘踞在集体心理中，当真正的灵性直觉降临时，就只会落在这个现代的、断裂的诠释之网中。原初的灵性直觉是带着一种完整感的，但如果你只从自己钟爱的象限去诠释，那么你就是在试图用自己最喜欢的碎片来覆盖整体，以此来描述这种完整感。

问：所以灵性直觉可能是真实的，但诠释却一塌糊涂。

肯·威尔伯：是的，这是一个核心问题。我们说过，表面的东西可以观察到，但深度却必须通过诠释。我们如何诠释深度是至关重要的，这关系到深度自身是否能够诞生出来。对于大精神的恰当的和全面的解释，有助于大精神进一步落地生根。恰当地揭示直觉的奥秘，将有助于崭新的灵性深度的浮现。

另一方面，不恰当的诠释容易阻碍甚至终止灵性直觉的进一步发展。经不起推敲的、浮浅的、破碎的诠释会偏离灵性发展历程。这种情况之所以发生通常是由于只从一个象限来诠释，没有平等地尊重并解读所有的象限，没有尊重并整合三大区域。既然大精神以四个象限显现，或者简单说是三大区域，那么大精神的任何方面被否认、歪曲或过分强调都会破坏大精神的充分表达，使大精神更广泛的展现过程无法进行。我们无视真善美，让大精神一头撞进了我们的自我矛盾的碎片之中。

超人自我

问：那么私我和生态都陷入了不合理的诠释之中。

肯·威尔伯：经常是这样。对于私我来说，正如我们刚说过，很多个体凭直觉感受到了世界灵魂（或高级境界），却只从高级自我、内心的声音、原型心理学、诺斯替教、上帝的呵护、内证、普遍心智、纯粹意识、九分模式、超验意识等或者与此相似的单一的左上象限的术语来解读、诠释。无论这种对直觉的诠释如何真实，这种解读遗漏或者严重地削弱了“我们”和“它”这两个维度。它不能够在左下象限对社区类型、社会服务和文化活动等大精神的主体间性的形式做出适当的描述，它忽略或否定了技术—经济基础和社会体系的变化，而它们是大精神客观的形式，它集中在心理的这一象限，却忽略了行为的、文化的、社会的象限——它忽略了这三个象限，或至少将它们降到了非常低级的、次要的地位。

所以“高级自我”阵营以对社会事务的漠不关心而闻名。发生在某个个体身上的所有事件被认为是某人“个人的选择”的结果——无所不能的高级自我对发生的每件事情都承担责任——这样单向逻辑的自我完全和社会脱节，在无所不能的自我幻觉中成为一个可怕的疯子。这压抑了由丰富社会的文化的共享所组成的网络，它们的重要性与在展示大精神时的能动性是一样的。

这种观点似乎是说，只要我能够接触到高级自我，那么别的一切事情都会各就各位。但其实很糟糕，它没有看到大精神总是在大宇宙的四个象限同时显现的。任何层次的大精神都是在作为一个具有社会文化基础同时又客观地相互联系的共同体中展现自己的。任何一个高级自我都不可能不介入一个更广阔的社团，以更有深度的客观状态生存在世上。接触到高级自我并不是所有问题的终结，而是四个象限全方位的巨大而艰难的崭新工作的开始。

问：可是这些观点坚持认为是自己创造了现实。

肯·威尔伯：你不能创造你自己的现实，精神病患者才创造他们自己的现实。我知道，关键的问题在于，只有真正的灵性自我才能在自我的现实中展现自己。这里有一个吠檀多印度教的古老故事。

有一个人去找一位博学的哲人，当然，目的是为了寻求生命的意义，哲人简要地将吠檀多的观点进行了概括，即整个世界不是别的，正是至高无上的婆罗门或者说上帝，此外，你的自证意识也是和婆罗门同在的，你的自我是与上帝终极同一的，既然婆罗门创造了万物，既然你的最高的自我与婆罗门一体，那就是你的最高的自我创造了一切。这样说来，这确实看着很像新时代的城市（New Age City)。

那位先生离开了，自以为已经懂得了生命的终极意义，即他自己最深的自我实际上就是上帝，并且创造了一切存在。在回家的路上，他决定要试一试这一惊世骇俗的观点。迎面来了一个人，骑着一头大象，那位先生站在路中间，心中蛮有把握，既然他是上帝，大象就无法伤害到他。骑在大象背上的人大叫："让开！让开!"但那位先生却纹丝不动，结果被大象狠狠踩倒在地。

那人一瘸一拐地回到哲人那里，问道：既然婆罗门或上帝就是一切，既然他的自我与上帝为一体，那么大象就不应该伤害到他。哲人说："对呀，确实一切都是上帝，那么，上帝让你从路上走开时，你怎么就不听话呢?"

大精神创造了一切实在，这话不假，只要你与大精神同一，你确实会发现自己正置身于创造性活动之中。但创造性活动在四象限中都有显现，并不是只在你自己特定的觉识中，然而，假如你将灵性的觉识只诠释为一个高级自我，就会忽视在其他象限中显现出来的上帝——你将忽略那些文化、社会和行为的工作，这些工作对于作为你所体会到的大精神来说，却正是迫切地需要全面展开的。

如果漠视所有这些，你迟早都会被大象踩倒，你会生病、失业或在人际关系上出了问题，这正如什么大象从你身上踩过去一样——而你却将这些失败的原因全部归咎到自己身上，因为你认为如果你真的接触到了你的真我，大象就不会伤害到你了。其实我的言下之意是，你并没有在全部四个象限上倾听上帝的话语。

问：这些观点主张，你和更高层次的意识或更高层次的自我接触越多，你对世界的忧虑就会越少。

肯·威尔伯：对，真正的自我就是“超人”！“超人”从来是不会忧心忡忡的！相反，如果你对世界上的贫困、不公或痛苦有所“忧虑”或“关心”的话，就表示你还没有找到真正的自我。

实际上，情况恰恰相反：你与高层次的自我接触越多，你就越关心这个世界，因为你意识到你不仅是自己自我的一部分，还是每一个自我的组成部分，还是所有自我的组成部分。“空即是色”。婆罗门即世界。最后与婆罗门产生联系就是与世界终极契合。如果你真的是接触了你的更高自我，你要做的第一件事就是不要忽略大象而且还要喂点东西给它吃。这就是说，在全部四个象限上工作展现你的真我的现实，将每一个全子都作为大精神的显现来对待。

获得这样的优越层次，将会置你于彻底的自由之中，这诚然不假，但这种自由却是以富有慈悲的行动和对人类痛苦的关怀展现出来的。自由的形式是悲伤，是对那些痛苦挣扎着要觉醒的人们的忧虑。菩萨每天哭泣，泪水撒向四面八方，沾湿了大宇宙的襟袖。圣心是向着大精神未被发扬光大，未被洗耳聆听的地方去的；这工作是一种激情，是一种痛苦；它总是能圆满地完成，却从来没有终结的时候。

但如果你只是将大精神解释为一个更高的或更神圣的自我，不顾其他象限的大精神，那就会抑制大精神进一步地展现。这不仅会伤害别人，还会深远地妨碍你自己灵性的发展，阻断大精神无处不在潜力的充分实现。你只会不断退缩回到自己的内在意识里去，直至它枯竭。结果你就会蔑视这个外在的世界，因为外在世界转移了人们对你“真正的”自我的关注。

另一方面，一种更为适当的解读会促进更远更深的直觉，会触及“我”、“我们”和“它”的领域的直觉：不仅仅关乎如何认识更高的自我，还涉及如何看待它被文化涵容、它在自然里具体化并且在社会组织系统中扎根。

被认识、包容、具体化，并且扎下根来，这是一种覆盖了全部四个象限的更为适宜的诠释方法，因为大精神本身就是以四个象限显现的。

这一更为全面的诠释反过来会促进需要这一诠释的大精神的诞生。恰到好处的诠释促成了大精神的诞生和降临。我对关于大精神的直觉诠释得越充分，大精神对我启发得越多，沟通的渠道也就开启得越多，从交流引导到共享、联合直至同一——终极同一。

我认为，只将大精神诠释成一个高级自我是很片面的。我是反对的。

奇妙的巨网盖亚自我

问：在各种典型的理论解释之中，生态方面的尝试也是陷入了支离破碎的解释之中，这是走到了另一个极端。

肯·威尔伯：是的，有这么多出色的心智，具有深刻的灵性直觉，却仅用“它”语言来诠释，将大精神描述为某些现象和过程的集合，这些现象或过程相互交织，存在于一个巨大的统一的系统中，或网络、巨网、相互关联的秩序或统一场之中——总之是在右下象限里打转。

这些都没有错，但完全遗漏了“我”和“我们”这两个内在维度，它们是需要用各自的语言来描述的。这个不完善的诠释是十足单向逻辑的，是彻头彻尾的平地意识。

这是斯宾诺莎的老办法，是启蒙运动思维模式的另一个极端——生态极端，它采取了浪漫主义反叛的形式。它认定原子论和机械论是敌人，核心问题不过是想办法证明或显示宇宙是一个巨大统一的整体的系统、秩序或网络，这就一次性地解决了所有的问题。它还列举了一系列的科学依据，从物理学的、生物学的到系统科学的——都是单向逻辑的模式——并且提出了广泛的论点，全部都用来证明宇宙作为一个整体存在的客观真理性。它没有看到，如果我们把一些用原子论概念武装起来的私我召集在一起，教授他们宇宙是一个整体的理论，我们得到的最后结果实际上是一群整体论概念武装起来的私我。

准确地说，由于这种单向逻辑的模式，对原本真实的直觉进行了笨拙的诠释，忽视或者说无视“我”和“我们”的维度，它并没有很好地理解内在转型的确切性质和内部超越的阶段性，而要达到包容一切的同一性，内在的转型和超越是必不可少的。仅仅是空谈整体观念，可以谈得随心所欲，但不会有什么实质性的改变。

什么都没有改变，因为那些“证据”、“新范式”或“大系统”仍然是用单向逻辑的“它”语言来表述的。只要在某种程度上涉及内在维度，它马上就把内在的主观内容转变为某种在巨网之中的可观察的经验事物——这马上就给主观内在的内容带上了简单化的定位谬误。这样的做法抽去了内在的内涵和真实的深度，只是将它们展列在能够给它简单定位的大理石板上，这样的定位总是经验主义本质的，是在功能性范畴里，在单向逻辑的体系里，在感性的表面范畴。深度生态学就是广度生态学，生态女权主义就是生态伤感主义。在这个经验主义本质的世界，现在那个被称作“生态圈”（Biosphere）的——注意 B 是大写的——是它们的上帝、它们的女神。它们所深爱的不是大写的自然（Nature），而是小写的自然（nature）。

因此不论对大精神的原初直觉是多么真实——对其真实性我并不怀疑——这些支离破碎的诠释对它却毫无益处。这些它们自己拿来并接受的诠释反而会限制转型事件的发生。这些原本被真实的灵性直觉所启示的诠释，并不能促进神性的进一步普及，对促成大精神的产生也没有什么作用。

问：它们实际上妨碍了更深入的认识。

肯·威尔伯：如果你一直只将你的大宇宙意识体验诠释为与单一自然一体，你就破坏了存在于其他象限中的大精神。你不停地推销平地的盖亚地图，而且发现也许有人会买这张图，但这并不会有什么实质性的改变。他们并不是在真正做转型工作。他们所做的只是变成了空想的理论家，想鼓动其他人买这张图。他们成了平地意识的推销员和掮客。

这些平地意识的痴迷者还会变得意志消沉、无精打采。他们说自己之所以消沉，是因为盖亚正在被毁灭——没有意识到在这下行的螺旋里也有他们的一双破坏的手在推波助澜。他们心悦诚服地接受定位简单的工业本体论，对正在把盖亚碾磨至死的齿轮的辐条又是拥抱又是亲吻。

这个现代的、下行的工业网络仅仅为生态哲学家留下了生存空间——黄金首饰商、西非黑人、狐皮、议会、钻石、商人还有公司，这些都是工业本体论的喉舌。而这些也只是有着300年精神分裂历史的西方传统中非常晚近的例子。作为这场灾难中浪漫主义派的一方，他们当然会建议：我们必须与大自然高度和谐，与这个空间位置清楚、客观独立的冰冷世界保持步调一致。

我们看到，更严重的是，这种意识导致了大倒退，有回到生物中心论和自我中心论的个体意识倒退，还有回到部落制度和种植社会理想的社会文化倒退。将大宇宙降低到平地意识的感性自然，然后试图沉浸在生物中心主义与这样的大自然合而为一，这必然导致退步的、前习俗的、身体性的、自恋性的意识发展，并且得到严重的夸张和美化。这是浪漫主义潮流给我们的全部教训！——你和自然越接近，你就变得越以私我为中心。这也是社会发展带给我们的全部教训：个性化发展的程度越低，自恋就越严重。这不是向自然分享你的同情心，这是倒退。

问：你说过生态智慧并不是指怎样与自然和谐一致地生活，而是指在怎样使主体与自然和谐相处的认识上达成一致。换句话说，就是怎样整合三大区域。

肯·威尔伯：是的，人非生而知之，不是生来就想呵护和关怀盖亚的。关爱地球这一高尚意识是长期的艰难的成长和超越所产生的结果。但正像多元文化论者一样，典型的生态主义者也谴责这一能够产生高尚意识的现实可行的超越途径。

这就在后来毁灭了其他到达那种状态的人，使每个人松懈下来，一路滑坡到自己最低的可能性。这些现象已经发生在多元文化论者和许多生态主义者身上了。的确，在促使美国文明回到部落化方面，多元文化论者和生态理论家经常是在携手一致地工作。

问：但多元文化论者的基本观点是尊重个体的差异。

肯·威尔伯：是的，这只有在普世多元主义的世界中心意识的保护下才能得以实现，而这一意识直到后习俗阶段（第5和第6阶段乃至更高阶段）才会产生出来。因此如果我们不要求和促使人们发展和进化到这些更高级的阶段，而是只鼓励他们按照自己浅薄的文化传统行事，那就几乎没有人渴望达到世界中心意识了，让世界中心意识为多元文化论提供保护也就无从谈起了。

相反，林林总总的重新部落化、破裂、前习俗的、以私我为中心的、以种族为中心的浅薄——所有这些“多样性”都被当作消解了的世界中心主义的一部分内容得到人们不恰当的赞美和夸奖，然而它们却正好妨碍和破坏了世界中心主义的立场，并亲手导致人们倒退到落后的文化信仰和自恋式的政治状态之中，如果这样的做法成功了，它将毁灭世界中心主义的世界观，而它本来首先应该保护多元化主义的。接下来它就为真正的压迫、种族战争、帝国主义等噩梦打开了大门——我们会失去所有被启蒙运动好的方面和世界中心的宽容保障下的自由解放运动。

到头来，你只会造成没有成长、没有发展、没有超越、没有进化的后果。你培植了一种倒退的文化、一个自大自恋的政治。你还会高兴地安慰自己说，你终于从所谓的现代性的可怕的压迫中解放出来了。

超越后现代心智

问：说到这一点，你会认识到世界上大部分伟大的传统智慧在很多方面都是与现代性对立的。现代性被看成是一场反宗教的宏大的运动，一场“杀死”了上帝的理性世俗化的宏大运动。

肯·威尔伯：没错，是杀死了神话中的上帝。但大精神存在于全部的进程之中，而并非存在于任何特定的时代、阶段、时间或地点。理性比神话更有深度，因此理性代表了大精神的自身潜力的进一步展现。现代性运动是大精神的自由方面的总体性提升，这点有很多事件可以证明，但作为定义现代性核心性质的伟大的自由解放运动则给出了最好的证明。

所以，你也许会赞美那些光辉灿烂的神话—农业帝国，它沐浴在你最喜爱的那位神话上帝的保佑之下，你也许是将那位上帝当作自由、仁慈和宽容的象征来崇拜。但你却必须无视这样的事实，那些祭奉上帝的庙宇和雕塑、宏伟的金字塔和石筑大教堂，曾压弯了多少奴隶、多少被当作牛马对待的妇女和儿童的脊梁；除非你漠视以上事实才会做出那样的理解。献给神奇的上帝或女神的纪念碑是镌刻在千千万万惨遭折磨的血肉之躯上面的。

大精神作为一种伟大的自由精神是一回事，大精神实际地以政治民主展现自由则是另一回事。理性解放了束缚在神话之下的智慧，并将它传播到受压迫者，最后打开了他们在地上的锁链，而不仅仅是在许诺的天堂里得到解放。

一切对过去时代的美化，对当代的憎恨，大部分是由于将一种文化中的一般文明模式与另一种文化的高级文明模式进行比较产生的错觉。这也就是将过去时代最先进的状态与现代性的最灾难性的方面进行比较，你猜结果会怎样呢？

问：许多这样的传统宗教思想家不断地鼓励我们要“超越后现代心智”。他们相信伟大的智慧传统能够做到这一点。

肯·威尔伯：我当然赞成我们的目标是最终超越后现代心智。但在你能够超过它之前，你不得不先达到它的高度。但大部分的这种传统主义者不见得充分了解了现代性和后现代性的本质，所以我不敢确定我们能够完全有把握地接受他们的推荐。

但这正是你刚说的一个典型例子，即大部分伟大的宗教传统对现代性和后现代性表现出了相当的不适应。从各方面来看，现代性被看作是十足的魔鬼撒旦。

我的中心意思是说，这观点是极端矛盾混乱的。我相信它是建立在一系列明显的错误和极端狭隘的诠释之上的。大部分传统宗教思想家并不能充分地理解现代性，更不用说后现代性了，所以他们的有关超越现代性和后现代性的建议就像保罗教皇为满意的性生活开出的药方一样。

问：他们没有理解现代性，此话怎讲？

肯·威尔伯：人类进化的每一个伟大时期似乎都有一个绝对的核心理念，这一理念完全主宰了当时的整个时期，它概括了大精神和大宇宙的全部意图，为我们启迪了极其深邃的真理。而且每一个这样的核心理念都是建立在它的前一个时期的理念基础之上的。这些理念极为简单而又极为重要，它们甚至可以用一句话来表述。

觅草时期：大精神是与大地身体交织在一起的。觅草文明正在全世界反复吟唱着这一深刻的真理。土地，这是我们的鲜血，我们的骨髓，我们都是土地的儿女——大精神在它里面，从它中间通过，自由地飞翔。

种植时期：大精神是需要献祭的。献祭是贯穿于所有前农业社会的宏大主题，而且绝不仅仅表现在献祭仪式这样的实际形式上，尽管我们也肯定献祭仪式上必然有奉献牺牲。但核心的压倒一切的主题是，为了与大精神达成一致，人类必须采取某些特定的手段和步骤。普通的人类个体或者任何一个人类个体都无足轻重，也就是说，为了让大精神的光芒更加明朗地普照，必须有牺牲或祭品。换句话说，更充分地达到灵性的觉知是有步骤可循的。

农耕时期：实际上这时期大精神的脚步是呈现在存在的巨链中的。这条巨链毫无例外在全世界每一个神话—农业社会里都是核心的、处于统治地位的、无法逃遁的主题。既然大部分的“文明史”都一直是农业史，那么洛夫乔伊的观点是完全正确的，他认为关于存在巨链的思想在大部分文明社会中占据统治地位。

现代时期：存在的巨链在进化的过程中展现。换句话说，也就是进化。大精神时常被忽略，这一事实只是现代性的灾难，而不是它的尊严和核心特性。进化是每一个现代运动宏大的背景概念；它是现代性的上帝。实际上，这是一种巨大的灵性的实现，因为不论它是否自觉地认同自己是灵性的，事实就是它完好无损地将人类塞进了大宇宙，并且深入地揭示了一个无法避免而又令人惊骇的事情，那就是人类就是他们自己的进化、自己的历史、自己的空间的合作的创造者，这是因为：

后现代时期：没有什么是预先设定的。世界不仅是一种感觉，还是一种诠释。这导致了众多的后现代主义者进入全视角的狂热状态，但这并不是我们的担心。没有什么是预先给定的，这是后现代的伟大发现。它推动人们进入了一个他们自己参与的一个具有可塑性的大宇宙，在通往它自身的超意识震撼的道路上，大精神以最敏锐的方式变得自觉起来。

问：那么这些就是每个时代具有决定性的主导理念。你对那些反现代性的宗教思想家有什么看法呢？

肯·威尔伯：他们实际上是彻底局限在农业文明世界观里了。他们没有和大精神的现代性或后现代模式建立起和谐的关系。他们深以为耻地将目光从现代性的奇迹和尊严上移开，他们唱着往昔奇迹的颂歌。大部分传统宗教思想家甚至否认世界已经进化了的事实。

他们没有理解以现代性显现的大精神；没有看到正如华莱士所说，进化是“大精神创造的方式和风格”。他们没有抓住现代性分化三大区域的实质，所以他们没有看到现代解放运动、废除奴隶制运动、妇女运动、自由民主运动的尊严，每一次运动都让大精神通过一种崭新类型的自由歌唱，这种自由在他们挚爱着的神话—农业社会的梦想里是闻所未闻的。他们认为由于现代性制造了自身不可消除的灾难，所以进化本身是应该抛弃的，他们根本没有理解发展的辩证法。

与此类似，他们也没有抓住以后现代性显现的大精神。一切都不是预先给予的，但是，对农业社会的心智来说，简简单单、永永远远，一切都是预先确定的、稳定的、不为时间的进程和出现的发展所改变。整个世界是由非凡的、神奇的上帝事先赐予的，而救赎的方法则完全取决于接受这天赐的世界的存在形式——它只预先启示给那些先知们，而先知们对他们的预言不能给予明确证明，使人们无法对预先给定的秩序产生任何疑虑。如果与农业世界观产生差异，那就是不可饶恕的罪孽。不必操心这一世界观是民族中心的、种族主义的、性别歧视的、家长制的以及好战的，因为这是预先存在的上帝说的话。

所以没错，在某种程度上“宗教权威”被牢牢固着在农业世界观之中，他们理所当然地藐视现代性、藐视进化、藐视这些实际上正削弱着他们自身权威根基的过程。

他们将大精神等同于静止的和预先给定的农业世界观，正是由于这个原因，妨碍了现代性和后现代性承认大精神的存在。如果大精神只能是神话—农业形式的大精神，那么现代性绝不会接受这样的大精神。

这些灵性方面的大权威实际上居然跻身于破坏大精神拥抱现代性和

后现代性的巨大力量之中，这真是莫大的讽刺。唉呀，他们并没有到达后现代心智之上，反而在其下方，抛弃了大精神无所不在的存在，人子耶稣又能够在哪里安歇他疲惫的头颅呢?

世界变革和文化隔阂

问：你是否认为现在有一个重要的世界性的变革正在进行?

肯·威尔伯：它犹疑不决、忽动忽停。我们正在审视并且已经发现，大约从第二次世界大战以来，理性工业社会慢慢地过渡到想象逻辑的信息社会。这不算是新时代的灵性变革——离这还差得很远——但还不失为深刻。

假如我们暂时使用右下象限作为参照，在人类进化过程中有过六次或七次主要变革——从觅草、种植、早期农业、高级农业、早期工业、晚期工业到早期信息社会。所以我们正处在这些变革之一的边缘，在重要的、深刻的、世界性的、人类结构变革的边缘。这些变革常常可简化为三个主要变革——农业、工业、信息——所以今天正是“第三次浪潮”的开端。

但是请记住，在我看来，我们必须从四个象限（至少）面面俱到地分析这次变革，否则就会错过真正起作用的因素。这一变革为新的技术—经济基础（信息的）驱动，但随之带来了一种新的世界观。它有着新的自我、心理和行为模式，以新的社会机构为依托，定位在一个新的文化空间里。与往常一样，具体的个人也许会，也许不会完成这样的转变以生活在人类的新境界中。

问：所以要围绕那些象限来进行。

肯·威尔伯：一个新的社会文化重心慢慢产生了——这是想象逻辑的信息社会，它有一个处在数字信息传输的技术经济基础上（右下）的存在主义的或全视角的世界观（左下），以及人首马身的自我（左上），如果这个自我的行为（右上）要适应新的世界空间，它必须整合物质、身体和心智，整合物质圈、生物圈和心智圈。

这真是难于上青天。因为真正关键的地方在于一个新的变革使世界背上了新的、可怕的负担。没有什么理由可以兴高采烈地庆祝！每一个新出现的变革性的发展变化都带来新的需求和新的责任：较高的层次必须整合较低的层次，不仅要超越还要包容。超越的程度越大，包容的负担也越大。

问：那确实成问题。

肯·威尔伯：那是个大问题。真正可怕的地方是：即使能够达到一个新的、更高的世界空间，每个人却仍然不得不从第一阶段开始发展。每个人，毫无例外，从支点1起步，为了抵达能够得到的、更新更高的阶段不得不经过一切较低阶段的成长和进化。

所以即使有人出生在一个气势宏大、光辉灿烂、具有全球性想象逻辑的文化之中，他依然要从以物质为中心的层次开始，然后经过以生物为中心、以私我为中心的层次，接着进入以社会为中心的层次，再走向后习俗的、以世界为中心的层次。没有办法避开或遏制这一般过程。即使你写了三卷本的大部头长篇小说，使用的还是儿时学会的字母表上的字母，没有孩提时代获得的知识，你就写不出这部小说！

一种文明发展的垂直层次越多，可能铸成大错的事情也就越多。就像我说过的，一个社会越有深度，它加在公民教育和变革上的负担也越沉重。越具有深度，就有越多的事情会大错特错，不堪设想。层次越丰富，撒下弥天大谎的机会也越多（病态）。我们的社会在很多方面出的问题，早期的畜牧者简直都想象不出来。

问：所以越有深度的社会所面临的日益巨大的社会问题也就越多。

肯·威尔伯：是啊，在四个象限都是！因此当很多人高谈阔论即将来临的变革，想得心花怒放和头晕目眩之时，我很容易地看到向我们迎面而来的噩梦又有机会降临了。

问：你能不能举些例子？

肯·威尔伯：有时候人们说西方社会中的主要问题是贫富差距，这话不假。但这种看问题的方式是平地的方式——仅仅将它量化为金钱差距。与外在隔阂一样让人警醒的是，个体之间还有一个更令人忧虑的隔阂——一个内在的、文化的、意识中的和深度上的隔阂。

当一个社会的重心的分量日益加强——当更多的人从以私我为中心发展到以社会为中心、以世界为中心（或更高层次）的时候——就把沉重的负担加在了垂直整合处在不同深度的各自发展过程中的个人这一社会需求上。一种文化的重心越具深度，这一不同层次之间整合的需求与负担也就越大。

如此说来，贫富之间的“经济隔阂”已经够糟糕的了，但更加严重、更加隐蔽的问题是“文化隔阂”、“价值隔阂”和“深度隔阂”的问题，这种隔阂存在于文化所提供的作为可能的深度和能实际实现的深度之间。

永远是这样，对于个体公民而言，新的、更高的重心使得更高或更深刻的社会结构成为可能，但并没有保证万无一失。当社会的重心越来越有分量的时候，总是有越来越多的个人被抛在后面。他们被边缘化，无缘自我实现，被最残酷的方式所损害，包括他们的内在意识、价值和意义。

这在文化自身中制造了一种内在的张力。它可以变得极具破坏性，而且这一文化隔阂或意识隔阂的潜力随着每一次新的文化变革而加大。

问：这与你刚才说到的个人病态相似。

肯·威尔伯：对，在个人主要的自我或重心与被分离和摒弃的“小自我”之间的隔阂。内部张力、内部战争，驱使个人走向疯狂。

在很大程度上社会和文化也是如此。文化越有深度，文化隔阂的可能性就越大，由文化提供的平均深度和实际能够发展到那个深度的人们之间产生的隔阂也就越大。这如出一辙地炮制出了促使文化崩溃的内部张力。

问：这也是某些文明，例如说觅草文明，内部问题比较少的另一个原因。

肯·威尔伯：是的。

问：你有什么高见可以提供解决之道呢？

肯·威尔伯：在某种意义上，文化隔阂不是我们真正的问题，真正的问题是，我们甚至连对文化隔阂进行思考都得不到允许。我们之所以不被允许思考文化隔阂，是因为我们生活在平地之中。在平地中，我们没有辨认出意识、深度、价值和意义的不同程度。每个人都很简单地有着同样的深度，即零深度。

由于我们在平地上没有认识到深度，我们甚至无法认识到深度隔阂、文化隔阂、意识隔阂，这种情况将会继续对发达的、“文明的”国家造成巨大的破坏，直至所有这些问题的关键被发现，用一种允许我们对它进行处理的方式将其勾勒出来。

问：所以在我们能够探讨解决方法之前，至少得认识到这个问题。

肯·威尔伯：是的，平地上的一切阻碍了那种认识。这个文化隔阂——这个垂直文化融合的大问题——在平地这方面是解决不了的。因为平地彻底否认不同层次维度的存在，彻底否认内在的变革和超越。

问：这又是怎样与正在曲折前行的世界范围内的变革联系起来的呢？

肯·威尔伯：记住，其前提是现代性分化了三大区域，而后现代性必须找到整合它们的途径。假如整合未能发生，那么 20 条原则就无法紧密配合，进化不会表达，其结果很可能是重大的、让人极度不悦的再度调整。

关键在于你无法在平地中整合三大区域。在平地中，它们保持分离状态已经算是最好的了，最糟糕时它们会土崩瓦解，还没有哪个我们认识到的体系曾带着这些类型的巨大的内部分裂跌跌撞撞走进未来的。如果这些混乱的张力没有引起自我超越，就会导致自我退化。

我们能非常准确地看到文化隔阂导致文化崩溃，正是因为平地在一开始就不愿承认这个问题。

环境伦理

问：那你认为文化隔阂问题比环境危机更为紧迫了？

肯·威尔伯：它们是一回事，它们恰恰正是同样的问题。

私我中心者和种族中心者对世界上普通大众的关心少而又少——除非你恐吓他们去看一看那是如何影响他们那种自恋的存在状态的——之

后你便正好加强了问题始作俑者私我中心继续存在的动机。你只是用生态学的恐怖战略和法西斯主义加强和巩固了这一切。

不，不，只有以一种全球性的、后习俗的、以世界为中心的世界观，个人才能认识到实际环境危机的维度，更为重要的是拥有在全球性基础上的道德观念和道德的坚忍。那么很显然，为了成为世界关怀中的重要力量，必须有相当数量的人们达到发展过程中后习俗的、以世界为中心的层面。

换句话说，我们只有卓有成效地处理文化隔阂，才能卓有成效地对付生态危机——它们是同一种隔阂，同一个问题。

问：所以文化隔阂和环境危机都与平地紧密相连。

肯·威尔伯：是的，文化隔阂和环境危机是平地崇拜与单一自然崇拜所带来问题中的两个主要问题。平地的宗教否认垂直深度及内在超越，仅仅做到内在超越就可能实现人类的世界中心意识，并且使全球对如何推进保护生物圈和全球共同事务达成一致。对盖亚的信仰正在毁灭盖亚，而这是在即将来临的变革中能够打破平地把持控制的另一个主要推动力。

问：在我们以前的一次讨论中，你简单地概括了如果平地被抛弃将会出现的一种环境伦理。也许我们可以谈谈这个。

肯·威尔伯：关于环境伦理的讨论通常集中在所谓的价值论，关于价值的理论上。环境价值论可分成四个派别。

第一派主张生物平等——一切有生命的全子都有平等的价值。一条虫子和一只类人猿具有平等的价值。这对深度生态学家和一些生态女权主义者来说是常识了。

第二派涉及不同的动物权利——不论在哪里，只要动物身上有任何一种初步的感情，我们就应该将特定的基本权利延伸到这些动物身上。因此这一派致力于在不具备足够感情、我们不必操心的生命形式，例如昆虫，和那些具有充分感情的，例如哺乳动物之间划出一条进化论的界线。依据推测感情或感觉的存在可以往下延伸多远，不同的理论家在不同的地方划下了界线。迄今为止，往下推得最低的、较为严肃的意见是到虾衣草和软体动物。当然，如果你一路推下去，就回到生物平等上了，一切有生命的全子都有平等权利了。

第三派是分等级或者层次的：经常以怀特海的哲学为依据（例如伯奇和科布，Birch and Cobb）。这种观点将进化视为一种层次系统的（holarchical）展现。越复杂的存在拥有越多的权利。人类是最高级的，因而有最多的权利，但这些权利中并不包括实际侵犯其他生命存在的权利，因为它们也拥有虽然基本却很重要的权利。

第四派涉及各种管理权的观点，认为只有人类享有权利，但那些权利里包括保护和管理地球以及有生命的居民。很多传统的宗教理论家因此将保护环境当作一种道德责任（如马克斯·奥尔施莱格，Max Oelschlaeger）。

我个人对于环境伦理的意见并非是以综合这几个不同派别为目的的，尽管我相信它将每种意见的基本点都囊括进来了。

问：那么这是关于价值的四个派别。你的观点也是以价值的不同类型为基础的。

肯·威尔伯：对。可以分为基础价值、内在价值和外在价值。

一切全子都有平等的基础价值。也就是说，从原子到类人猿，一切全子都是空或大精神的完美显现，无所谓高与低，无所谓好与坏。实际上，每一个全子都是空的完美表达，都是神光华照人的一种姿态。作为终极的一种显现，所有全子都有平等的基础价值。一切存在形式都同样是空。这就是基础价值。

但每一个全子除了作为是终极的一种表达外，也是一个相对的整体/部分。它有自己相对的完整性，也有它自己相对的部分性。

作为一个整体，每一个全子都有其内在价值，或者说自身特有的完整，自身特有深度的价值。因此越完整，就越有深度，也就越有内在价值。内在价值意味着它自身存在着价值。它的深度也是有价值的，因为那深度把大宇宙的某些方面纳入了自己的存在。它从大宇宙纳入自身的越多，就越有深度，其内在价值就越高。类人猿包括细胞、分子和原子，它们都被包括到它自身的内部结构中去了——越有深度，越完整，就越有内在价值。

所以，一只类人猿和一个原子都是大精神的完美表达（它们都有平等的基础价值），类人猿更具深度，更完整，因而也更有内在价值。原子也有内在价值，但相对来说更少（价值越少并不意味着没有价值!）。我们也看到全子越有深度，它意识的程度也越深，所以同样可以说类人猿比原子更有内在价值，因为它更有意识。

但每一个全子并不仅仅是一个整体，它也是一个部分。它作为一个部分对其他存在有着价值——它是一个整体中的一部分，其他全子依靠它而存在，所以每一个全子作为一个部分有其外在的非内在价值、辅助价值，即对其他全子的价值。它越是一个部分，就越有外在价值。一个原子比一只类人猿更有外在价值——毁灭所有猿类，对于宇宙没有太大影响，毁掉所有原子，就毁掉了亚原子物质以外的一切——原子有着巨大的外在价值，对其他全子的辅助价值，因为它是众多其他的全子中实际起作用的一个部分。

问：你还把这与权利和责任联系起来。

肯·威尔伯：是的。权利和责任经常被同时使用，但人们却不明白它们为什么这样紧密不可分割。不过他们也继承接受了部分事实，即每一个全子都是一个整体/部分。

作为一个整体，全子有表达自身相对独立自主状态的权利。这些权利只不过是对保持自身完整性的必要条件的描述。假如这些权利不被满足，全子就分裂为亚全子。权利表现了全子内在价值存在的条件，以及确认其完整性、自主性、深度的必不可少的条件。

但再深入一步，每一个全子也是某些整体的一部分，并且以其整体中一部分的身份，对维持那个整体负有责任。简单地说，责任是对任何全子为了成为整体的一部分必须去满足的条件的描述。如果它没有完成那些责任，就无法与整体保持能动的契合，它就会被排斥（或者说实际上也破坏了这一整体本身）。如果这些责任未被完成，它也就不成其为整体一部分了。责任表现了一个全子外在价值存在的条件，是保持它的部分的身份，维持它的共享关系，维持它的持续时间不可缺少的条件。

全子要想成为一个整体中的一部分，就不得不完成特定的责任。并不是说它完成这些责任就万事大吉了。但它又必须完成，否则就不能保持它的共享关系以及它文化上的、功能上的和谐了。

问：这么说来，自主作用和共享作用、内在价值和外在价值、权利和责任，是每一个全子的两个方面，因为所有全子都是整体/部分。

肯·威尔伯：是的，在一个重叠式地展现复杂性和深度的层次系统中。因为人类比其他动物，例如比变形虫有相对较大的深度，所以我们也拥有更多的权利——要维持一个人的完整性必须有更多的必要条件——但我们也要承担更多的责任，不仅对我们作为一部分所属的我们自己的人类社会，还要对我们自己的亚全子所属的群体负责。我们存在于与物质圈、生物圈、心智圈里的全子形成的关系网中，而且我们相对较大的权利也绝对要求我们在所有这些维度中的相对较大的责任。不能成功地履行这些责任，意味着不能成功地满足我们全子和亚全子得以在相互配合中存在的条件——也就意味着我们自己的自我破坏。

同样的，并非我们履行这些责任就完了；它是一个存在的条件。它是必需的，否则我们的共同体就会分解，我们和他们就会分道扬镳。不过当然，我们经常希望不承担责任地拥有权利。我们希望成为一个整体，却不必是任何东西的一部分！我们关心自己的事！

问：你是说自恋的文化。

肯·威尔伯：对，自恋的、倒退的、重新部落化的文化。我们在纵情寻求不必负担责任的自我权利。每个人都想成为一个独立的整体，并且为自身的自主索要权利，却没有人想成为一个部分并承担相应的共同体的责任。

但是当然，你不可能只拥有权利而不负责任。我们对权利可恶的迷狂状态，只是一个分裂现象，它滑进不断增长的、私我中心的"整体"，这个"整体"只满足自己的需要，拒绝其他事物的任何部分。

问：私我或生态主张会克服这些问题吗？

肯·威尔伯：我认为不会。对付现代平地模式的一个最大的困难是——在私我版本和生态版本里都一样——关于权利和责任的观念都可怕地坍塌了，几乎不可辨认。

问：请举例来说。

肯·威尔伯：在平地的私我启蒙运动版本中，无拘无束的、独立自主的私我只将自治权力授予了自己。也就是说，只有理性私我是独立自主的完整一体，因此也只有理性私我有内在价值，从而拥有权利。其他一切全子只是相互交错的巨大序列中的组成部分，所以其他一切全子只有部分的、外在的、辅助的价值——根本就没有权利。它们都是帮助私我的设计发挥作用的：因而不受约束的私我能够做它自己的事情，任意处置环境。因为别的一切如今都只是私我的工具。

在生态浪漫主义的版本里，交错的巨网依然是唯一的基本现实，但现在是它，而不是深思的私我，被给予了独立的价值。既然这张巨网就是终极真实，那么只有巨网有完整价值或内在价值，其余所有的全子（人及其他）仅仅帮助维持它的自动生成。即其他一切全子只是网中的组成部分或线条，因此它们仅有外在和辅助价值。换句话说，生态法西斯主义。唯有巨网享有权利，其他一切全子终究都是从属部分。如果你支持巨网，就得告诉我们大家该怎么办，因为只有你站在内在价值一边。

这种生态法西斯主义——完全是一种平地的暴力——变得愈加复杂了，因为与私我阵营不同，至少生态浪漫主义者是在寻求灵性的价值与和谐的。但与现代性及后现代性的每一次主要运动相似，他们灵性的直觉从纯粹平地的角度被诠释，从下行的角度被解读了。

所以他们随即混淆了基础价值和内在价值，到达了“生物平等”的完全矛盾的境地。即混淆了基础价值（一切全子都有同样的绝对的价值，这是真的）和内在价值（一切全子都有同样的相对价值，那是错的），从而得到了“生物平等”。换句话说，任何全子之间在内在价值上毫无二致——一只跳蚤和一头鹿在内在价值上没有区别。这种工业本体论贯穿于大部分深层的生态学的观点之中。

问：所以我们希望尊重这三种价值。

肯·威尔伯：是的，我认为我们需要一种环境伦理，它为每一个全子考虑，对三种类型的价值都予以尊重。我们希望我们的环境伦理毫无例外地将一切全子当作大精神的显现来尊重——同时也能够就内在价值的差异做出实际区分，意识到踢一块石头比踢一只类人猿要强得多，吃胡萝卜胜于吃牛肉，靠谷物维持生命比靠哺乳动物存活更好。

换句话说，我们为环境首先制定的第一条实用主义的规则是：在我们满足生命需求的时候，尽量少损耗或破坏深度。尽你的所能把对意识的损害减少到最低限度，尽可能少破坏内在价值，从正面说就是：尽可能保护或加大深度。

可是我们不能仅停滞在这个规则上，因为它覆盖的只有深度，没有广度；只有自主作用，没有共享作用；只见整体，不见部分。我们更希望保持和促进最大广度上的最大深度，而不仅仅是保持最大的深度——那是法西斯主义的、以人类为中心的，也不仅仅是保持最大的广度——那是极权主义的、生态法西斯主义者的，应该是在最大的广度上保持最大的深度。

基本的道德直觉

问：你称之为基本道德直觉。

肯·威尔伯：对。基本道德直觉是“在最大的广度上保护和促进最大的深度”。我相信那是灵性直觉的实际形式，灵性直觉的实际结构。

换句话说，当我们由直觉感受大精神的存在时，实际上是由直觉从全部四个象限上感受到大精神的存在（因为大精神以四象限的形式显现——或者简而言之，以“我”、“我们”和“它”的三分法显现）。于是当我清晰地、直觉地感受到大精神时，我不但在自身之中，在自己的内心深处，在“我”的领域中感觉到它的珍贵，还同样在其他一切存在领域（在它们自身的深度上）感受到大精神的珍贵。于是我希望不仅在自己身上也在一切拥有大精神的存在上保护和提升大精神。如果我清晰地、直觉地感受到大精神，就会不由自主地在尽可能多的存在上促进大精神的展现：我感到大精神不仅属于“我”，不仅属于“我们”，也领悟到大精神作为客观状态（“它”）的不可抗拒的自我实现的驱力。

我相信，那就是存在于一切全子（包括人和其他所有存在物）的基本道德直觉。但一个全子越具有深度，就越能清晰地感觉到基础，它也就能越充分地展现这一基本道德直觉，并在此过程中影响到越来越多的全子。

问：跨越广度的深度。

肯·威尔伯：是的。这个观点认为，在试图最大广度地促进最大深度的过程中，对于不同行为的内在价值的差别，对于为了满足我们自身生存所必需的但却破坏了深度的行为程度，我们必须做出切合实际的道德判断——例如，吃萝卜总比杀一头牛要道德。当有人问艾伦·瓦特为什么他是一个素食者时，他不假思索地回答道："因为牛叫的比胡萝卜声音大。"

这一道德原则必须在广度上也得到实行，这将彻底地杜绝任何一个支配性等级的产生。举一个明显的例子，如果比较一下是应该杀十几只猴子还是杀美国黑社会头子艾尔·卡蓬（Al Capone）的话，我宁愿选择杀艾尔。即使作为一个人类全子也没有什么神圣不可侵犯的道理。如果只是从自身的价值来做判断将毫无意义。从自身价值出发来判断，从可能坏的意义上来说就是真正的人类中心主义。

当然，情况还是要比这些更复杂一些，我真的必须推荐你读一本详细讨论这一问题的书。你可能可以获得层次性伦理观点的大致概念，它保持的不仅仅是深度，而是跨越广度的深度，它们都早已包含在了先验的基础价值之中了。安住于空之中，在最广的广度促进最深的深度。我想，这也就是菩萨将泪水撒向人间的方式吧。

告别平地

问：那么在所有这些情况之中——例如文化隔阂、垂直整合、环境伦理等——这些问题的解决都取决于对平地意识的拒斥。

肯·威尔伯：完全正确。我们刚刚谈论过转型到来的可能性。它在很多方面实际上已经启动了。不过我相信如果不整合三大区域，这一新的转型就不能和谐地往前推进，三大区域分离是现代性的失败在我们意识中遗留下来的创痕，后现代的新转型将被迫融合这些裂片，否则它便无法符合 20 条原则的要求——它将不能够超越和包容；不能够分化和整合；不能够进一步进化；它将会成为一个错误的开端；进化将会把它忘却。我们不能把明天建筑在昨天的伤痕上。

除了其他几项内容，这一转型意味着只有整合意识、文化和自然，一个新型的社会才可能演化发展出来，从而为艺术、道德和科学（就是个人价值、集体智慧和技术知识）找到了生存的空间。

不打破平地的钳制做到以上这些是不可能的。只有抛弃平地，真、善和美才能整合。只有抛弃平地，我们才能将自己调整好以体察到大精神在所有初显领域里闪烁的痕迹。只有抛弃平地，我们才能达到真正的环境伦理与所有的存在物和平共处，每一个存在都愉快地祈祷感恩。只有抛弃平地，我们才能找到解决破坏性极强的文化隔阂的办法，才能在一种鼓励的文化中解放个体以实现他们最大的可能性。只有抛弃平地，单调自然的坚硬外壳才能打破，大自然才可能真正地被整合，得到真正的尊敬，而不是被尊为一个虚妄的神灵讽刺性地给自己带来致命的破坏。只有抛弃平地，我们才可能在私我中心论、种族中心论和民族帝国主义为中心的世界中，在种族战争、鲜血和战利品中，通过平等地交换信息促成一个全球共同体的产生。只有抛弃平地，我们才能实现想象逻辑的真正潜力，因为它正是以彻底地展现自身内在愉悦的方式整合物质圈、生物圈以及心智圈。只有抛弃平地，信息高速公路的技术基础才会被当作信息交流的仆人而不是成为数字化无政府状态的主人，而且以这样的方式，网络才可能实际地宣告全球融合时代的到来，而不是全球分裂时代的降临。只有抛弃平地，世界联盟或国际大家庭才能在世界灵魂感召下以层次性的形式聚集而产生，这一组织体系为世界中心的空间提供强大的保护，这一大精神的现代形式正是以这样的热情拥抱众生的形式展现自己。

这样，我们要回归到具体的灵性的、后人本的主题上去。——只有抛弃平地，那些对灵性怀有兴趣的人才会开始整合上行和下行的思潮，而在平地你只能选择做一个上行者或下行者。你或者彻底否认平地里任何可能的存在物（上行者），或者试图将这些存在物拜为上帝（下行者）。

问：那我们真是转了一个大圈，又回到了西方文化传统核心的原始战争上来了——上行者对下行者的战争。

肯·威尔伯：是啊。纯粹下行的观点绝对蔑视上行之路，实际上它还将一切人类和盖亚存在的问题都归咎到上行者。不过不用担心，这种憎恶是相互的：上行者坚持认为下行者不过是沉溺在自我放纵和肤浅无知之中，而这是所有人类灾难的真正根源。

经过了 2 000 年的争战，上行者和下行者直到现在还是斗得你死我活——双方都认为自己是全部，而另一方则是邪恶的，那些被自己鄙视的、对方存在着的分裂的病态行为，却同样存在于自己一方身上。经过这么多年，上行者和下行者还是如此偏执。

问：关键是整合和平衡人类上行和下行的思潮。

肯·威尔伯：是的，关键在于引导这两种思潮达到某种统一和协调的状态，使得智慧和慈悲一同携手发现那个超越和包容了这个世界的大精神，这个大精神先于这个世界永恒地存在着，但却以无限的爱意与同情、呵护与忧虑、最温柔的仁慈与荣耀注视着这个世界和它的一切存在物。

无论有多少下行的宗教帮助我们识别和赞美可见的、可感觉的上帝和女神，它们都不过是他们自己造出来的，他们将一个无限的存在放在了盖亚身上，使可怜的有限的盖亚无法承担。或许这样可以实现可持续的经济增长，但在灵性的增长上却是不可持续的。而我们急切地需要两者同时得到满足。人类的上行思潮必须得到保护和激活，因为只有超越我们自己的有限、平凡的私我，我们才能找到所有感知性存在物的共同来源和基础，这一来源将落日染上新的光彩，使所有的姿态都能散发出无尽的优雅。

单纯的上行者和单纯的下行者按他们的喜好将大宇宙随心所欲地撕裂成为断片，对这场战争的残酷性难辞其咎，而且两者都试图通过分享他们的疾病和抚平他们的创伤来转化和胁迫另一方。但上行和下行只有在统一体中而不是在残酷的战争中才能找到和谐。只有当两者联合起来时，我们才可能说两者都得救了。

在那里，在秘密的心灵之穴里，上帝与女神最终结合了，在那里像失而复得的爱侣一样，空拥抱所有的色，在那里永恒欢愉地歌唱赞美高贵的时间，在那里湿婆神为了他的光芒四射的莎克蒂心醉神迷，在那里上行者和下行者和谐地紧紧地拥吻在一起——这就是永恒的一味的宇宙世界，大宇宙认识了自己的真实本性，在自观的认知中拯救了所有的灵魂，无一遗漏。

记住了吗？在大心灵（Heart）里，夫妻最终团圆了，全部的游戏和进化的噩梦消失了，而你恰好是处在全部节目的开始之前。有如醍醐灌顶，突然你认识了自己的原相，在宇宙大爆炸之前的你的面目，绝对虚空的面目，它的微笑就像全部创造物的微笑，它的歌声有如整个大宇宙的歌唱——在原初的一瞥之后，这面目就消失解散了，留下的只有微笑，还有那清朗的深夜里，映射在宁静池水中的一轮明月。

主题词中英文对照

absorption	入定
Agape	上帝之爱
agency	自主性
archaic	古代的
awareness	觉识，觉知
axial sages	轴心圣人
ayin	希伯来文的第 16 个字母
Big Bang	创世大爆炸
Big Three	三大区域
biocentric	生物中心
biosphere	生物圈
Brahman	婆罗门，梵天
brain stem	脑干
causal	原因的
centaur	人首马身
cessation	安止，休止
communion	共享性
compound individuality	复合个体性
correspondence	对应
cosmology	物质宇宙理论

cosmos	（物质的）宇宙
cultural fit	文化适合
deity mysticism	神性神秘体验论
depth	深度
Dharmakaya	佛身，法身，真身
dialogical	对话的
dialogue	对话
display	展现
duhkha	苦
Eco-Noetic Self	生态—理智自我
egocentric	私我中心
egocentrism	私我中心主义
empiricism	经验主义
emptiness	空
enlightenment	开悟
enneagram	九分图
Eros	人类之爱，性爱
existential	存在的
experience	体验；经验
female	女性
feminine	女人
flatland	平地
form	形态；形式
formless mysticism	无形神秘体验论
functional fit	功能适宜
fundamentalists	原教旨主义者

gender	性别
genealogy	谱系学
heapists	堆积主义者
hermeneutics	诠释学
hierarchy	等级性
holarchnal	分层次的
holarchy	层次性，层次系统
holons	全子
immense intelligence	大智慧
integrity	正直
interpretation	解析
intersubjective	主体间性的
irritability	兴奋性
jnana samadhi	等持三摩地
justness	公正
Keter	无限
Kosmology	大宇宙理论
Kosmos	大宇宙
Li	理
loves	爱
Maat	公理
magic	魔幻的
Mahayana	大乘佛教

male	男性
mandala	曼荼罗
manifest	外显
map	地图
mapping paradigm	描摹范式
masculine	男人
medical psychiatrist	医学精神病学家
me-ness	自体
mind	心智
monological	单一逻辑的
multicults	多元崇拜
multiculturalism	文化多元主义
mutual understanding	相互理解
mythic	神话的
mythic disposition	神话性情
narrative therapy	叙述疗法
nature mysticism	自然神秘体验论
navigation	引导
Neoplatonic	新柏拉图派的
neuronal organisms	神经元机体
nihilism	虚无主义
Nirmanakaya	化身
nirodh	灭
nirvikalpa	无分别
nondual	非二元的，不二的
nondual mysticism	非二元神秘体验论
noosphere	精神圈（或译“灵生圈”，“心智圈”）

observing Self	观察性自我，觉体、觉性
one taste	一味
ordinary mind	平常心
orienting generalizations	定位概括
Original Face	原相
Over-Soul	超灵魂
peak experience	高峰体验
perennial philosophy	常青哲学
performative contradiction	实施性矛盾
physiocentric	生理中心
physiosphere	物质圈
preconscious	前意识
prehension	捕捉性
propositional	命题
protoneuronal organisms	基质神经元机体
psyche	心灵
psychic	心灵的
pure presence	纯粹呈现
push back	倒推
radical empiricism	彻底经验主义
rational	理性的
reductionists	简化主义者
representation	表象
representation paradigm	表征主义范式
rightness	公平
Rigpa	本觉

Saguna	报身
Samadhi	三摩地
Sambhogakaya	福乐身，报身
Sangha	僧伽
seer	观者
self	自我
self-dissolution	自我退化
self-transcendence	自我超越
sexuality	性特征
shadow	阴影
sincerity	诚实
social system mesh	社会体系网络
sociocentric	社会中心
soul	灵魂
span	广度
spirit	大精神
spiritual	灵性的、精神的
spiritual intuitions	灵性直觉
structural-functional	结构—功能主义
subconscious	下意识
subholons	次全子
subtle	微妙，奥妙
suchness	真如
superconscious	超意识
sustainable industry	可持续工业
sustainable rationality	可持续理性
Svabhavikakaya	自我身
symbols	象征
systems theory web	系统论

Tao	道
telos	目的
the beautiful	美
the causal	原因
the good	善
the true	真
theosphere	神志圈
thought	思想
transmental	超越心理的
transpersonal	超越个人的
trans-rational	超理性的
Trikaya	三身
trustworthiness	值得信任
truth	真实
truthfulness	忠实
twiceness	两次性
twoness	二重性
ultimate categories	终极范畴
unborn	非生
validity claims	正确性的假说
Vedanta	吠檀多哲学
vision	愿景
witness	证悟者
World Soul	世界灵魂
Yogachara Buddhism	瑜伽佛教

人名中英文对照

Abhinavigupta	阿昆纳维古塔
Abraham Maslow	亚伯拉罕·马斯洛
Alexander Pope	亚历山大·波普
Aphrodite	阿佛洛狄忒（希腊神话中性爱与美貌女神）
Aron Beck	阿伦·贝克
Artemis	阿耳忒弥斯（希腊神话中野生动物、狩猎、植物、贞洁和生育女神，月神）
Arthur Kestler	阿瑟·凯斯特勒
Arthur Lovejoy	阿瑟·洛夫乔伊
Arthur Schopenhauer	阿瑟·叔本华
Asanga	阿桑格
Auguste Comte	奥古斯特·孔德
Augustine	奥古斯丁
Aurobindo	奥罗宾多
Barbara Voorhies	芭芭拉·沃里斯
Bellah	贝拉
B. F. Skinner	B. F. 斯金纳
Boehme	伯麦
Bradley	布拉德利
Broughton	布若顿

Carol Gilligan	卡罗尔·吉利根
C. G. Jung	荣格
Charles Taylor	查尔斯·泰勒
Chih-i	智凯
Chögyam Trungpa	曲扬·仲巴仁波切
Cleopatra	克莱奥帕特拉
Clifford Geertz	克利福德·格尔茨
Coleridge	柯尔律治
Confucius	孔子
Copernicus	哥白尼
C. Trungpa	乔加姆·特伦格帕
Da Avabhasa	阿瓦哈萨
Deborah Tannen	德博拉·坦宁
Demeter	得墨忒耳（希腊神话中的谷物女神）
Dionysius	狄奥尼修斯
Don Riso	唐·瑞索
D. T. Suzuki	铃木大拙
Eckhart	埃克哈特
Edith Jacobson	伊迪思·雅各布森
Edward Edinger	爱德华·爱丁格
E. E. Husserl	胡塞尔
Erich Jantsch	埃里克·詹奇
Erik Erikson	埃里克·埃里克森
Ervin Laszlo	欧文·拉兹洛
Fa-tsang	法藏
F. Hölderlin	荷尔德林

F. Schiller	席勒
Findlay	芬德利
Frances Vaughan	弗朗西斯·沃恩
Francisco Varela	弗朗西斯科·瓦拉
Fred Hoyle	F. 霍利
F. B. Salisbury	F. B. 索尔兹伯里
F. W. J. Schelling	F. W. J. 谢林
F. W. Nietzsche	F. W. 尼采
Gaia	盖亚（希腊神话中的大地女神）
Garab Dorje	基阿布
Gautama Buddha	佛陀，释迦牟尼
Gedo	盖多
Gemer	格梅
Gerhard Lenski	格哈德·伦斯基
Gertrude Blanck	格特鲁德·布兰克
Giordano Bruno	乔达诺·布鲁诺
Goldilock	戈尔迪洛克
Gretel	格雷特儿
Guido Sarducci	吉多·萨达克思
G. W. F. Hegel	G. W. F. 黑格尔
Hameed Ali	哈米德·阿里
Hans-Georg Gadamer	汉斯-格奥尔格·伽达默尔
Hansel	汉塞尔
Hector	赫克托耳（希腊神话中的人物）
Heinz Kohut	亨兹·高赫
Heinz Werner	亨兹·沃纳
Helen Palmer	海伦·帕莫

Hera	赫拉（希腊神话中宙斯的妻子）
Herder	赫尔德
Hestia	赫斯提（希腊神话中的灶神）
Howard Gardner	霍华德·加德纳
Immanuel Kant	伊曼纽尔·康德
Inhelder	因黑尔德
Jacques Derrida	雅克·德里达
Jakob Burkhardt	雅各布·伯哈德
James Hillman	詹姆斯·希尔曼
Jane Loevinger	简·洛文格
Janet Chafetz	珍尼特·查菲茨
Jantsch	詹希
Jean Bolen	简·勃伦
Jean Gebser	让·吉布瑟
Jean-Paul Sartre	让-保尔·萨特
Jean Piaget	让·皮亚杰
J. J. Rousseau	卢梭
J. M. Baldwin	巴尔德温
John Broughton	约翰·布鲁坦
John Locke	约翰·洛克
John Watson	约翰·华生
Joyce Nielsen	乔伊斯·尼尔森
Jürgen Habermas	于尔根·哈贝马斯
Kabbalah	科巴拉
Karl Jaspers	卡尔·雅斯贝尔斯
Karl-Otto Apel	卡尔—奥托·阿佩尔
Karl Popper	卡尔·波普

Kay Martin	凯·马丁
Krishnamurti	克里希纳姆提
Lao Tzu	老子
Lawrence Kohlberg	劳伦斯·科尔伯格
Margaret Mahler	玛格里特·马赫勒
Margaret Masterson	玛格丽特·马斯特森
Marie-Louise von Franz	玛丽-路易斯·凡·弗朗兹
Martin Heidegger	马丁·海德格尔
Mary Douglas	玛丽·道格拉斯
Mary Wollstonecraft	玛丽·沃尔斯通克拉夫特
Max Oelschlaeger	马克斯·奥尔施莱格
Melanie Klein	梅拉妮·克莱因
Michael Bakunin	迈克尔·巴枯宁
Michael Murphy	迈克尔·墨菲
Michel Foucault	米歇尔·福柯
Mumford	芒福德
Nagarjuna	龙树
Niklas Luhmann	尼克拉斯·鲁曼
Novalis	诺瓦利斯
Oscar Ichzo	奥斯卡·艾科佐
Otto Kernberg	奥托·科恩伯格
Padmasambhava	莲花生大士
Parmenides	巴门尼德
Patanjali	帕坦加利

Paul Ricoeur	保罗·里科尔
Persephone	珀耳塞福涅（希腊神话中冥王哈得斯之妻）
Peter Berger	彼得·伯杰
Pitirim Sorokin	皮特里姆·索罗金
Plato	柏拉图
Plotinus	普罗提诺（一译柏罗丁）
Ramana Maharshi	拉曼·马哈希
Rene Spitz	勒内·斯皮茨
Robert Bellah	罗伯特·贝拉
Robert Blanck	罗伯特·布兰克
Robert Bly	罗伯特·布莱
Robert Selman	罗伯特·塞尔曼
Roger Walsh	罗杰·沃尔士
Rorty	罗蒂
Roszak	洛萨克
R. Peck	R. 佩克
Shakti	莎克蒂，湿婆神的配偶
Shankara	商羯罗
Shiva	湿婆神，印度教三大主神之一，司掌毁灭与生殖
Sigmund Freud	西格蒙德·弗洛伊德
Silvano Arieti	西尔瓦诺·阿里厄蒂
Socrates	苏格拉底
Søren Kierkegaard	索伦·克尔恺郭尔
Stan Grof	斯坦·格罗夫
Stone	斯通

Talcott Parsons	塔尔科特·帕森斯
Theodore Roszak	西奥多·罗扎克
Thomas Kuhn	托马斯·库恩
Vailant	维伦特
Vedantic Koshas	维登提克·考斯哈斯
Vijnanas	维南诺斯
Walt Whitman	沃尔特·惠特曼
Walter Odajnyk	沃尔特·欧德利克
Whitehead	怀特海
Wilhelm Dilthey	维尔海姆·狄尔泰
William Wordsworth	威廉·华兹华斯
Yogi Berra	尤吉·伯拉
Zeus	宙斯（希腊神话信奉的主神）

译后记

大概是2001年12月底一天的晚上，我坐在电脑前修改《万物简史》的译文第二章“神秘的冲动”。这一章主要是在论述一种进化观。肯·威尔伯的思想和论述方式，我以前很不熟悉，所以感到不大适应，有一些似懂非懂。我继续工作下去。在修改到第二章的结尾处时，我忽然有所悟，理解了他所讲的“进化”的含义，由于这一理解，以往所思考的不少问题也一下豁然贯通。我起身离开电脑，走到楼下的花园。那天天气较冷，我下楼时穿了羽绒服，并且把帽子戴上。当时已经是夜里11点。我在花园里绕着圈散步，消化肯·威尔伯的论述给我的启迪。我走着、走着，那种兴奋劲儿一点都没有消失。走了一会儿，感到热，就把羽绒服的帽子翻到了脑后……这样，不知不觉，一走就走了两个钟头，等我平静下来，已是凌晨1点钟。这是一种非常愉快的由于智能的撞击而产生的感觉，这种感觉也许类似佛家所说的“开悟”。记得将近20年前，我第一次接触到马斯洛的需要层次论时也有类似的感觉。

在本书的译稿完成后，我曾经把它给几位朋友看，他们共同的感受是“有劲”、“有嚼头”。我想到美国的托尼·舒瓦茨先生在本书的前言中的话：“这本书的内容精练而紧凑。”“精练”的原文是“lean”，有脂肪少的，或没有脂肪的瘦肉之意。他们对这本书的感受，也正是我对这本书的第一感觉。不过，我更愿意把肯·威尔伯的思想比做一座高山。我们平时在大城市里按部就班地生活，肌肉萎缩了，心情厌倦了，肠胃不消化了。现在我们想呼吸新鲜的空气，想接触大自然，想活动活动身体，于是我们可以登山。不过，肯·威尔伯是这样一座山，登时需要费一些劲，但一旦登上去，却可以产生一种站在高山俯瞰人寰的清明的感觉。很多以前不清晰的、朦胧的问题，可以变得清晰起来。

如果你仅仅是为了休闲，想轻松一下，随便翻一翻，浅尝辄止，读肯·威尔伯的著作恐怕不会是你最佳的选择。如果你想在思想上有较大的启迪，那么认真读下去，肯定会有收获。我自己就是一个受益者，他的书解决了我的不少困惑。我这几年在心理状态上有所进步，原因是多方面的，与他的书的启迪也不无关系。我感到自己的接纳性增加了，对世界、对生命更加热爱了。能量更畅通了，原发性、创造力增加了。有时候，也能够体会到他在书中描述的“空”的感觉。人们常常把佛教的“空”理解为什么都没有，其实，“空”是一种广阔的自由感：

> 当你倒推进入这个纯粹主观性，纯粹的观者，你不会把它看成一个客体——你不能把它看成一个客体，这是因为它根本就不是一个客体！你什么也看不到。但是，只要你平静地静止在这个观照的觉识中——注视着身体、心智以及自然飘浮——你可能会开始注意到你实际感受到的是自由的感觉，一种解脱的感觉，一种不被你所看到的客体束缚的感觉。你什么也看不到，你只是静止在广阔的自由当中。
>
> 在你面前白云飘荡过去，你的思想飘荡过去，你的身体的感觉飘荡过去，而你并不是它们。你是这些客体来来往往的广阔的自由空间。你是一块空地，你是空，你是一个广大的空间，所有的客体在其中来来往往。白云、感觉、思想来来往往，但你并不是它们。你是浩瀚的自由感，你是无垠的空，你是无边的空地，正是由此外显才得以发生，停留片刻，随之飘走。（见本书第十三章）

我发现，由于自己的能量更加畅通，对周围的环境、人际关系以及大自然的感觉也慢慢发生了变化。就拿大自然来说吧，我一直很喜欢大自然，以前面对大自然，有时候也有较深的感悟，但走马观花，无缘进入审美状态，也是常有的事情。而现在面对大自然，我已经开始养成一种习惯，完全静下心来，放空自己。而一放空，就总会产生诗意。在这里，我想与读者分享我最近一两年来在这方面写的一些诗歌，其中体现了我在消化了后人本心理学以及肯·威尔伯的思想之后的心态——在这里介绍自己的诗歌，乍看来，似乎有一些离题，其实是密切相关的。后人本心理学在帮助我的能量畅通方面，起了极大作用。心理学的根本目的是什么？正是为了人的潜能的充分发挥。而后人本心理学是迄今在潜能的发挥上思路最广大和开放的心理学思潮。我欣赏后人本心理学，正是由于这个原因。后人本心理学不仅强调人自身的协调，强调人与人之间的协调，也强调人与自然的协调。

2003 年 4 月，由于流行“非典”，单位放假，在北京继续待下去是一件令人苦恼的事情，不如外出。于是，我到了当时疫情不严重、又从来没有去过的湖南。一个月期间，写了 10 多首诗，取名《非常旅行》。语言尽管粗糙，但感情是真挚的。

岳麓山寻访果子狸①

梅雨过后还没有橘子，
拎着一只黄瓜，
我到岳麓山寻访果子狸②。

拨开草丛，
我搜索山洞，
果子狸，你在哪里藏匿？
透过树叶，
我把岩缝寻觅，
果子狸，你在哪里藏匿？

听说岳麓山上有很多果子狸，

---

① 本诗写于 2003 年 6 月 1 日，即看了关于果子狸是“非典”的“罪魁祸首”的报道后不久。

② 据说，果子狸最爱吃橘子。

果子狸，你何时起在这山上栖息？
你是否知道，
你已经从盘中餐，
变成了动物明星？
你是否知道：
你害怕人类，
已经远不如人类怕你？

山中的音乐[①]

小溪永远是那样快乐而又执著，
不知疲倦地弹奏着竖琴伴奏，
鸟儿们的歌声此起彼落，
这些高傲、羞涩的歌手似乎很难合作。
不管歌手们是片刻的停顿，
还是较长时间的沉默，
绵延的琶音都一直没有中断，
小溪耐心地把最美的和声求索。

在岳麓山看见一队蚂蚁

在上山的路上，
有一群蚂蚁在行进。
它们匆匆地穿过山道，
排着整齐的一字形。
它们隔着同样的距离，
速度也同样均匀。
只有最后那只看来慢了半拍，

① “非典”时期，我在岳麓山下租了一间民房，住了一个月。房后就是山。每天早上一醒来就听见鸟儿清脆的叫声，十分亲切。从第一天开始，我就强烈地感觉到，我与大自然已经是何等疏远了！

它的笨拙破坏了队形的整齐划一。
忽然间我感觉到了蚂蚁的灵性，
忽然间我觉得它们也有强大的生命力。
忽然间我觉得自己就是那只蚂蚁，
有时候就这样笨得出奇。

与岳麓山相比，蚂蚁很小，
什么是蚂蚁存在的价值？
与银河系相比，地球很小，
什么是人类存在的意义？
蚂蚁们不理睬这些愚蠢的问题，
匆匆穿过山道，消失在草丛里。
忽然间，我感到天空中有一双眼睛，
看着我，就像我看这些蚂蚁。

有一位盲人爱照相

有一位年轻的盲人姓刘[①]，
告诉我，他也曾经去旅游。
他说他到过一个什么地方。
那地方有一个著名的大石头。
这使我感到非常意外，
竟然从来没想过：盲人也有如此需求！
他还告诉我，他照相留念，
不由得更使我感慨万端。
他看不见任何东西，
却乐意让人们看自己的照片！

---

① 这位盲人是我在岳麓山下居住时的一位邻居。他的工作是翻译汉语书。他的工作方式是听汉语书的录音，把原来的文字翻译为盲文。

我们的五官齐全，
想象力应该更加灿烂。
为什么宇宙中没有更多的感官？
为什么我们把自己的心灵局限?!

后人本心理学具有极强的现实意义，它与个人的成长、人类自身的发展以及人类与生态的协调都密切相关。肯·威尔伯的这本《万物简史》堪称其代表作之一。它气魄宏大，内容非常丰富。至于它到底表达了一些什么，读者见仁见智，自有评说。但大家在读书的时候，常常希望了解一些作者的情况。我在这里略微介绍一些关于肯·威尔伯的背景材料。

肯·威尔伯是一个颇有点“怪异”的人。他在1949年出生于美国的俄克拉何马城。由于父亲在空军服役，肯·威尔伯学生时期曾数次迁徙。后来，他在内布拉斯加州林肯市完成了高中学业并进入杜克大学(Duke)攻读医学。但是，大学一年级时肯·威尔伯就对研究自然科学失去了兴趣转而阅读心理学和哲学，无论是西方还是东方的作品，他都广泛涉猎。肯·威尔伯后来回到内布拉斯加读生物化学研究生，但在一年之后他又退学，全力著书。——这一经历使人联想到比尔·盖茨的退学。

肯·威尔伯在1977年28岁时即发表了《意识层次图》(*The Spectrum of Consciousness*)。这本书给他带来了声誉。此后，他著述不断，迄今已有20余部著作。他的作品被翻译到20个国家，名列美国同类作家之首，被称为美国“最畅销的学术类著作作家”。他现在被公认是后人本心理学最重要的思想家、理论家和发言人，被称为“后人本心理学的马斯洛”，他的影响已经跨越了心理学领域，波及哲学和神学领域。由于肯·威尔伯在意识领域的研究极具有基础性和开创性，他甚至获得了“意识领域的爱因斯坦”的美誉。作为心理学家，有评论认为他在整合西方心理学和东方智慧方面已经超过了荣格。

肯·威尔伯的主要著作除了本书及《意识层次图》外还有：《没有疆界》(*No Boundary*, 1979)；《阿特曼计划》(*The Atman Project*,

1980)；《来自伊甸园》(*Up from Eden*，1981)；《眼对眼》(*Eye to Eye*)；《恩宠和勇气》(*Grace and Grit*，1991)；《性，生态和灵性》(*Sex*，*Ecology*，*Spirituality*，1995)；《科学与宗教》(*Science and Religion*)；《一味》(*One Taste*，1997)；《整合心理学》(*Integral Psychology*，2001) 等。

尽管肯·威尔伯著作等身，思维发达，但千万不要把他看成是不食人间烟火的怪物。肯·威尔伯有很丰富的感情生活。要理解他的著作及其思想，也许知道一些他的个人生活是必要的。在他已经发表的著作中，最具有个人性的作品当数在 1991 年发表的《恩宠和勇气》。该书是他少有的自传性质的著作，我们可以从中体会到他的生命境界和人格修炼的水平。

肯·威尔伯在《恩宠和勇气》一书中，所记述的主要是自己和妻子泰雅（我国台湾地区译作崔雅）之间的感人故事。

泰雅也是一位心理学家，她和肯·威尔伯在 1983 年 8 月 3 日一见钟情。威尔伯有过一次婚姻，离婚后一直独居。而泰雅多少年来一直没有合适的男友。据她说是“活到 36 岁才遇见自己梦寐以求的男人”。他们两周后就订婚，四个月后就结婚。

肯·威尔伯是这样描写与泰雅一见钟情后的感觉的：

> 我躺在床上，发现体内有一些细微的能量正在流动，有些像所谓的“拙火”。东方宗教认为这股能量象征灵性的觉醒，必须碰到合适的人或者事物才会被唤醒。我打坐已经有十五年，这一类的微细能量在打坐中是常常有的，但从来没有如此明显。不可思议的是，同样的事情在同一时间发生在崔雅身上。
>
> （肯·威尔伯：《恩宠和勇气》，胡因梦、刘清彦译，台北，台湾张老师文化，1998）

他们都觉得对方是自己一直在寻找的人。

但是，不幸的是，就在举行婚礼的前夕，泰雅在体检中被发现得了乳腺癌。

体会一下，这是一个何等严酷的打击！但是，威尔伯以平静的心态、负责的态度和实实在在的爱心接受了这一切。他与泰雅生死与共，到1989年泰雅去世，他和泰雅一起与癌症搏斗达5年之久！在此期间，他停下了自己的写作，照顾泰雅，和泰雅一起求医问药，一起调整心理，一起探讨生命和死亡的意义。最后，尽管泰雅走了，但走得非常平静。肯·威尔伯是这样描写泰雅刚走后自己的情况的：

> 那天晚上我一直待在崔雅的房间，入睡后我做了一个梦，其实不大像是梦，更像是单纯的意象：水一滴一滴落到海里，立即与海水融合。起初我以为这个意象显示崔雅已经解脱，她就是融入大海的小水滴。后来我才明白它更深的含义：我是水滴，而崔雅是那片大海。她谈不上什么解脱，因为她早已经解脱了。真正得救的人是我，我因服侍她而得救了。
>
> （肯·威尔伯：《恩宠和勇气》，胡因梦、刘清彦译，台北，台湾张老师文化，1998）

我之所以在介绍肯·威尔伯的思想的时候谈到他的生活，是因为我历来认为，思想家的思想应该看成是他的整个生活而不仅仅是他的思维活动的产物。肯·威尔伯思想的丰富与他的生活体验的丰富是不无关系的。他对真理的探索和他对感情生活的追求一样认真。真正的爱情对于灵性的出现看来是极为重要的。为什么？这也许是因为，真正的爱能够使我们所有的需要满足整合起来。需要满足的整合就是能量的整合。在这种情况下，我们的能量集中于问题的突破。看起来，肯·威尔伯对感情生活是十分严肃的。当有能够心心相印的人的时候，他能够爱得既热烈又持久，而当没有这样的人的时候，他宁愿享受独处，把生命的能量投身于事业和修炼。

至于肯·威尔伯在修炼中达到的境界，从他写于1997年1月30日的日记中可见一斑：

> 明天是我的生日，然而那只是“肯·威尔伯”的生日，而不是那个不受日期、期限、时态、时间所染指的无边空性或者不生不灭

的本来面目的生日。这无垠的自由、澄明的宁静的海，才是最深的我，我并不存在于那无尽的十字路口，因为神性只是如如。

那永生不灭的并没有生日，因为它从来没有诞生过。它就是一切万有，向永恒散发着光辉。……每一个苍生都可以说：真正的我是永恒的，真正的我就是一切。……

（肯·威尔伯：《一味》，胡因梦译，31页，台北，先验文化事业有限公司，2000）

这段话表达了肯·威尔伯所推崇的一种“梵我一如”的境界，这种他自己也经常达到的境界，大体与中国人常说的“天人合一”相似。

这也是大我实现的境界。

和宇宙万物一样，人也是一种“全子”。人与万物不同的地方在于，人能够对自己是全子具有高度的自知。也就是说，人的天性是双重的，一方面人是现象的小我（phenomenal ego），另一方面人又是永恒的大我（eternal self）。人能够通过自己的修炼将两者结合起来，使自己与“大我”融合在一起。

关于肯·威尔伯所推崇的这一精神境界，只要读他的书能够读进去，肯定有所体会。

有趣的是，他曾经接受过脑电波的测试。测试的结果显示，当他在静修时，能够产生与灵性状态有关的德尔塔波。通常这一脑电波只在深睡无梦的状态下出现。

后人本心理学（transpersonal psychology，或译“超个人心理学”）是20世纪60年代末70年代初在美国兴起的一种心理学流派。从起源上讲，它是人本心理学继续发展以及充分发展的结果，也可以说是从人本心理学中派生出来的。它的重要创始人之一本身也是人本心理学的领袖人物，即马斯洛（Abraham Maslow，1908—1970）。人本心理学被称为行为主义和弗洛伊德心理学之外的“第三思潮”。后人本心理学则被称为继人本心理学之后的“第四思潮”。人本心理学在我国已经有很大的影响，但关于后人本心理学，我国的研究还极少。

后人本心理学与人本心理学的区别，在于它明确地进一步扩展了对人的理解。它所主张的健康，是身、心、灵的整体健康。也就是说，如果一个人身体健康，心理上也没有什么问题，但却缺乏终极关怀，按照后人本心理学的观点，他仍然不算真正的心理健康。后人本心理学是在广泛地吸收了世界文明（包括宗教）的精华后发展起来的。肯·威尔伯本人也深受东方和中国文化的影响。

肯·威尔伯和中国文化实际上是很有缘分的。他曾经在《后人本心理学》杂志上发表一篇文章，谈到了自己步入后人本心理学研究的经过：

> 在杜克大学学习的第一年里，我偶然碰到一本小书，开头几行是这样子的：
>
> “道可道，非常道。
>
> 名可名，非常名。”
>
> 我过去从未接触过这样的观念，或者我该说，就算我见过，它们也没有给我留下丝毫印象。到这时为止，我生活的主要内容是科学。我小的时候脾气倔强，好调皮捣蛋，够得上是精神健全，身体健壮，但我记忆中最早的智力上的满足是在10岁那年买了一本化学教科书。我最愉快的时刻都是在自己草草拼凑的家庭实验室中度过的。高中后期以及上大学初期，我喝啤酒，追女人，同样够得上是健全、健壮的。但我真正的热情，我内在的精灵是属于科学的。我塑造了一个自我，逻辑是它的基础，物理学是它的结构，化学是它的动力。在这一领域内我是早慧的并获得了成功。我获得了大量的奖励和荣誉，我上了大学来继续这种成功，把它发展为一种毕生的命运。我思想上的青春期，是一首歌颂准确和精密的牧歌，是一座充满清晰、明确的堡垒。
>
> 因此，在我阅读《道德经》的第一章时，仿佛自己是平生第一次面对截然不同的世界——一个超出了科学，因而也就是完全超出了我自己的世界。结果是，老子的古老思想完全使我感到意外，更有甚者，这种诧异拒绝消失，而我的整个世界观开始了一种微妙的但却是剧烈的转变。在几个月时间内——这一段时间我致力于阅读

介绍道家和佛教的书——我过去一直所了解的我的生活的意义竟开始消失了。这可不是什么戏剧性的事情，而更像是你在结婚20年后，一天早晨醒来，“突然”意识到你不再爱（甚至不再认识）你的配偶。根本没有什么心烦意乱、痛苦，没有眼泪——只是心里十分清楚，是分手的时候了。就是这样，这位老圣人触动了在我心底如此深的一根心弦。

很明显，肯·威尔伯受道家的影响至深。他是当今后人本心理学领域中最博学的学者之一。据他介绍，光是在研究四象限理论时，他就阅读了上千本书。

肯·威尔伯的著作目前已经在全世界被翻译成了20多种文字。他的书在中国出版，我想一定会引起广泛的注意。

本书第二部分的第九、十、十一章的部分由段友利翻译初稿，由我修改和校对；第三部分的第十四、十五、十六章由陈巧媚翻译初稿，由我修改和校对。

许金声

2004年7月

图书在版编目（CIP）数据

万物简史/（美）威尔伯著；许金声等译 .
北京：中国人民大学出版社，2006
（心理学译丛·学术系列/许金声主编）
ISBN 978-7-300-07160-2

Ⅰ. 万…
Ⅱ. ①威…②许…
Ⅲ. 心理学-研究
Ⅳ. B84

中国版本图书馆 CIP 数据核字（2006）第 017226 号

心理学译丛·学术系列
主编 许金声
万物简史
［美］肯·威尔伯 著
许金声 等译

出版发行	中国人民大学出版社		
社　　址	北京中关村大街 31 号	**邮政编码**	100080
电　　话	010－62511242（总编室）		010－62511770（质管部）
	010－82501766（邮购部）		010－62514148（门市部）
	010－62511173（发行公司）		010－62515275（盗版举报）
网　　址	http：//www. crup. com. cn		
经　　销	新华书店		
印　　刷	天津鑫丰华印务有限公司		
开　　本	720 mm×1000 mm　1/16	**版　　次**	2006 年 7 月第 1 版
印　　张	22.75 插页 1	**印　　次**	2025 年 8 月第 12 次印刷
字　　数	318 000	**定　　价**	108.00 元